野田真里［編著］

SDGsを問い直す

ポスト/ウィズ・コロナと人間の安全保障

法律文

序文　なぜ，SDGsを問い直すのか？

今日，世界は，地球に生きる私たちは，気候変動，紛争，貧困や格差の深刻化等をはじめとするさまざまな危機に直面しており，大きな転換点にある。国連持続可能な開発目標（SDGs）は，こうした地球規模課題に国際社会全体として立ち向かうための行動計画，羅針盤である。SDGsは，人類共通の危機の克服を目指して2015年の国連総会で採択された，「我々の世界を変革する：持続可能な開発のための2030アジェンダ」（以下，「2030アジェンダ」）の中核をなす。2019年12月に最初の症例が確認された新型コロナウイルス感染症（COVID-19）のパンデミックは，スペイン風邪（1918～1920年）以来の約100年ぶりの公衆衛生上の大規模な危機とされ，人間の生存を脅かす脅威となっている。COVID-19パンデミックは，保健医療分野はもとより持続可能な開発の三側面である経済，社会そして環境に多角的かつ複合的な影響を及ぼしている。新型コロナ禍（以下，コロナ禍）は，SDGsの達成を困難なものとし，そのインパクトは世界金融危機（2007～2010年，いわゆるリーマン・ショック）をはじめとするこれまでの危機を上回るとされる。同時に，コロナ禍は人間の安全保障の危機でもある，グローバル化の進展により，COVID-19は国家の枠組みを超えて人間一人ひとりに大きな脅威として降りかかり，「恐怖と欠乏」をもたらしている。新型コロナ危機は保健分野に限らず，世界中の経済・社会・環境に大きな影響を与え続けている。決して「コロナ禍は終わった」わけではなく，その影響は長期に及び，かつ世代を超えて連鎖すると危惧される。世界はポスト／ウィズ・コロナという新しい時代，新しい世界への模索を始めている。わが国においても，2023年5月8日以降COVID-19の感染法上の位置づけを2類から5類に引き下げることとなった。だが，ウイルスが消えたわけではない。私たちは，今後も感染症やさまざまな脅威に立ち向かう必要がある。コロナ禍は，新たな課題を生み出すとともに，社会の脆弱性や既存の課題を浮き彫りにした。コロナ禍の教訓を踏まえて，人類共通の地球規模課題に対する新たな挑戦が始まっているのである。

本書の問題意識は次の通りである。私たちは，コロナ禍という人類史上の大きな危機に直面し，SDGs の真価を問い直すべき時に来ている。これまでのSDGs の歩みを踏まえ，SDGs の採択，スタート時には予想だにしなかった，新型コロナ危機に直面し，これまでの SDGs を振り返り，これからの SDGs について展望し未来の地球社会の持続可能な開発について深く考え直すべき時代と世界に私たちは生きている。おりしも本書が出版される2023年は，SDGs の15年間（2016～2030年）の道程の中間年にあたり，国連では総会の下に SDG サミットの開催，SDGs の中間レビューが予定されている。COVID-19 パンデミックがもたらした新たな課題や顕在化させた課題は何か，どのような教訓を得て，SDGs を鍵に地球規模課題に取り組み「我々の世界を変革」していくのか。そして，新たな時代の人間の安全保障の実現に向けて，人類に降りかかる脅威に対して，保護とエンパワーメントそして「より大きな連帯」を通じてどのように対応していくのか。本書ではこうした問いを設定し，多角的・複合的に論じるため，各分野の第一線において研究・実践等でご活躍の先生方にご執筆の労をお取りいただいた。新型コロナ危機を契機に，SDGs の真価を問い直し，人間の安全保障を踏まえてポスト／ウィズ・コロナの新たな世界や時代を展望する，最先端の野心的な研究として，本書の刊行を企画した。

本書の特色は以下の通りである。第１に，本書は SDGs を問い直すチャレンジングな学術書である。コロナ禍をきっかけに，SDGs においてこれまで十分論じられてこなかった点や，SDGs への批判的な観点，研究の深化が期待される点等も含めて，分析を行い今後の展望を論じている。本書の理解を深める上で，本書の執筆者等による SDGs の概説・入門の良書として，高柳彰夫・大橋正明編（2018）『SDGs を学ぶ——国際開発・国際協力入門』法律文化社，および蟹江憲史（2020）『SDGs（持続可能な開発目標）』中公新書を挙げさせていただく。各章の執筆者が SDGs に関する優れた業績を出版されており，併せてご参照いただきたい。第２に，本書はコロナ禍，SDGs や人間の安全保障に関する最新のトピックや課題を扱っているが，時事的な分析にとどまらない，普遍的で長期的な展望をもつ研究である。SDGs が取り組む地球規模課題は，その目標年である2030年で終わるわけではなく，人類が永続的・普遍的に取り組み，克服すべきものである。また，人間の安全保障において特に重視される非日常的で突発的な大きな脅威は，コロナ禍に限ったものではない。グローバル化が進展する中で，未知の新興感染症をはじめ，今後も人間一人ひとりにさまざまな脅威が降りかかってくることは不可避であろう。第3に，本書は最先端の研究を目指しつつも，SDGsに関心のある幅広い読者を対象としている点も特色といえる。大学等での教科書としての利用そして，行政，企業，NGO/NPOや地域社会等の多様なステークホルダーの方々にも研究，学習や実践等でご活用いただけるよう，さまざまな工夫を行っている。

本書の構成は次の通りである。本書にはSDGsの17目標に因んで，17本の論稿（序文および第1章～第16章）が収められている。本書においては，「SDGsを問い直す」というテーマを，人間の安全保障の危機であるコロナ禍を踏まえて多角的・複合的に論じるため，次の2部から成る。第1章の総論に続き，第1部では，「新型コロナ危機で『取り残される人々』とSDGs，レジリエンス」をテーマに，貧困層，難民，移民・外国人労働者，災害弱者，女性・女子，高齢者そして障害者に焦点をあてて分析している。「2030アジェンダ」・SDGsの基本理念である「誰一人取り残さない」（no one left behind）の観点から，脆弱な人々に着目し，コロナ禍によって浮き彫りとなった課題や新たに生じた課題について論じている。と同時にこうした「取り残される人々」こそが，開発アクターとしても重要であり，レジリエンス（強靭性・回復力）を備えている点にも注目している。第2部では，「ポスト／ウィズ・コロナとSDGs」をテーマに，持続可能な開発に不可欠な三側面である経済・社会・環境について，SDGsの柱である「5つのP」から問い直し，ポスト／ウィズ・コロナの地球社会を展望している。すなわち，People（人間：グローバル・ヘルス，教育），Prosperity（繁栄：資本主義経済），Planet（環境），Peace（平和），Partnership（パートナシップ：開発協力（ODA），グローバル・ガバナンス，非政府組織（NGO）・市民社会）である。

次に，本書では，幅広い読者の理解を促進するため，以下の編集上の工夫を行っている。第1に，各章の主な論点がわかりやすくなるように副題をつけている。同様に各章内の「はじめに」には問題提起となる副題を，「まとめと展望」には，主なメッセージと今後の展望を示す副題をつけている。これにより，本書全体の内容は目次から概観できるよう工夫している。第2に，主要略語一覧を作成し，全体のキーワードを一定程度網羅できるようにしている。また，各章の冒頭にキーワードおよび要旨を配置した。これらも各章の内容を理解する上で有益であろう。なお，総論にあたる第1章のキーワードは本書全体の共通のキーワードとなっている。第3に，専門用語等につき，難解と思われるもの，分野外・専門外の読者にはなじみが薄いと思われるもの等については，可能な限り章末注でわかりやすく解説している。第4に，参考文献については，各章の執筆にあたり膨大な文献を参照いただいているが，読者の便に鑑み中でも特に重要なものを厳選の上，掲載している。第5に，本書のカバー装丁は，さまざまなSDGsへの取組みを通じたコロナ危機の克服をイメージしている。

なお，「SDGsを問い直す」上で必須のSDGsの17目標については，編著者が英語の原文から新たに訳出し，原則として本書全体をこれに統一している。その際，先行の訳文等も参考にしつつ，よりわかりやすい文章となるよう工夫した。周知の通り，SDGsは目標，ターゲット，グローバル指標の三層構造となっているが，本書の執筆者はSDGsの専門家であることを尊重し，ターゲットおよび指標の訳語と略称については，各章に委ねている。同様に，目標およびその略称についても各執筆者を尊重し，本書で統一した訳語と併記している箇所もある点，ご了解いただきたい。

最後に，本書の出版にあたり，多大なお力添えをいただいた諸氏に謝辞を記すことを許されたい。各章の執筆にあたり，本書のテーマについて各分野の第一線でご活躍の先生方21名（編著者を除く）に，ご尽力をいただいた。深く御礼申し上げる。本来，執筆者一人ひとりにお礼を申し上げるべきところ，ここでは本書の構想等にあたり特にご厚誼を賜った次の先生方に謝意を示す点，ご了承いただきたい。

国際開発学会における共同研究として，「持続可能な開発とSDGs」研究部会にて副代表としてご協力いただいた蟹江憲史教授，北村友人教授（編著者が代表），同「開発のレジリエンスとSDGs」研究部会にて代表としてご尽力いただいた関谷雄一教授（編著者が副代表），そして両研究部会のメンバーであり科研費等のプロジェクトで協働させていただいた大門（佐藤）毅教授に心から御礼を申し上げる。また，東京大学大学院総合文化研究科にてSDGs and Human Securityをテーマに研究・教育の機会やご助言等をいただいた佐藤安信教授，同大学院医学系研究科国際地域保健学教室にて客員研究員としてグローバル・ヘルスについて研究の機会やご助言等をいただいた神馬征峰教授，そして母校名古屋大学大学院国際開発研究科にてご学恩を賜った伊東早苗教授に改めて感謝したい。最後に，わが国の国際開発研究の泰斗として偉大な足跡を残された，編著者の生涯の恩師である，故西川潤早稲田大学名誉教授（1936～2018年）に深い敬意と感謝の念を示させていただきたい。最後の単著となった『2030年未来への選択』（日本経済新聞出版，2018年）は，SDGsを未来論から論じた珠玉の名著である。

本書の企画にあたっては，法律文化社の舟木和久氏より国際開発学会全国大会にてご提案をいただき，出版にいたるまで，あたたかくそしてて粘り強く多大なるご支援を賜った。重ねて御礼申し上げる。

2023年３月

編著者　野田真里

目　次

SDGs 17の目標

Sustainable Development Goals (SDGs)	持続可能な開発目標（SDGs）
Goal 1. End poverty in all its forms everywhere.	目標１．すべての形態の貧困をあらゆる場所において終わらせる。
Goal 2. End hunger, achieve food security and improved nutrition and promote sustainable agriculture.	目標２．飢餓を終わらせ，食料安全保障と栄養改善を実現し，持続可能な農業を促進する。
Goal 3. Ensure healthy lives and promote well-being for all at all ages.	目標３．あらゆる年齢のすべての人々のために，健康的な生活を確実にし，良好な生活（ウェルビーイング）を促進する。
Goal 4. Ensure inclusive and equitable quality education and promote lifelong learning opportunities for all.	目標４．すべての人々のために，包摂的で公正な質の高い教育を確実に受けられるようにし，生涯学習の機会を促進する。
Goal 5. Achieve gender equality and empower all women and girls.	目標５．ジェンダー平等を達成し，すべての女性および女子が，自由や力を獲得（エンパワーメント）できるようにする。
Goal 6. Ensure availability and sustainable management of water and sanitation for all.	目標６．すべての人々のために，水および衛生施設の利用と持続可能な管理を確実にする。
Goal 7. Ensure access to affordable, reliable, sustainable and modern energy for all.	目標７．すべての人々のために，手頃な価格で，信頼性の高い，持続可能で近代的なエネルギーを確実に利用できるようにする。
Goal 8. Promote sustained, inclusive and sustainable economic growth, full and productive employment and decent work for all.	目標８．すべての人々のために，持続的，包摂的で持続可能な経済成長，および完全かつ生産的な雇用と働きがいのある人間らしい仕事（ディーセント・ワーク）を促進する。
Goal 9. Build resilient infrastructure, promote inclusive and sustainable industrialization and foster innovation.	目標９．強靱で回復力（レジリエンス）のある社会基盤（インフラ）を構築し，包摂的かつ持続可能な産業化を促進し，技術革新（イノベーション）を推進する。
Goal 10. Reduce inequality within and among countries.	目標10．国内および各国間の不平等を是正する。
Goal 11. Make cities and human settlements inclusive, safe, resilient and sustainable.	目標11．都市および人間の居住地を包摂的で安全かつ強靱で回復力（レジリエンス）のある，持続可能なものにする。
Goal 12. Ensure sustainable consumption and production patterns.	目標12．持続可能な生産および消費のパターンを確実にする。

Goal 13. Take urgent action to combat climate change and its impacts*.	目標13. 気候変動およびその影響と闘うための緊急対策を講じる*。
Goal 14. Conserve and sustainably use the oceans, seas and marine resources for sustainable development.	目標14. 持続可能な開発のために，海洋および海洋資源を保全し，持続可能な利用を図る。
Goal 15. Protect, restore and promote sustainable use of terrestrial ecosystems, sustainably manage forests, combat desertification, and halt and reverse land degradation and halt biodiversity loss.	目標15. 陸上生態系の保護および回復を図るとともに持続可能な利用を促進し，持続可能な営林を行い，砂漠化と闘い，土地劣化の防止や回復に努め，生物多様性の損失を防止する。
Goal 16. Promote peaceful and inclusive societies for sustainable development, provide access to justice for all and build effective, accountable and inclusive institutions at all levels.	目標16. 持続可能な開発のために平和で包摂的な社会を促進し，すべての人々が司法を利用できるようにし，あらゆるレベルにおいて効果的で説明責任のある包摂的な制度を構築する。
Goal 17. Strengthen the means of implementation and revitalize the Global Partnership for Sustainable Development.	目標17. 実施手段を強化し，「持続可能な開発のためのグローバル・パートナーシップ」を活性化する。
*Acknowledging that the United Nations Framework Convention on Climate Change is the primary international, intergovernmental forum for negotiating the global response to climate change.	*国連気候変動枠組条約が，気候変動へのグローバルな対応について交渉を行う第一義の国際的な政府間対話の場であると承認する。

・United Nations General Assembly, 2015, *Transforming our world : the 2030 Agenda for Sustainable Development*（A/RES/70/1）より編著者訳出。

・訳文については，外務省仮訳『我々の世界を変革する――持続可能な開発のための2030アジェンダ』，高柳彰夫・大橋正明編，2018，『SDGsを学ぶ――国際開発・国際協力入門』法律文化社，および「SDGsとターゲット新訳」制作委員会訳，2021，『SDGsとターゲット新訳 ver. 1.2』等を参考にした。

・SDGsは目標，ターゲット，グローバル指標の三層構造になっている。SDGs169のターゲットの訳文については，前掲3書等および本書の各章を参照されたい。また，全248（重複を除くと231）のグローバル指標の訳文については，外務省「SDGグローバル指標（SDG Indicators）」等および本書の各章を参照されたい。なお，指標は国連統計委員会により，2020年3月に包括的見直し，2022年3月に年次修正がなされている。

主要略語一覧

A

ADB（Asian Development Bank） アジア開発銀行

AIIB（Asian Infrastructure Investment Bank） アジアインフラ投資銀行

B

BBB（Build Back Better） より良い復興

BEPS（Base Erosion and Profit Shifting） 税源浸食と利益移転

BRI（Belt and Road Initiative） 一帯一路

C

CBD（Convention on Biological Diversity） 生物多様性条約

CDC（Centers for Disease Control and Prevention） アメリカ疾病予防管理センター

CDM（Civil Disobedience Movement） 市民的不服従運動

COP（Conference of the Parties） 締約国会議（気候変動枠組条約，生物多様性条約）

COVAX（COVID-19 Vaccine Global Access） 新型コロナウイルス感染症ワクチングローバルアクセス

COVID-19（coronavirus disease 2019） 新型コロナウイルス感染症

CRPD（Convention on the Rights of Persons with Disabilities） 国連障害者の権利条約

CSO（civil society organizations） 市民社会組織

CSR（corporate social responsibility） 企業の社会的責任

E

ESG（投資）（environment, social, governance） 環境・社会・ガバナンス（投資）

F

FAO（Food and Agriculture Organization of the United Nations） 国連食糧農業機関

FOIP（Free and Open Indo-Pacific） 自由で開かれたインド太平洋

G

GBI（global basic income） グローバル・ベーシック・インカム

GCM（Global Compact for Migration） 安全で秩序ある正規移住のためのグローバル・コンパクト

GCR（Global Compact on Refugees） 難民に関するグローバル・コンパクト

GDP/GNP/GNI（gross domestic product/gross national product/gross national income） 国内総生産／国民総生産／国民総所得

H

HDI/HDR（Human Development Index/Human Development Report） 人間開発指数／『人間開発報告書』

HIV/AIDS（human immunodeficiency virus/acquired immunodeficiency syndrome） ヒト免疫不全ウイルス／後天性免疫不全症候群

HLPF（High-Level Political Forum on Sustainable Development） 持続可能な開発に関するハイレベル政治フォーラム

I

ICF（International Classification of Functioning, Disability and Health） 国際生活機能分類

ICPD（International Conference on Population and Development） 国連人口開発会議

IDP（internally displaced people） 国内避難民

ILO（International Labour Organization） 国際労働機関

IMF（International Monetary Fund） 国際通貨基金

IPCC（Intergovernmental Panel on Climate Change） 気候変動に関する政府間パネル

J

JICA（Japan International Cooperation Agency） 独立行政法人国際協力機構

L

LDC（least developed countries） 後発開発途上国

M

MDGs（Millennium Development Goals） ミ

レニアム開発目標

MIPEX（Migrant Integration Policy Index） 移民統合政策指数

N

NEPAD（New Partnership for Africa's Development） アフリカ開発のための新パートナーシップ

NGO/NPO（non-governmental organizations/not-for-profit organizations） 非政府組織／非営利組織

O

ODA（official development assistance） 政府開発援助

OECD/DAC（Organisation for Economic Co-operation and Development/Development Assistance Committee） 経済協力開発機構／開発援助委員会

OHCHR（Office of the High Commissioner for Human Rights） 国連人権高等弁務官事務所

P

PHEIC（Public Health Emergency of International Concern） 国際的に懸念される公衆衛生上の緊急事態

PKO（Peacekeeping Operations） 国連平和維持活動

PPP（purchasing power parity） 購買力平価

R

R2P（Responsilibity to Protect） 保護する責任

S

SARS（severe acute respiratory syndrome） 重症急性呼吸器症候群

SDGs（Sustainable Development Goals） 持続可能な開発目標

U

UHC（Universal Health Coverage） ユニバーサル・ヘルス・カバレッジ

UN DESA（United Nations Department of Economic and Social Affairs） 国連経済社会局

UN Women（United Nations Entity for Gender Equality and the Empowerment of Women） ジェンダー平等と女性のエンパワーメントのための国連機関（国連女性機関）

UNCED（United Nations Conference on Environment and Development） 国連環境開発会議（地球サミット）

UNDP（United Nations Development Programme） 国連開発計画

UNDRR（United Nations Office for Disaster Risk Reduction） 国連防災機関

UNFCCC（United Nations Framework Convention on Climate Change） 国連気候変動枠組条約

UNHCR（Office of the United Nations High Commissioner for Refugees） 国連難民高等弁務官事務所

UNICEF（United Nations Children's Fund） 国連児童基金

V

VNR（voluntary national reviews） 自発的国家レビュー

W

WFP（United Nations World Food Programme） 国連世界食糧計画

WHO（World Health Organization） 世界保健機関

WSSD（World Summit on Sustainable Development） 世界持続可能な開発首脳会議

WTO（World Trade Organization） 世界貿易機関

第 *1* 章 SDGsと人間の安全保障の再考
——新型コロナ危機とポスト／ウィズ・コロナを切り拓く

野田真里

〔キーワード〕 持続可能な開発目標（SDGs），人間の安全保障，新型コロナ危機・新型コロナ禍，パンデミック，ポスト／ウィズ・コロナ，脆弱な人々，「誰一人取り残さない」，レジリエンス

〔要旨〕「我々の世界を変革する：持続可能な開発のための2030アジェンダ」とその中核をなす国連持続可能な開発目標（SDGs）は，地球規模課題に対して全世界が取り組む行動計画である。SDGsは途上国開発から地球社会の開発へのパラダイム転換であり，人類共通の危機を乗り越える羅針盤である。約100年ぶりの大規模な感染症パンデミックとなった新型コロナ禍（以下，コロナ禍）は，地球規模の危機として異次元の影響を与えている。今，まさにSDGsの真価が問われており，SDGsを問い直す必要がある。新型コロナウイルス感染症（COVID-19）パンデミックは，保健医療分野はもとより，私たちの経済・社会・環境に多大な影響を及ぼしているが，特に脆弱な人々や国・地域への影響は大きく，私たちの社会が抱える課題を浮き彫りにした。グローバリゼーション下のコロナ禍は，国民国家を超えて人々に直接降りかかる人間の安全保障上の危機である。SDGsを加速化する上で，人間の安全保障の重要性を再考し，ダウンサイド・リスクに備え，予防やレジリエンス（強靱性，回復力）を重視する必要がある。そして「誰一人取り残さない」ために，人間一人ひとりに焦点をあてた保護とエンパワーメントの戦略に加えて，地球の安全保障に向けた，「より大きな連帯」が求められる。SDGsの目標年である2030年そして未来に向けて，持続可能な共生の地球社会へと「我々の世界を変革する」ために，コロナ禍を次世代への教訓とし，より良い復興（BBB）を通じてポスト／ウィズ・コロナを切り拓く必要がある。

はじめに：「すべての人々が安全になるまでは，誰も本当に安全にはならない」

COVID-19パンデミックは，約100年前のスペイン風邪以来の大規模かつ世

界的な感染爆発として，深刻な影響を与えている。この人類史上異次元の危機に対して，国連事務次長で国連持続可能な開発グループ議長のアミナ・J・モハメッドは「想起しよう，私たちはここに一緒にいる。すべての人々が安全になるまでは，誰も本当に安全にはならない」と，力強いメッセージを発している[1)]。彼女の，この非常に重い言葉は，新型コロナ危機の本質を如実に言い表している。周知の通り2015年9月の国連総会において，国際社会は「我々の世界を変革する――持続可能な開発のための2030アジェンダ」（以下，「2030アジェンダ」）を全会一致で採択した（UNGA 2015）。SDGsは，この「我々の世界を変革する」（Transforming our world）上での核心となる2016年から2030年への行動計画であり，危機の時代を乗り切る人類共通の羅針盤である。「2030アジェンダ」の前文には，基本哲学として，「我々は誰一人取り残されないことを確約する」（we pledge that no one will be left behind）と記されている。COVID-19パンデミックとこれがもたらす甚大な危機は，この「誰一人取り残さない」が崇高な理念であるにとどまらず，実践的な意味において，我々の生存と持続可能な未来にとって不可欠であることを示している。

グローバル化が進展する中，さまざまな脅威が国境を越えて，直接人々に対して降りかかっている。2019年12月，中国の武漢で最初のケースが報告されたCOVID-19は，グローバル化の進展に伴い数か月で世界に広がり，世界保健機関（WHO）が「国際的に懸念される公衆衛生上の緊急事態」（PHEIC）を宣言するに至った[2)]。以来COVID-19は，保健分野はもとより，経済・社会・環境の持続可能な開発の三側面すべてに大きな影響を与えており，そのインパクトは中・長期的かつ世代を超えたものとなることが危惧される。新型コロナ危機は，国際社会全体が取り組むSDGsにとって重大な挑戦であり，まさにSDGsの真価が問われている。と同時に，COVID-19パンデミックは国家の枠組みを超えて人間一人ひとりに甚大な影響を及ぼす，人間の安全保障（human security）の危機でもある。2022年2月，新型コロナ危機を踏まえて特別報告書『人新生の脅威と人間の安全保障』が国連開発計画（UNDP）より刊行された。その前文で，アントニオ・グテーレス国連事務総長は，「人間の安全保障の概念を活用し，2030年までの持続可能な開発目標の達成を加速化する」（UNDP 2022）と述べており，新型コロナ危機において，SDGsと人間の安全保障の再考が不可欠となっている。

本書の総論にあたる本章では，COVID-19パンデミックがもたらす人類史上の危機を踏まえて，SDGsの真価をどのように問い直すか，SDGsを加速化させる上で人間の安全保障をどのよう再考するか，そしてポスト／ウィズ・コロナをどのように切り拓くかについて明らかにする。本章の構成は次の通りである。第1に，曲がり角に立つSDGsと異次元の危機であるCOVID-19のSDGsへのインパクトについて論じる。第2に，COVID-19パンデミックが浮き彫りにした社会の脆弱性と，その中で「取り残される人々」に注目し，コロナ禍がもたらす持続可能な開発・SDGsの三側面である経済・社会・環境への多角的・重層的な影響について論じる。第3に，COVID-19パンデミックは人間の安全保障の危機であることを分析し，SDGsと人間の安全保障の関連について論じる。第4に，ポスト／ウィズ・コロナに向けて，人新生の時代を踏まえたSDGsの加速化と新たな人間の安全保障のあり方について分析し，地球社会の持続可能な未来について展望する。

1　SDGsの真価が問われる新型コロナ危機

(1)　曲がり角に立つSDGs：途上国開発から地球社会の開発へ

本書が刊行される2023年はSDGsの15年間の歩み（2016～2030年）の中間年にあたる。この折り返し地点において，文字通りSDGsは大きな曲がり角に差し掛かっている。

SDGsの道のりは決して順風満帆ではない。SDGsが人口に膾炙し，取組みが広がる中で，SDGsウオッシング（まやかし・みせかけだけのSDGs）や，SDGsチェリーピッキング（SDGsのつまみ食い・いいとこ取り）の問題も指摘されるようになってきている。また，「SDGsは目下の危機から目を背けさせる現代版『大衆のアヘン』である」との批判もみられる。本章ではSDGsを問い直す大きな契機として，以下の点を指摘したい。

SDGsの土台が，国際的な自国優先主義や国内の格差がもたらす分断により揺らぎつつある。「2030アジェンダ」・SDGsが目指すのは，その副題が示す通り「我々の世界の変革」である。これに向けて，開発のあり方自体も，「途上国の開発から，地球社会の開発へ」と変革が求められている。ミレニアム開発目標（MDGs）[3] が主に途上国開発の開発目標であったのに対し，SDGsは途上国だけでなく，先進国も含めた世界全体の開発目標であり，開発のあり方そのもののパラダイム転換である。また，人類共通の地球規模課題に対しては，グローバルなパートナーシップ，つまり政府，企業，非政府組織（NGO）／市民社会や地域社会等の多様なステークホルダーの参加と連携が求められている。COVID-19パンデミックは国家の枠を超えたグローバル危機であり，国際社会全体のパートナーシップが求められる。その一方で，自国優先主義，ワクチン・ナショナリズムが露呈し，グローバル・サウス（途上国）とグローバル・ノース（先進国）との間ではワクチン接種率等のCOVID-19対応に大きな格差が生じており，社会正義に反する。また，ロシアによるウクライナ侵攻，ミャンマーにおける軍事クーデターやアフガニスタンでのタリバンの復権，そして民主主義と権威主義の対立等，社会における分断と相克が顕在化している。加えて，市民社会スペースの縮小も危惧されている。

(2) 異次元の危機としてのCOVID-19とSDGsへのインパクト

そして，SDGsの問い直しを迫る最大の契機となっているのが，COVID-19パンデミックであり，ポスト／ウィズ・コロナに向けた模索である。コロナ禍の「2020年において，グローバルにみた場合，極度の貧困の割合は過去20年間で初めて上昇した。数億の人々が極端な貧困と慢性的な飢餓の状態に押し戻された」のであり，「人々の生命や生計，そして持続可能な開発のための2030アジェンダに向けた人々の努力に対して，壊滅的な影響をもたらした未曾有の危機」に直面している（UN 2021a：3)。また，UNDPのアヒム・シュタイナー総裁は，COVID-19が異次元の危機であるとして，「世界は過去30年間，2007-09年の年世界金融危機を含む多くの危機に見舞われてきた。こうした危機は人間開発（human development）に深刻な影響を及ぼしたものの，全体としては世界の開発は前年比で進歩してきた。だが，COVID-19は健康・教育・所得への三重苦をもたらし，こうした動向を一変させてしまう」と述べている[4]。

過去30年間の世界における開発の進捗について，UNDPが発表する人間開発指数（HDI）[5]の動向をみてみよう。UNDPによって『人間開発報告書』（HDR）の刊行が開始された1990年以降，世界金融危機に加えて，私たちは幾多の脅威に直面してきた。アジア通貨危機（1997年)，アメリカ同時多発テロ（2001年)，重症急性呼吸器症候群（SARS）の感染爆発（2002～2003年)，イラク戦争（2003年)，東日本大震災と福島第一原発事故（2011年)，そして西アフリカ

図1－1　COVID-19パンデミックのHDIへの異次元のインパクト

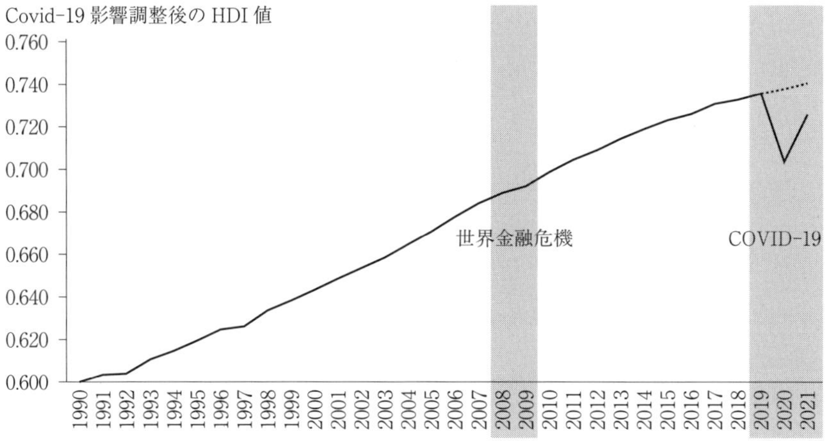

出典：UNDP 2022：5

におけるエボラ出血熱流行（2014年）等である。この30年間，こうした度重なる危機にもかかわらず，HDIは「右肩上がり」に推移してきたが，新型コロナ危機によって，前例のない落ち込みに直面しており，世界の開発に対するインパクトの深刻さが異次元であることがわかる（図1－1）。SDGsとCOVID-19は「二重らせん」のように絡まっており，SDGsとCOVID-19への，断片的ではない，多角的・複合的な分析と取組みが求められる。

2　SDGsへのCOVID-19パンデミックによる多角的・複合的な影響

(1)　新型コロナ危機が浮き彫りにした社会の脆弱性：「二重のダメージ」

COVID-19パンデミックのSDGsへのインパクトは，「2030アジェンダ」において予見として懸念されたように，「地球規模の健康の脅威，より頻繁かつ甚大な自然災害，悪化する紛争，暴力的過激主義，テロリズムと関連する人道危機および人々の強制的な移動は，過去数十年の開発の進展の多くを後戻りさせる恐れがある」（paragraph 14）と，まさにその通りの事態となっている。アントニオ・グテーレス国連事務総長は2019年に「行動の10年」をSDGsへの危機感をもって発表したが，その年末に異次元の危機であるCOVID-19の感染爆発が生じた。これを踏まえて，2020年に『責任の共有とグローバルな連帯――COVID-19の経済社会インパクトへの対応』を刊行，新型コロナ危機は保健医療分野のみならず，SDGsのあらゆる目標に多角的に影響を及ぼす構図を示している（UN 2020；野田 2021：184-186）。

COVID-19パンデミックは既存の脆弱性の上に，新たな脅威が降りかかる「二重のダメージ」を与える（ESCAP, ADB & UNDP 2021：12）。すなわち，第1に，既存の脆弱性として，社会のインフォーマリティが高いため，社会保障が不十分でヘルスシステムも脆弱である。気候変動や自然災害の問題が深刻であり環境負荷も高い。社会の分断により，所得や富の格差，女性や脆弱な人々が取り残され，教育，保健，デジタルアクセス，包摂的な金融等の機会が損なわれている。第2に，これら既存の脆弱性の上に降りかかるCOVID-19によるインパクトとして，健康への被害はもとよりさまざまな悪影響が生じる。食料安全保障が脅かされ栄養状態が悪化する，雇用や収入が失われる，教育の機会が失われるほか，薬物乱用，女性や子どもへの暴力，人身売買等の社会問題が深刻化し，こうした問題への対応も困難になる等である。

こうした「二重のダメージ」については，視点を変えてみると，新型コロナ危機によって，それ以前に潜在化していた社会の課題や脆弱性を浮き彫りにしたともいえる。「COVID-19パンデミックは，その（これまで個別に対応されてきた―引用者）課題の相互関係をより明白にするとともに，人間の安全保障への山積する新たな脅威を露呈させている」（UNDP 2022：5）のである。コロナ禍は，私たちがSDGsにおいて優先して取り組むべき方向性を顕在化している，ともいえるのではないか。

(2) 新型コロナ危機で「取り残される人々」：経済・社会・環境への多角的・複合的影響

COVID-19パンデミックは万人に降りかかるが，一方でそのダメージは一様ではなく，「取り残される」脆弱な人々や国・地域が最も深刻な影響を受ける。[6] 新型コロナ危機のインパクトは多角的かつ複合的であり，長期的で世代を超えた影響を及ぼすことが危惧される。以下，SDGsの目標および経済・社会・環境の三側面に鑑み，検討しよう（UN 2020：12；UN 2021a：8-61）。

まず，目標1の貧困撲滅への影響（本書第2章を参照）については，COVID-

19パンデミックにより収入減少や，社会および世帯の脆弱化をもたらし，多くの人々を貧困ライン以下に陥れることになる。コロナ禍により2020年には，世界では新たに1億1900万～1億2400万人が極度の貧困に陥るとされた。次に，目標5のジェンダー平等と女性・女子のエンパワーメントへの影響（第6章を参照）については，女性は男性に比べて経済的に不安定な状況におかれており，収入減少等のリスクが高まる。コロナ禍はシーセッション（she-cssion：女性の不況）であるとの分析もなされている。保健・社会福祉サービス従事者の多くは女性であり，より一層のCOVID-19感染のリスクにさらされる。女子については児童婚のリスク増大が大きな課題である。従来世界の児童婚は約1億人であったが，パンデミックの影響により向こう10年で約1000万人増加するとされる。また，女性・女子への暴力の増加も危惧されている[7)]。

次に，コロナ禍が，持続可能な開発・SDGsの3つの側面である経済・社会・環境に，どのような影響を及ぼすか検討しよう。第1に，経済開発についてみてみよう。目標8の雇用と経済成長への影響（第11章を参照）については，経済活動の停滞により，職種によっては収入減少，労働機会の減少や失業が生じる。COVID-19パンデミックにより，世界で2億5500万人の正規雇用が失われるとされるが，これは世界金融危機（2007～2009年）をはるかに上回る。また，世界のインフォーマルセクター就労者は16億人に上るとされるが，ソーシャルセーフティネットによって守られていない等により，コロナ禍による影響は甚大である。

第2に，社会開発についてみてみよう。コロナ禍は目標3の健康と福祉（第9章を参照）に直接かかわる危機である。COVID-19パンデミックそれ自体が人間の生存を危うくする健康への脅威であることはいうまでもないが，さらにコロナ禍によって，SDGsの「誰一人取り残さない」理念を保健分野において具現化する，ユニバーサル・ヘルス・カバレッジ（UHC）[8)]が危機に直面する。世界の多くの国において，必要不可欠な保健サービスが危機に陥り，改善しつつあった母子保健，予防接種，伝染病・感染症疾患，そして先進国だけでなく途上国でも主要な死亡要因となっている非感染症疾患（non-communicable diseases: NCD）に対しても悪影響を及ぼす。また，目標5の包摂的で公正な質の高い教育への影響（第10章を参照）については，パンデミックにより多くの学校が閉鎖されるとともに，リモート学習が十分な効果を上げられず，教育にアクセスできない学習者が出ることが危惧される。COVID-19は，これまでの教育開発の進展を台無しにすることが懸念される。2020年時点で，世界の義務教育年限の１年生から８年生の児童生徒のうち，新たに１億100万人ないし９%が，最低限必要な読み書き能力を下回る水準に落ちるとされた。教育はそれ自体が人権であり目的であるが，持続可能な開発の担い手の育成[9)]に向けた重要な手段でもあり，現在の世代はもとより，将来の世代においても大きな禍根を残しかねない。

そして第３に，環境への影響（本書第12章を参照）についてみてみよう。目標13の気候変動対策では経済活動の停滞等により一時的に環境負荷が低下するが，その半面COVID-19対応にリソースが割かれる等，気候変動対策への取組みが遅れることが懸念される。また，目標14の陸の生態系については，過去20年間で世界では１億ヘクタールの森林が失われているとされる。これは温室効果ガスの吸収に影響を及ぼすばかりでなく，人獣共通感染症のリスクを増大させることになる。動物由来の感染症はCOVID-19をはじめすべての感染症のうち約半数を占めているとされ，ワンヘルス・アプローチが重要となる。後述の通り，今や人間の健康は人間だけの問題ではなく，地球全体の健康つまりプラネタリー・ヘルスの問題である。

3　人間の安全保障の危機としてのCOVID-19パンデミック：SDGsの加速化に向けた再考

⑴　人間の安全保障の系譜と健康

新型コロナ危機を踏まえてSDGsを問い直す上で，人間の安全保障の再考は不可欠であり，人間の安全保障はSDGsの加速化にとって必須である。新型コロナ禍は，国家の枠組みを超えて人間一人ひとりに降りかかる脅威であり，まさに人間の安全保障の危機にほかならない。こうしたグローバルな脅威に対応し，国家による安全保障（state security）を補完する上で人間の安全保障の再検討が求められる。

初めて人間の安全保障が提起されたのは，1994年版のHDRにおいてである。グローバル化が進展し，国家が国民の安心安全を守るという従来型のシステムが相対化される中で，人間一人ひとりに焦点をあてる，人間の安全保障のアプローチが求められるようになってきた。ここでは人間の安全保障の2つの構成要素として，「恐怖からの自由」(freedom from fear) と「欠乏からの自由」(freedom from want) が挙げられており，日本国憲法の平和的生存権とも親和性が高いとされる。そして「恐怖と欠乏からの自由」に向けた戦略として，保護 (protection) とエンパワーメント (empowerment) が重視されている。また，具体的な人間の安全保障の分野として，健康の安全保障をはじめ，経済安全保障，食料安全保障，環境の安全保障，個人の安全保障，地域社会の安全保障そして，政治の安全保障の7つの分野が示されている (UNDP 1994：24-25)。人間の安全保障は人間開発の文脈で提起され，翌1995年の「貧困・雇用・社会統合」をテーマに開催された国連社会開発サミットの大きな支えとなった。人間の安全保障が，1992年の国連環境開発会議 (地球サミット) から，2000年の国連ミレニアム宣言，MDGsそして今日のSDGsに連なる地球規模課題への議論や取り組みの流れの中に位置づけられることは注目に値する。

2003年刊行の『安全保障の今日的課題』(*Human Security Now*) には，その策定にあたった国連人間の安全保障委員会の共同議長を緒方貞子がアマルティア・センとともに務める等，日本も大きな役割を果たした。同報告書では，健康は人間の安全保障の重要な柱として論じられている。健康は，人間の安全保障において不可欠な「目的」であり，またその実現のための「手段」でもある，という二面性をもつ (Commission on Human Security 2003：96)。第1に，人間の安全保障の不可欠な目的として，「人間の生命をまもることが人間の安全保障のまさに核心」だからである。健康は人間の生存において不可欠であり「人間の安全保障のかけがえのない中枢 (vital core) をなすもの」である。そして，「疾病，障害，回避可能な死亡等が人間の安全保障への『深刻かつ広範にみられる脅威』」であるとされる。また第2に，人間の安全保障を実現するための手段として，「健康とは，単に病気でないことにとどまらず，『身体的，精神的，そして社会的な良好な生活 (well-being) が達成されている状態』を指す。健康は身体的な健全さとともに，心理的な健全さや将来への自信でもある」。こうした観点から，健康は人間の尊厳や人間の安全保障のための手段でもあるといえる。つまり，「健康によって人々が選択を行い社会的機会を追求し，将来を計画することが可能となる」からである。

2005年の国連総会における「世界サミット 2005 成果文書」(UNGA 2005)

において，人間の安全保障は次のように再定義されている。すなわち，「我々は，人々が自由と尊厳をもって生き，貧困と絶望から自由となる権利を強調する。我々は，すべての個人，特に脆弱な人々が，恐怖からの自由と欠乏からの自由を実現する権利を有し，自身の有するすべての権利を享受し，人間としての潜在性が発揮されることを確認する」(paragraph 143)。ここで，「恐怖からの自由」，「欠乏からの自由」に，「人間の尊厳」(humanity dignity) を加えた，人間の安全保障の三本柱が確立したといえる。

2012年の国連総会における，人間の安全保障の「共通の理解」(UNGA 2012) は，上記「成果文書」パラグラフ143のフォローアップであり８つの特徴が明記された。要点は次の通りである。すなわち，①人間の安全保障は，人々が中心となる，包括的で，固有の社会状況に即して，予防を中心とする対応であり，すべての人々の保護とエンパワーメントを強化するものである，②人間の安全保障は，国連の三大目標である平和，開発，人権の相互関連を重んじ，③市民的権利，政治的権利，経済的権利，社会的権利，文化的権利を重んじる等である。また，重要な点として，この決議において，「保護する責任」(R2P) は人間の安全保障とは一線を画すものと明記された[10)]。

⑵　SDGs と人間の安全保障の関係：ダウンサイド・リスクへの着目

次に，SDGs と人間の安全保障との関連について分析しよう。SDGs を含む「2030 アジェンダ」において，概念として直接の言及はないものの，その「人間一人ひとりに焦点を当てる」アプローチは，「2030アジェンダ」・SDGs の核心をなす理念である「誰一人取り残さない」，特に脆弱な人々を包摂する点に引き継がれている（本章の第２章～第８章を参照)。そして人間の安全保障は国家による安全保障を補完するものとして，COVID-19 パンデミック等の国家だけでは対応が困難な脅威に対し，多様なステークホルダーのパートナーシップによって取り組む点もまた，SDGs に引き継がれている（第14章～第16章を参照)。

人間の安全保障は，国連の三大目標である平和・人権・開発に鑑み，開発の基盤となる平和との連鎖 (nexus) に注目している点も重要である（第13章を参照)。「2030アジェンダ」前文に述べられている「我々は，恐怖及び暴力から自由であり，平和的，公正かつ包摂的な社会を育んでいくことを決意する」は，人間の安全保障の，恐怖と欠乏からの自由をそのまま引き継いでいる。また「平和なくしては持続可能な開発はあり得ず，持続可能な開発なくして平和もあり得ない」とし，平和と開発は必要かつ十分条件であるとされる。[11)]

平和と開発の連鎖については，ロシアの侵攻によるウクライナ危機（2022年2月～）が象徴的であろう。ウクライナの人々にとっては，コロナ禍の脅威上に，侵攻による生活の破壊や避難による強制された移動等，人間の安全保障上のさらなる脅威が重層的に降りかかっている。ウクライナおよびロシアは小麦や食用油等の世界的な生産地であり，紛争によって供給が困難となることで，世界的に食料価格の高騰を招くとともに，これらの国々からの輸入に依存する中東やアフリカ等の国々では，食料安全保障の危機が懸念される。さらに，ロシアへの経済制裁により天然ガスや石油の供給が制限され，これに依存するヨーロッパ諸国等への影響や，世界的なエネルギー価格の上昇につながっている。これらの多角的・複合的な要因により生じた物価高（特に人間生活に不可欠な食料とエネルギー）が，コロナ禍による不況やサプライチェーンの寸断等の経済安全保障の危機に追い打ちをかけている。ウクライナ危機とコロナ危機による複合的・重層的な危機は世界そして日本に大きな影響を及ぼしている。

SDGsを補強する人間の安全保障の重要な特徴として，ダウンサイド・リスク（downside risk）への着目とその予防の重視が挙げられる。人間開発と人間の安全保障の関係について，上記の国連人間の安全保障委員会の報告書は次のように説明している（Commission on Human Security 2003：10）。両者に共通するのは，「長寿，教育，参加の機会といった人間の生活に根本的に関連している」点，そして「人々が享受する基本的な自由に関連している」点である。だが，両者の目的は共通するものの，その視座は異なる。人間開発は「人々を価値ある生活へと導く選択の拡大」や「“公正な成長”」であり，楽観的な性格をもつ。他方，人間の安全保障は「“ダウンサイド・リスク”に慎重に焦点をあてる」，「生存つまり日常の生活や人間の尊厳の維持を脅かすものを認識する」ことで「人間開発を補うもの」といえる。人間の安全保障を脅かす脅威は，非日常的な大きな脅威（外的ショック）と日常生活に埋め込まれた脅威に大別できる。[12)]特にCOVID-19パンデミックや世界金融危機のような，非日常的な大きな脅威（外的ショック）は，万人に対して降りかかるが，その影響は一様ではなく，脆弱な人々や国・地域においてより深刻となる。ダウンサイド・リスクと脆弱性に注目した人間の安全保障を踏まえた開発戦略としては，①脅威に対する予防と軽減措置，②人間の安全保障の危機への緊急対応，そして③人々自身がもつ潜在能力や社会的機会の促進がカギとなる（絵所監修・JICA 編著 2007：22-23）。こうした論点はSDGs におけるレジリエンス（強靭性・回復力）の重視に引き継がれている。

4　ポスト／ウィズ・コロナ，2030年そして共生の地球社会へ

(1)　人間の安全保障から，地球の安全保障へ：プラネタリー・ヘルスに向けて

上述の通り，人間の安全保障は人間開発の議論を踏まえて登場した概念であり，両者は補完関係にある。だが，新型コロナ危機を踏まえたUNDP の特別報告書『人新生の脅威と人間の安全保障』は，人新生（Anthropocene）の時代においては「人間開発と人間の安全保障は乖離」するというパラドクスを指摘している。パンデミック以前より，世界においては人間開発の進展（HDI の向上）にもかかわらず，7人に6人以上が不安つまり人間の安全保障の喪失感を抱えていた。さらに，その上に，新型コロナ危機が降りかかり，世界に大きな恐怖と欠乏，そして人々へのさらなる不安をもたらしたのである（UNDP 2022：3-4）。つまり，既存の不安の上に，新たな脅威によってさらに不安が増大するという「二重の人間の安全保障の危機」が生じている。

人新生の時代とは，人間が地球の生命圏を大きく変え，地球の変動に大きな影響を与える地質学上の時代区分であり，2000年にパウル・クルッツエン（ノーベル化学賞受賞）らが提唱したとされる。「人間開発と人間の安全保障の乖離の背景には，人新生の時代つまり人間が地球の営みを乱していることが浮かび上がる。経済成長に重きをおき，公正な人間開発を軽視するような開発アプローチによって，明らかに不平等や不安定は増大し，危機的な地球の変化を生み出してきた。気候変動がその一例であり，COVID-19 もまたそうであろう」（UNDP 2022）。つまり，今や人間の安全保障は，人間だけの問題ではなく，このパラドクスの解決に向けては，人間と地球の安定的な関係の構築を視野に入れた「人間の安全保障のから，地球の安全保障へ」のパラダイム転換が求められているといえよう。COVID-19 をはじめ動物由来の人畜共通感染症が感染

症の多くを占めている。人新生の時代においては，未知の新興感染症のリスクも高まっている。したがって，地球社会全体を視野に入れた開発や人間の安全保障においては，地球全体の健康つまり，プラネタリー・ヘルス[13)]に向けて取り組む必要がある。「2030アジェンダ」前文で述べられている通り「我々は，人類を貧困と欠乏の抑圧から解放し，我々の地球を治癒し安全なものにする」ことが重要なのである。

⑵　人新生の時代の「より大きな連帯」とレジリエンス，ボトムアップ

人新生の時代におけるパラドクスの要因は，COVID-19をはじめとする健康への脅威，暴力的紛争，不平等，デジタル技術の脅威にその他の脅威が複合的・重層的に関連した脅威（UNDP 2022：20-24）であり，人々が抱く不安の背景には他者への信頼の欠如がある。では，私たちはこうした脅威や不安にどのように立ち向かい，SDGsを加速化し，地球社会の持続可能な未来を切り拓いて行けるであろうか（図1－2）。

図1－2　人新生に向けた人間の安全保障の強化

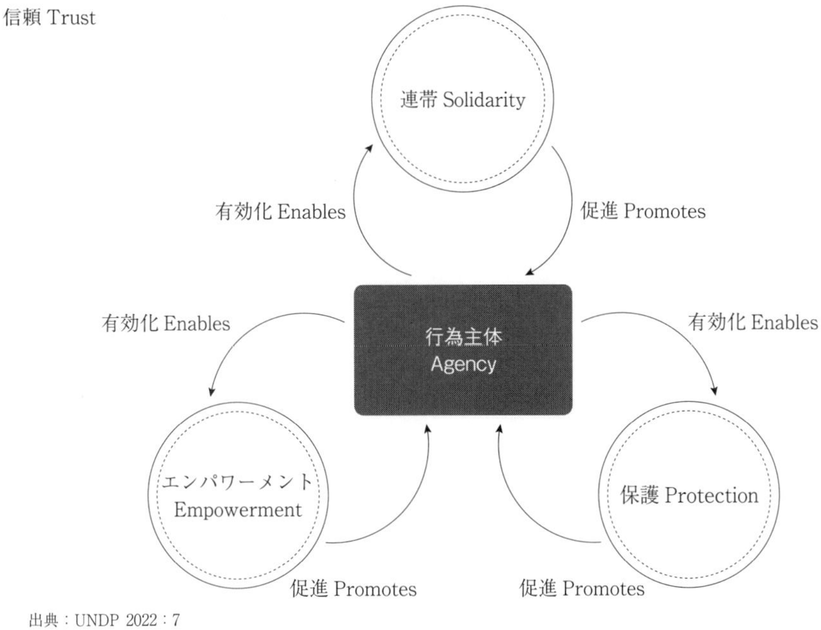

出典：UNDP 2022：7

第1に,「連帯」(solidarity) が新たな戦略として, 保護とエンパワーメントに加えて, 人新生の時代における人間の安全保障とSDGsの加速化に向けて重要となる (UNDP 2022 : 141)。新たな人間の安全保障においては, 人間一人ひとりやコミュニティに注目する点に加えて, SDGsで取り組まれているように, 人間と人間, そして人間と地球の関係に着目する必要がある。「2030アジェンダ」・SDGsの崇高かつ野心的な目標と理念は, 各国での取組みにおいて, 中央政府や国家レベルだけではなく, SDGsの地域展開 (localization of SDGs) 等のボトムアップも含めて, あらゆるレベルで取り組まれており, 国際社会へとつながっている。だが, ここに2つの構造的な問題が存在する。一つは地球規模の課題に対して, 国民国家を前提とした取組みを行うこと, もう一つは「SDGとターゲットは相互に関連する不可分のもの」(paragraph 55) であるが, 感染症, 気候変動, 紛争等の課題ごとの個別の取り組みとなっている点である。それゆえに, 他者への信頼, そして「人類としての眼差し」(the eyes of humankind) をもって, より大きな連帯をつうじて, 体系的, 永続的かつ包摂的な取組みが必要となる。COVID-19への対応においては「すべての人々が安全になるまで, 誰も安全ではない。生物多様性についても同様であり, それなしには我々は生きていくことができないし, また, 気候危機への取組みについても同じことがいえる」(UN 2021b : 14)。

第2に, 人間の行為主体 (agency) が上記の保護, エンパワーメント, 連帯という3つの戦略の中核となる。「人々を無力な患者とみなすのではなく, 自らの未来をかたちづくりその軌道を修正することができる, 行動と変化の行為主体」としてみることが重要である (UNDP 2022)。人間の安全保障とこれを通じたSDGsの活性化を「他人事」はなく「我が事」として, 当事者として取り組むことと言い換えてもよいであろう。ここで重要となるのは, さまざまな脅威に対するレジリエンスである。人間の安全保障はダウンサイド・リスクを重視しており,「右肩上がり」の人間開発を補うものである。COVID-19からの回復過程においては, いわゆる「K字回復」つまり回復を通じた格差の拡大が危惧される (ESCAP, ADB & UNDP 2021 : 11, 13)。脆弱な人々や国・地域は, 外的ショックから受けるダメージが大きいのみならず, レジリエンスも弱い。その一方で, 比較的順調に回復する人々や国・地域も存在する。これにより, グローバル・サウス (途上国) とグローバル・ノース (先進国) の間はもとより，地域間そして人々の間でもコロナ禍からの復興過程において格差が拡大するリスクが高まる。よって，次の点に留意する必要がある。

コロナ禍からのより良い復興（BBB）[14]に向けて，この危機が浮き彫りにした脆弱性を克服し，「取り残される人々」に対して保護とエンパワーメントを行い，より大きな連帯を構築する必要がある。元の社会に戻すだけではなく，より包摂的で持続可能な世界へと変革するためには，ボトムアップとレジリエンスがカギとなる。私たちの生活の場である地域社会には，コロナ禍やSDGsで取り組む課題が典型的に現れるため，人間の安全保障のフロンティアとしてSDGsの地域展開が必須である（野田 2021：187-190）。「取り残される」人々や地域は単に外的ショックに翻弄されるがままの「無力な患者」では決してない。[15]「取り残される」人々や地域は，その脆弱性の半面，行為主体としてのさまざまな工夫でこの危機を生きのびており，私たちはそのレジリエンスに学ぶ必要がある（本書第1部の各章を参照）。なぜならば「人新生において経験している予期せぬ地球の変化に対して，誰もが脆弱である」（UNDP 2022）からだ。

おわりに：「生かされて，生きる」

私たちは，この地球社会に生かされて，生きている。地球社会の共生なくして持続可能な未来はないことを，新型コロナ危機は私たちに改めてつきつけている。コロナ禍は，異次元の危機として，私たちの生存を脅やかし，経済・社会・環境そしてSDGsに甚大なインパクトを与えている。その影響は，長期的かつ世代を超えたものになることが危惧される。SDGsは「途上国開発から，地球社会の開発へ」のパラダイム転換であり，国際社会全体が取り組むグローバル目標，危機の時代の羅針盤として，その真価が問われている。COVID-19パンデミックは，グローバル化が進展する私たちの社会において，SDGsが取り組む地球規模課題は，「他人事」ではなく，私たち自身の切実な問題つまり「我が事」であることを痛感させている。コロナ禍は万人に及ぶものであり，感染症は人を選ばないが，そのダメージは，「取り残される」人々や国・地域にとってはより一層深刻であり，私たちの社会が抱える脆弱性を浮き彫りにし，SDGsが取り組むべき課題を明示している。

グローバル化した今日の世界においては，COVID-19パンデミックをはじめとする国家の枠組みを超えて人々に直接降りかかってくる非日常的な大きな脅威（外的ショック）は，人間の安全保障の危機として，恐怖と欠乏をもたらす。人新生の時代においては，新たな課題として人間開発と人間の安全保障が乖離するパラドクスにより，私たちは不安を抱えている。これに対して「人間の安全保障から，地球の安全保障へ」と，人間の行為主体性を核とし，保護とエンパワーメントそして，連帯という新しい戦略をもって乗り越える必要がある。「連帯はチャリティではない。相互関連の世界においては常識である。連帯とは我々を相互に結びつけるものであり，連帯なしにはどの地域社会や国家も課題を解決することはできない」（UN 2021b：14）のである。新型コロナ危機からの復興は，元の社会に戻ることではないし，またそれは不可能であろう。コロナ禍が浮き彫りにした私たちの社会の脆弱性の克服に取り組み，理念だけではなく実践的な意味において，「誰一人取り残さない」共生の地球社会へと「我々の社会を変革」していく必要がある。

持続可能な開発は「将来の世代のニーズを損なうことなく現在の世代のニーズを充足する開発」と定義され，世代間の問題，世代を超えた問題である。SDGsの目標年は2030年であるが，その達成に向けて私たちは大きな曲り角に立っている。だが，SDGsが提示する人類共通の地球規模課題は，より長期的な展望をもって解決されねばならない。貧困，格差，紛争，そして気候変動等，SDGsが取り組む課題はほとんどすべて人間がつくり出した問題である。であるならば，私たち人間はこうした問題を解決できるはずであり，また，現在の世代は将来の世代に対して，解決する責任を有する。SDGsが2030年に期間終了を迎えても，SDGsが提起している地球規模課題がすべて解決するわけではないであろう。私たちが直面している新型コロナ危機は，約100年前のスペイン風邪以来の大規模な感染症のパンデミックである。グローバル化が進む，人新生の時代においては，人間そして地球の存在を危うくする脅威は高まっている。であるならば，私たちはこの100年ぶりの危機から学び，100年先の世代に向けて教訓を伝えていく責務があろう。未来は占うものではなく，私たちが行為主体として，地球社会とどのように関わり，何をどう選択し，働きかけていくかによって決まる。

「歴史を振り返った場合，パンデミックは政治的，経済的，社会的な変革の触媒

（catalysts）としての役割を果たしてきたし，それは今日においても真実であろう」（UN 2021a：3）。

〈参考文献・資料〉

（日本語文献）

絵所秀紀監修・国際協力機構（JICA）編著，2007，『人間の安全保障――貧困削減の新しい視点』国際協力出版会。

西川潤，2018，『2030年未来への選択』日本経済新聞出版社。

野田真里（2021）「新型コロナ禍における人間の安全保障とSDGs ――グローバル危機の最前線に立つ地域社会」早稲田大学アジア太平洋研究センター『アジア太平洋討究』No. 42, pp. 179-191。

（外国語文献）

Commission on Human Security, 2003, *Human Security Now : Protecting and Empowering People.*

Economic and Social Commission for Asia and the Pacific, Asian Development Bank and United Nations Development Programme（ESCAP, ADB & UNDP）, 2021, *Responding to the COVID-19 Pandemic : Leaving No Country Behind.*

United Cities and Local Governments, 2020, *Towards the Localization of SDGs : How to Accelerate Transformative Actions in the Aftermath of the COVID-19 Outbreak.*

United Nations（UN）, 2020, *Shared Responsibility, Global Solidarity : Responding to the Socio-Economic Impacts of COVID-19.*

———, 2021a. *The Sustainable Development Goals Report 2021.*

———, 2021b. *Our Common Agenda : Report of the Secretary-General.*

United Nations Development Programme（UNDP）, 1994, *Human Development Report 1994,* Oxford University Press.

———, 2020, *2020 Human Development Perspectives. COVID-19 and Human Development : Assessing the Crisis, Envisioning the Recovery.*

———, 2022, *2022 Special Report. New Threats to Human Security in the Anthropocene : Demanding Greater Solidarity.*

United Nations General Assembly（UNGA）, 2005, *2005 World Summit Outcome*（A/RES/60/1）.

———, 2012, *Follow-up to Paragraph 143 on Human Security of the 2005 World Summit Outcome*（A/RES/66/290）.

———, 2015, *Transforming our world : The 2030 Agenda for Sustainable Development*（A/RES/70/1）.

注

1） UN DESA, "No one is safe, until everyone is", https://www.un.org/en/desa/%E2%80%9Cno-one-safe-until-everyone-%E2%80%9D（2023年１月31日閲覧）

2） GAVIアライアンスのCOVID-19ダッシュボードによれば，2023年２月時点で，

COVID-19による世界の死者数は累計680万人を超えている。 https://www.gavi.org/covid19/dashboard また，厚生労働省よれば，日本においても同時点で死者数は７万人を超えており，同年１月には１日あたりおよび１か月あたりの死亡者数が過去最高となった。

3） MDGsは「国連ミレニアム宣言」（2000）等に基づいて策定され，2001年から2015年の間に主に途上国の社会開発分野において取り組まれた。MDGsの８目標は，目標１：極度の貧困と飢餓の撲滅，目標２：初等教育の完全普及の達成，目標３：ジェンダー平等推進と女性の地位向上，目標４：乳幼児死亡率の削減，目標５：妊産婦の健康の改善，目標６：HIV／エイズ，マラリア，その他の疾病の蔓延の防止，目標７：環境の持続可能性確保，そして目標８：開発のためのグローバルなパートナーシップの推進である。

4） COVID-19 and the SDGs https://feature.undp.org/covid-19-and-the-sdgs/ （2023年１月10日閲覧）.

5） 人間開発とは，アマルティア・センのケイパビリティ（潜在能力）理論を背景とし，「人々の選択肢を拡大することで，皆が価値ある人生を送れるようになるプロセス」である。人間開発指数（HDI）はこれを所得・健康・教育の３分野の指標を用いて指数化したものである。SDGsの進捗は2016年の開始以降でしか把握できないため，ここでは中長期的な開発のトレンドを把握する上でHDIをみている。

6）「2030 アジェンダ」において，取り残される人々として，子ども，若者，障害者，HIV/AIDSとともに生きる人々，高齢者，先住民，難民，国内避難民，移民が挙げられている（paragraph 23）。また，取り残される国・地域として，特にアフリカ諸国，後発開発途上国，内陸開発途上国，小島嶼開発途上国，紛争下や紛争後の国（paragraph 22）が挙げられている。

7） 加えて本書では，難民（第３章），移民・外国人労働者（第４章），災害弱者（第５章），高齢者（第７章）そして障害者（第８章）についても，SDGsに鑑みCOVID-19パンデミックの影響やレジリエンスについて分析をしている。

8） UHCの要点は，必要な保健サービスを必要な時に支払可能な費用で受けられること，といえよう。SDGsのターゲット3.8には，「すべての人びとが，経済的リスクに対する保護，質が高く不可欠な保健サービスや，安全・効果的で質が高く安価な必須医薬品やワクチンを利用できることになることを含む，UHCを達成する」と記されている。

9） SDGsターゲット4.7では，「2030年までに，全ての学習者が……持続可能な開発を促進するための必要な知識とスキルを確実に習得できるようにする」と記されている。

10） R2Pは，カナダのクレティアン首相（当時）が国連ミレニアム総会において設置を支持した，「介入と主権に関する国際委員会」（ICISS）の報告書『保護する責任』において提唱された。また，本文中で検討した「世界サミット2005成果文書」においても，R2Pは，「ジェノサイド，戦争犯罪，民族浄化および人道に対する罪から人々を守る責任」として述べられている。その後，リビア内戦やシリア内戦への介入等をめぐり，さまざまな議論がなされている。

11） 平和が開発の基盤となる一例として，カンボジアをみてみよう。カンボジアは内戦，紛争やポルポト派時代の虐殺等によって，国土が荒廃し，多くの人材を失い，開発に大きなダメージを与えた。その後，国際社会の協力を得つつ，パリ和平協定，PKO等を通じて平和構築を行い，これを礎として近年では年率約７％の経済成長（コロナ禍前）を達成，後発開発途上国（LDC）からの卒業を果たした。他方，平和と開発の関係ついては国際場裡での対立等もあり，複雑である。本書第13章で論じられている通り，SDGsの成立過程において，イギリス等の先進国が，開発の基盤となるのは平和で民主的な社会や責任ある政府である，と主張した。これに対して，途上国（G77）や中国は強く反発，開発に政治の問題が持ち込まれる点や先進国による介入を危惧した。

12）　非常に大きな脅威（外的ショック）としては，広域感染症，大規模な経済ショック，環境破壊や自然災害，そして暴力を伴う紛争等が挙げられる。また，日常生活の中に埋め込まれた脅威としては，慢性疾患・病気，不健康・不衛生な生活環境，事故・障害，老齢，日常的暴力（含，DV），社会的差別，天候不順による不作等が挙げられる（絵所監修・JICA編著 2007：16）。

13）　プラネタリー・ヘルスは，2014年にロックフェラー財団と世界五大医学雑誌の一つである*Lancet*誌が共催した会議が嚆矢であり，同財団は「地球の自然系を人類が崩壊させたことによる人類の健康影響を探索する」と規定，プラネタリーヘルスアライアンスが中心となって研究が進められている。

14）　2015年の第3回国連防災世界会議で採択された「災害リスク削減のための仙台枠組み2015-2030」で提唱された概念であり，災害前の状態に戻すのではなく，災害をつうじて明らかになった潜在的な災害リスクやその教訓を生かし，よりレジリエントな社会を構築する機会とすること。

15）　日本において，離島は「取り残される」地域とされ，人口流出や高齢化が進む中で，島民は「取り残される」人々と考えられがちである。しかし，筆者が長年研究フィールドとしている，三重県の答志島においては，市の行政や住民組織，医療機関，教育機関等の連携により，コロナ禍の被害を最小限に抑えることができている。その背景には，脅威に対する予防とレジリエンスがある。すなわち，平素から台風や高潮とこれに伴う島の孤立等の外的脅威への予防措置が備わっている。そして，島における伝統的なレジリエンスである，「寝屋子」や「朋輩」等の相互扶助の文化や制度，住民組織等が大きく貢献している。また，コロナ禍を契機に，ICTを活用した遠隔医療や遠隔教育・複式学級といった新たな試みも加速化している。

第 1 部

新型コロナ危機で「取り残される」人々とSDGs，レジリエンス

第 2 章
貧困層と SDGs――ポスト・コロナ時代の貧困撲滅と社会的保護

伊東早苗

〔キーワード〕 貧困，バングラデシュ，社会的保護，現金給付，開発協力

〔要旨〕 過去30年の間に，絶対的な貧困にあえぐ人々の数は世界的に減少した。ただし，現在でも７億人を超える人々が絶対的貧困状態にあるとされ，持続可能な開発目標（SDGs）が2030年までの目標として掲げる「絶対的貧困の撲滅」の達成にはほど遠い。新型コロナウイルス感染症（COVID-19）の蔓延は，世界レベルで貧困と格差を悪化させ，人間の安全保障を脅かせた。本章では，途上国の現場で何が起きているかについて，バングラデシュを例にとって考える。また，SDGs のターゲットに盛り込まれている，貧困対策としての「社会的保護」の概念と具体策について検討する。その上で，近年の先進国による開発協力が経済的な相互利益の追求に重きをおきがちな傾向を論じ，途上国における社会的保護の強化に向けて優先順位の見直しが必要であると議論する。COVID-19 によってもたらされた危機は，私たちが開発協力を通じて何を実現したいのかを改めて問い直す契機となりうる。

はじめに：貧困層を取り残さない

本章では，SDGs 筆頭の目標であり，人間の安全保障を脅かす最大の要因の一つである「貧困」の撲滅について，COVID-19 蔓延による影響とあわせて考える。貧困撲滅は，「恐怖からの自由」と「欠乏からの自由」を標榜する人間の安全保障にとって最も重要な政策課題の一つである。また，COVID-19 の世界的な流行は，社会におけるさまざまなレベルの格差と不平等を浮彫りにし，貧困層の安全を脅かすことを露呈した。国家間の安全保障とは違う次元の，人間に焦点をあてた安全保障が求められる所以であり，SDGs が貧困層や脆弱層の社会的保護を筆頭の目標に含めることの意義は大きい。本章では，

COVID-19の蔓延によって2030年に向けた貧困人口削減の目算にどのような狂いが生じたか，また，途上国を中心に，貧困層の生活がどのような影響を受けているかについて，バングラデシュの事例を交えて検討する。さらに，ポスト2015年以降の開発協力が経済成長促進に軸足を移しつつある中で勃発した新型コロナ禍（以下，コロナ禍）により，開発協力の動向はどのように変化するのか，また，ポスト・コロナ時代の開発協力は，途上国貧困層に対する社会的保護をどう支えていくべきかについて議論する。

1　国際社会による貧困問題の理解

(1)　貧困削減から貧困撲滅へ

貧困は，すべての人間に保障されるべき基本的な保健・医療や教育を受ける権利を阻害し，人間の安全保障を脅かす。さらに，人間の福祉（well-being）向上を通じたより良い社会の構築を目指す国際開発にとって最大の障壁でもある。その認識を反映し，SDGsの目標1は，2030年までに「すべての形態の貧困をあらゆる場所において終わらせる」ことと設定されている。貧困削減は，1990年から2015年までの開発目標であったMDGs（ミレニアム開発目標）でも筆頭に挙げられていた。より具体的には，MDGsでは1日1ドル未満で生活する人々の割合を半減させることがターゲット1.Aで設定されていた。この「1日1ドル未満」とは，世界銀行が当時の購買力平価[1)]に基づいて設定した基準である。中国のめざましい経済発展の影響もあり，1990年以降，10億人以上の貧困層が極端な貧困状態を抜け出すことに成功し，MDGsのこのターゲットは概ね達成されたといわれる（UNDP 2015)。一方，SDGsの目標1のターゲット1.1には，「1日1.9ドル（SDGs採択時点では1.25ドル。2015年に物価の上昇にあわせて1.9ドルに改訂）未満で生活する人々がおかれた絶対的な貧困を2030年までに終わらせる」とある。MDGsでは絶対的な貧困にあえぐ人々の数を半減するための努力が求められたが，SDGsでは，その数を「削減」するだけではなく，「ゼロにする」ことが目指されているのである。

世界全体では，絶対的貧困状態にあるとみなされる人々は減少してきたとはいえ，その数は，中所得国の他，ガバナンスの弱い脆弱国家に集中する傾向にある。とりわけ後者の国々は，紛争や環境破壊等の影響が深刻化しがちな国々でもあり，貧困層の所得向上を目指すだけの貧困対策では効果が薄く，その対策は複雑化している。MDGsターゲット1.Aの達成は，中国が経済成長を通じて絶対的貧困層の生活レベルを引き上げたことによる影響が大きいが，SDGsターゲット1.1にある絶対的貧困の撲滅は，経済成長の推進だけでは解決が難しいといわれる（World Bank 2020）。

(2)　多面的な貧困の理解

なお，1日1.9ドルというのは，絶対的貧困を測定するために国際的に設定された貧困線の基準であるが，SDGsの目標1には，各国が自国内で定義するあらゆる次元の貧困を2030年までに半減させるという別のターゲット（ターゲット1.2）も含まれている。国際的な貧困線よりは上にある人々であっても，彼らが居住する国の生活環境の中で，人間的に満足な生活を維持することができない場合がある。SDGsの目標1は，そのような人々もまた，それぞれの国内における貧困状況から救い上げることを含めている。

異なる社会の文脈の中でさまざまな様態を示す貧困の実態を把握するためには，所得水準だけに着目するのではなく，得られる資源を用いて人間が何を達成できるのかを総合的に理解することも重要である。経済学者のアマルティア・セン[2)]は，貧困とは，人間がもつ基本的な潜在能力（たとえば良好な栄養状態を保持する能力，学ぶ能力，資源を獲得する能力等）を発揮することができない状態であると議論した。また，貧困は，特定の個人や集団が経済的，政治的，社会的な諸活動から排除される多重的なプロセスや，その結果として必要な資源にアクセスできない状態として理解されることもある（Saith 2007）。集団的な排除の例としては，インドにおけるカースト制度や，南アフリカにかつて存在したアパルトヘイト等が挙げられる。

2　新型コロナ禍が貧困層に与えた影響

(1)　COVID-19と労働機会の喪失

こうした貧困の多様な側面を理解することは，COVID-19の世界的な蔓延による影響を考える上でも重要である。COVID-19との接触は，もともとは比較的裕福な海外渡航者の間で広まったと考えられていたが，さまざまな経路で開発途上国にも広がっていった。結果として，先進国・途上国を問わず，もともと貧困ではなかった人々も，COVID-19の影響で仕事を失い，収入の道を断たれる事態が急増した。国際労働機関（ILO）によると，2020年下半期だけで，実に4.95億ものフルタイムの賃金労働に匹敵する労働時間が世界中で失われたことになる（ILO 2020a：1）。中でも，飲食や宿泊等のサービス産業で働く非正規労働者や，彼らに占める割合が高い女性労働者への影響は，先進国・途上国を問わず深刻である。

日本でも，女性，非正規労働者，低所得者層ほど，感染拡大による収入の減少はより深刻で，業種や雇用形態や性別による格差がこれまで以上に拡大し，貧困問題が悪化したといわれる。ただし，先進国であれば，政府による何らかの経済的支援策が実施されるのが普通である。日本では，国民に対する一律10万円の特別定額給付金の他，子育て世帯臨時特別給付金や新型コロナウイルス感染症対応休業支援金・給付金等が支払われた。こうした公的支援だけで，深刻化かつ長期化する生活困窮者の多面的なニーズに応えきれるものではないが，多くの途上国では，こうした最低限の保障すら受けられない人々が数多く存在する。

⑵　新型コロナ禍と途上国貧困層

社会保障制度が整備されていない開発途上国で，コロナ禍のロックダウンや社会的距離の確保が求められたことにより，給与が減額されたり，失職したりして，大きな経済的損失を被った低所得労働者は少なくない。また，途上国のインフォーマル・セクター[3)]において露天商や家事使用人または日雇い労働者等として日銭を稼いで生活していた多くの貧困層は，日銭すら稼げない状態に陥った。世帯内の稼ぎ手をCOVID-19によって失ったり，感染症対策にかかる医療費やそれ以外の出費がかさみ，貧困状態を悪化させた人々もいる。さらに，医療制度の網から漏れ，必要な治療が受けられなかったり，差別や偏見から社会的に孤立し，誰からも支援が受けられずに困窮する人々もいる。

こうした中，冒頭に挙げた国際的な貧困線である1日1.90ドル未満で生活する極度の貧困にあえぐ人々の数は，2020年に，1997年以降初めて上昇に転じた。世界銀行は，2020年に新たに8800万人から1億1500万人が極度の貧困に陥り，世界人口に占める極度の貧困層の割合は2017年の水準まで後退すると予測

図2-1　世界の貧困率コロナ禍の影響予測
（一日あたり US$1.90, PPP）

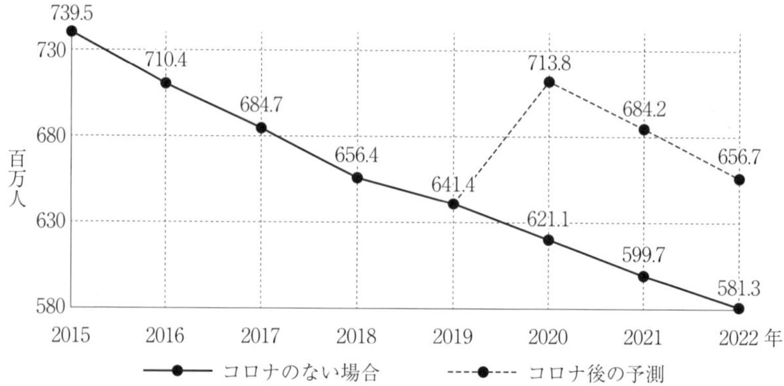

出典：Lakner et al. 2022より筆者改訂

した（世界銀行 2020）。こうした新たな貧困層のほとんどは，もともと貧困率が高かった国々での増加で，彼らの約80％は中所得国に居住するといわれる。また，国によっては，その影響は今後，長期にわたって継続するとみこまれている。コロナ禍の影響により2030年に極度の貧困状態にあると推定される人々の数は，コロナ禍がなかった場合に比べ，約5000万人増加するといわれ（Lakner et al. 2022），2030年までに貧困を撲滅するという目標の達成は，よほど大規模かつ迅速な貧困削減策を講じない限り，もはや不可能とみなされている（World Economic Forum 2020）。

3　バングラデシュの農村から

(1)　ロックダウンの影響

COVID-19の流行以来，先進国の研究者である私たちが開発途上国の開発現場に出かけることが困難になった。途上国でコロナ禍がどのような惨事を引き起こしているかはメディアの海外ニュースで見聞きするものの，ニュースに出てくるのは都市の情報が多い。途上国農村で，貧困層がコロナ禍によりどのような影響を受けているかは，同じ国に住む都市の住人にすらもみえにくいし，ましてや海外にいる私たちには想像が難しい。本節では，バングラデシュの首都ダッカ近郊の一農村で，貧困層60世帯の生活を記録し続けている「リシパラ・デイリー・ファイナンシャル・ダイアリーズ（Hrishipara Daily Financial Diaries 2021，以下，リシパラ・プロジェクトと略称）」の公開データや現地メディアによる情報を総合し，[4] 限定的ではあるものの，バングラデシュの貧困層がおかれた状況を考えてみたい。

バングラデシュではコロナ禍への対応として，2020年4月に政府による最初の一斉ロックダウン措置が実施された。初めてのロックダウンでもあり，多くの貧困層が強権的な方法で移動を制限され，日々の稼ぎを失った。1年後の2021年4月，さらに同年7月，デルタ株の蔓延によってバングラデシュ政府は2回目，3回目の一斉ロックダウンを実施した。2回目，3回目のロックダウン時は1回目の時ほど厳しくは施行されなかったこともあり，何らかの形で経済活動を継続した貧困世帯も多かったようである。ロックダウンの最中に，断食月の終了を祝うイスラム教の祝祭，イードが催されたり，貧困世帯出身の女性たちが働く縫製工場がロックダウンの対象から外されたことから判断すると，回を追うごとに，規制が緩められたことは間違いない。ただし，緩められたとはいっても，バングラデシュのロックダウンは軍や警察が街中をパトロールして住民の行動を監視するものであり，日本の緊急事態宣言よりもはるかに強制力をもつ措置である。度重なるロックダウンにより，バングラデシュの貧困層はさまざまな苦境に陥った。

⑵　貧困層がもつレジリエンス（強靭性）

先進国に住む私たちの感覚では，そもそも極度の貧困状態にある人々がロックダウンによって経済活動を妨げられたら，その日からすぐに食べるものに事欠く窮乏状態に陥ると想像しがちである。もちろん，そのような世帯があることは否定できないが，貧困層が危機的な状況を生き抜くための驚くべきレジリエンス（強靭性）を備えていることもめずらしくない。レジリエンスを支える基盤にあるのは，彼ら／彼女らがもつ堅実な金融習慣である。彼ら／彼女らの多くは，普段より，日々のわずかな収入の中から少しずつ貯蓄をして，マイクロファイナンス機関[5]に預けたり，自宅に保管したりして，子どもの教育や結婚等の行事または病気等，非常時の出費に備えている。ロックダウンで収入が途切れても，最低限の食費以外は支出をできる限りきりつめ，貯蓄を切り崩したり，友人や親戚の援助を得たりして窮状を切り抜けた世帯もある。平時であれば，マイクロファイナンス機関に預けた貯金を引き出したり，貯蓄の前借りとしての融資を受けて当面の消費にまわすといった方策も採られたはずである。しかし，ロックダウン中はマイクロファイナンス機関が閉鎖されたため，貧困層がアクセスできる当面必要な現金は，自宅のへそくりや親戚・近隣住民からの援助が中心となった[6)]。

⑶　ショッボナの例

リシパラ・プロジェクトの結果をまとめた論文に掲載されているショッボナの事例を紹介する（Rönkkö, Rutherford & Sen 2022：8）。ショッボナは30代の女性で，レンガ割りを生業とする。バングラデシュでは山がほとんどなく，石が採れないため，道路の舗装工事等で使われる砂利の代用品として，レンガを細かく砕いたものを使用する。ショッボナは，この収入から得る月に約4000タカ（約5600円）の収入で，寡婦となった彼女の妹とその子供２人を養っている[7)]。また，妹は視力が弱いため，バングラデシュ政府による障害者手当として，月々700タカ（約1000円）を受給している。ショッボナは将来の姪の結婚費用として，年に7000タカ（約１万円）を10年間積み立てるための民間の貯蓄型保険に加入している。生活が苦しい時には，隣人や親戚が現金を援助してくれる時もあるし，無利子でお金を借してくれることもある。また，近所に住む兄は，妹の子どもたちが毎日牛乳を飲めるようにと，日々，わずかばかりの小銭を援助してくれている。ショッボナは，普段から，稼いだお金のいくばくかを信頼できる年長の親族のもとに預けている。それに加え，自宅にもへそくりをしており，2020年４月の最初のロックダウン時には１万2000タカ（約１万7000円）のへそくりを自宅に保管していた。しかし，同じ４月にショッボナは腸チフスに罹患してしまった。その検査費用や治療のための出費とロックダウンによる収入の停止で，ショッボナの世帯は極度の困難に直面したものの，彼女が普段より貯めていたへそくりと，妹の障害者手当および親戚からの援助により，なんとかこの難局を乗り切ったのである。ショッボナの事例は，バングラデシュの貧困層がコロナ禍で定期収入を失う中で，貯蓄やインフォーマルな相互扶助のメカニズムを通じて，驚くべきレジリエンスを発揮していることを示している。

ただし，コロナ禍が貧困層に及ぼす影響は，日々の収入が途絶えるというだけではない。感染が疑われる状況でも，医療施設が受入れを拒否し，たらい回しになる確率は，中流以上のバングラデシュ人よりも貧しいバングラデシュ人の方が確実に高い。また，運よくCOVID-19の治療を受けることができたとしても，たまたま空きベッドがあった民間クリニックに選択の余地なく運ばれて治療を受けることとなり，高額な治療費を賄うために，なけなしの土地を売ったり，借金を背負いこんだりする貧困世帯もある。また，農村地帯では，COVID-19の感染者を誰も入らない小屋に隔離する事例も報告されている。住民が互いに行動を監視し合い，感染の噂が広まって差別を受け，社会的な排除を経験する貧困層もいる。

4　バングラデシュの女性工場労働者たち

(1)　縫製産業と女性

バングラデシュでは，こうした農村地帯から多くの若い貧困女性たちが都会の縫製工場に出稼ぎに行く。1980年代に，農村出身の安価で手先の器用な女性労働力を見込んだ労働集約型の縫製産業が興り，約20年の間にバングラデシュ最大の輸出産業に成長したためである。2021年度の輸出総額約340億ドルのうち，８割以上を衣料品輸出が占めている（外務省 2022）[8]。また，世界の衣料品輸出国のうち，バングラデシュは輸出総額が世界第２位である。これら衣料品を縫製する工場で働く労働者の数は約400万人といわれ，うち約65％が女性である（Haque & Bari 2021：5）。縫製業の発展がバングラデシュという国の経済成長に与えた影響は計り知れないが，それと同時に，縫製業がバングラデシュ農村部の若い貧困女性たちに雇用機会を創出し，彼女らの経済的自立を促進した側面も重要である。

(2)　縫製工場の労働環境

その一方で，他の衣料品輸出国と同様に，バングラデシュにおいても縫製工場の劣悪な労働条件は，国際機関や国内外の市民社会団体からしばしば批判を受けてきた。たとえば，労働者の健康や安全を危険にさらす労働環境や，労働組合の禁止措置，セクシュアル・ハラスメント，低すぎる賃金等が問題としてたびたび指摘されている。これらの問題の解決は，SDGsの貧困にかかわる目標１だけでなく，目標５（ジェンダー平等），目標３（健康と福祉），目標８（働きがい・経済成長）とも深く関係している。2013年4月にダッカ近郊で起きた8階建て商業ビルの崩落事故（ラナ・プラザ崩落事故）では，1100人を超える工場労働者が死亡し，負傷者約2500人以上を出した（山田・安藤 2021）。被害者の多くは，海外ファッション・ブランドの縫製を担う5つの工場で働いていた女性たちである。バングラデシュ史上最悪といわれるこの産業事故の原因は，耐震性を無視した違法な増築に対するバングラデシュ政府からの安全管理上の警告を，ビルの持ち主が無視し続けたことにある。この惨事の背景には，グローバルなファッション・ブランドがバングラデシュの劣悪な労働環境から目を背け，安価な労働力をあてにして利益を追求してきた現実がある。事故を契機に，世界のファッション・ブランドは，国境をまたいで広がるサプライ・チェーンの末端で働く労働者の権利に対して責任を負うべきであるとの認識が，世界的に広がっていった。

⑶　新型コロナ禍と縫製工場

こうした世界的な動きによって，欧米や日本のファッション・ブランドがサプライ・チェーン・マネージメントを改善すべく努力する中で，コロナ禍が勃発した。皮肉なことに，海外ファッション・ブランドによる発注の取消しや遅延が相次ぐこととなり，物流の混乱や国内のロックダウン措置による休業も加わって，バングラデシュの縫製業は大打撃を受けることになる。2020年4月の輸出総額は，前年同月比で約8割減った（BGMEA n. d.）。また，業界全体の経済的打撃は，そこで働く労働者の生活を直撃した。縫製工場で働く労働者の中には，賃金カットや支払の遅延を被ったり，補償もなく解雇されて生活が困窮し，農村に住む家族への仕送りもできなくなった者が続出した。また，職場に残った労働者も，工場内での不十分な社会的距離の確保や不完全な衛生環境に対し，不安感を募らせたのである。さらに，COVID-19に感染したと思われる何らかの症状が出た者であっても，感染が発覚して解雇されることへの恐怖や，病欠期間の経済的補償がないことへの不安から，医者にかかることを躊躇したという（ILO 2020b）。

業界としての危機感を募らせたバングラデシュ縫製品製造業・輸出業協会（BGMEA）はバングラデシュ政府に働きかけを行い，2021年7月に始まった3度目のロックダウンから縫製工場を除外してもらうことに成功した。しかしながら，このロックダウン解除のニュースはあまりに突然だったため，当時，イードの祝祭およびロックダウン両方の理由から故郷に帰省していた多くの女性労働者たちが，急遽，首都ダッカに戻ることとなり，交通手段の確保が困難な中，各地で混乱とパニックを引き起こした。工場の再開時に戻ってこない労働者は解雇されるか，賃金カットの対象になるとの噂が流れ，それを危惧した労働者が，必死で旅路を急いだためである。しかし，安全とは程遠い混雑した交通機関を利用せざるをえず，また，職場に戻った後も，コロナ対策が徹底しているとは言い難い職場で長時間勤務を強いられる労働者の状況に，国内外で大きな懸念の声があがった（*The Guardian* 2021）。

以上，バングラデシュ農村の貧困層およびバングラデシュの縫製工場で働く女性労働者たちがコロナ禍を生き抜く様を，部分的ながら描写してきた。次節では，再びSDGsに立ち返り，貧困層と社会的保護の問題について考えたい。

5　貧困層と社会的保護

(1)　SDGsと社会的保護

SDGsの目標1「貧困をなくそう」には全部で7つのターゲットがあるが，そのうちの一つが社会的保護に関するものである。すなわち，ターゲット1.3に「各国において最低限の基準を含む適切な社会保護制度や対策を実施し，2030年までに貧困層や弱い立場にある人々に対し，十分な保護を達成する。」とある。先進国が自国の貧困層に向けた社会的保護に取り組むのは当然のことだが，それと同時に，先進国には，国際的な貧富の格差が拡大するのを防ぐ責務がある。

先進国と違い，多くの開発途上国には貧困層の生活を守るのに十分な社会保障制度が存在しない。世界銀行，国際労働機関（ILO），国連児童基金（UNICEF）等の国際機関や先進国の援助機関は，長年，途上国における貧困層を対象とした社会的保護システムの整備を支援してきた。社会的保護には，労働市場への介入を通じた雇用の「促進」や貧困の悪化を「防止」するための社会保険の他，現金や食料等の給付を通じた「保護」の側面がある。コロナ禍という緊急事態に対し，途上国政府は，まずは現金や食料の給付という形の緊急的な社会的保護を提供しようと努めてきた。コロナ禍以前から貧困層向けにこうした給付プログラムを実施してきた途上国では，その対応が比較的迅速であったといわれる。

社会的保護を受けることは，貧困層のもつ基本的な人権の一部とみなされる一方で，国家が保護を与えることは貧困層の自助努力を損ね，長期的には貧困削減につながらないという批判も根強い[9)]。自助努力を損ねるかどうかは別にしても，国庫で賄う多くの公的サービスから長年とりこぼされてきた途上国の貧困層が，社会的保護という形の公的サービスを受けることは，社会的公正の観点からいって当然の権利であり，彼ら／彼女らの権利を保障することは国家にとっての責務である。

⑵　現金給付プログラム

貧困層に向けた社会的保護の具体的な施策として，多くの途上国で実施されてきた「現金給付プログラム（Cash Transfers）」は，1990年代にブラジルやメキシコ等のラテンアメリカ諸国でその効果が注目を浴び，以後，アジアやアフリカを含む多くの途上国で普及した。具体的な実施方法にはさまざまなパターンがあるものの，一般的には，一定の貧困基準を満たす世帯に対し，一定額の現金を，一定の期間ごとに給付するものが多い。給付の内容は必ずしも現金である必要はなく，食料やそれ以外の物資で置き換えることもある。また，給付を受ける貧困世帯に対し，子どもを学校に行かせる，母親は産前産後健診を受ける等の条件を課し，貧困世帯にとって望ましいと思われる行動を促す「条件つき現金給付（Conditional Cash Transfers）」も実施されている。条件なしで現金を給付する場合，貧困層はもらった現金をすぐに消費してしまい，生活向上につながらないという批判があるのに対し，条件つき現金給付の場合には，貧困層の行動を律し，教育効果や健康の増進を通じて世代間で貧困が継承されるのを防止することができる，という説明がなされることが多い。ただし，条件をつけることによって，条件を満たすために女性が背負う負担が増大するという調査結果や，条件をつけてもつけなくても，教育や保健分野におけるプラスの効果に差はみられないとする調査結果もある[10)]。

⑶　新型コロナ禍と現金給付プログラム

多くの途上国政府は，コロナ禍における緊急の社会的保護策として現金給付の対象者を増やしたものの，ほとんどの国において，給付を受けることのできた者は全人口の半分に満たない。フィリピンやボリビアのように，国民の90%を超える人々に給付を実施した例もあるが，貧困率が高いエチオピアやラオス等の国々で，その割合が5%に満たないとの報告もある（Oxfam International 2020：12）。また，緊急策としての給付は，途上国平均で一人あたりGDPの約3%を用い[11]，定額を1回限り，または2～3か月以内に数度に分けて給付するものがほとんどである。失われた雇用や収入を長期にわたって補填するには到底足りていないのが現状である（Oxfam International 2020：16）。

6　開発協力による貧困層支援

(1)　開発協力のグローバルな動向

コロナ禍が始まる以前の世界では，貧困をめぐる世界地図の変化とともに，開発援助の考え方も大きく転換した。2011年に韓国の釜山で開催された第4回援助効果向上に関するハイレベル・フォーラムでは，先進国から途上国への「援助の効果」にかかわる議論から，援助以外の資金の流れを含めた途上国への資金の流入が達成する「開発の効果」に向けた議論へと，国際社会の議論の焦点は大きく変化した。その背景には，過去20年あまりの間に，途上国への資金の流れにおける開発援助の相対的な割合が減少し，海外直接投資等の民間資金や出稼ぎ労働者による母国への送金が占める割合が飛躍的に増大したことがある。これらすべての流れを含めた開発の効果が議論されるようになるにつれ，「開発」を推進するアクターとして，国際機関，二国間援助機関，途上国政府，NGOの他に，民間企業が大きく注目を浴びるようになった。同時に，「開発」は技術革新と経済成長により牽引されるものという，1950～1960年代に優勢であった近代化論に代表される思想が復活する兆しがみられる。それによってSDGsの筆頭に来る貧困問題への対策が軽視されたとまではいえないが，貧困は，経済成長の結果生み出される富が「トリクル・ダウン」することによって自然に軽減されるという発想が，援助政策の裏に見え隠れするようになった。

(2)　新型コロナ禍と開発協力

こうした中で突如勃発したコロナ禍は，私たちが求めるべき開発の効果と，それを達成するための開発協力のあり方を問い直すきっかけになるかもしれない。貧富の差を問わず襲ったコロナ禍により，先進国は自国経済の立て直しに多くの予算を使う必要に迫られ，政府開発援助予算を削った国もある。その一方で，保健医療体制が脆弱な途上国がCOVID-19への対応を強化することができるよう，保健医療分野の政府開発援助を強化する動きもみられる。日本政府は2021年の政府開発援助（ODA）実績を前年比で19.3%（162億ドル）増やし，1960年度以降で最高額を記録した（日本経済新聞 2022）。COVID-19対策としての医療支援が増大したためである。こうした保健医療分野への援助とは別に，途上国政府が実施する現金給付等の社会的保護策を支援するため，世界銀行を中心に，国際機関や二国間援助機関が緊急の追加支援を決定している。こうした開発協力の動向は，ODAを呼び水に民間投資を増強すれば途上国の経済成長につながり，その果実が時間とともに貧困層までトリクル・ダウンしてくるだろうという復古的な貧困削減アプローチの限界を指し示すものである。コロナ禍は，人間の安全保障の重要性を改めてあぶり出したと同時に，それを担保する条件として，貧困層や脆弱層に直接的に裨益する開発援助介入が今も重要である事実を私たちにつきつけている。

まとめと展望：ポスト・コロナ時代の開発協力と普遍的な価値の追求

本章では，SDGs筆頭の目標である「貧困」について，その概念を整理した上で，コロナ禍との関係について，バングラデシュを事例に挙げながら議論した。貧困層がもつ強靭性（レジリエンス）に注目する一方で，コロナ禍の影響が社会的，経済的な負の連鎖を生み出すことについても考察した。コロナ禍によって脅かされる貧困層の命と生活は，国家としての安全保障とは異なる次元の保護を必要とする。人間の安全保障を実現するために，私たちが実施する開発協力は，SDGsの筆頭に掲げられる貧困撲滅と社会的な保護を直接的に見据えたアプローチを必要としている。

SDGsは先進国，途上国を問わず，すべての国や地域で達成すべき開発目標を掲げているため，SDGsへの取組みは，ともすると個別の目標やターゲットに関連した国内努力に集中しがちである。しかしながら，SDGsの全体目標である「誰一人取り残さない持続可能な開発」とは，特定国や特定地域の中で完結するものではなく，地球全体で達成されることが前提である。ポスト・コロナ時代の到来に向けて，私たちはグローバルな貧困撲滅への動きを再加速させなければならない。そして，私たちが住む日本によって実施される開発協力は，その目標に向けた努力が経済的な相互利益につながるかどうかにかかわらず，普遍的な価値としての人間の安全保障に貢献するものであってほしい。

〈参考文献・資料〉

（日本語文献）

外務省，2022，「バングラデシュ人民共和国（People's Republic of Bangladesh）基礎データ https://www.mofa.go.jp/mofaj/area/bangladesh/data.html

世界銀行，2020，「新型コロナウィルス感染症により2021年までに極度の貧困層が最大1億5,000万人増加」プレスリリース番号：2021/024/DEC-GPV　https://www.worldbank.org/ja/news/press-release/2020/10/07/covid-19-to-add-as-many-as-150-million-extreme-poor-by-2021

アマルティア・セン（池本幸生・野上裕生・佐藤仁訳），2018，『不平等の再検討――潜在能力と自由』岩波書店。

高柳彰夫・大橋正明編，2018，『SDGsを学ぶ――国際開発・国際協力入門』法律文化社。

日本経済新聞，2022年4月13日，「日本のODA実績，21年は過去最高に　コロナ対策支援で」 https://www.nikkei.com/article/DGXZQOUA119LF0R10C22A4000000/

山田和則・安藤裕二，2021，「縫製工場での安全基準の今：日系企業の取り組みと課題（バングラデシュ）」地域分析レポート　https://www.jetro.go.jp/biz/areareports/2021/822f0e853ebe9799.html

（外国語文献）

BGMEA, n. d. "Export Performance"　https://www.bgmea.com.bd/page/Export_Performance

The Guardian, 2021, 4 Aug., "Workers return to Bangladesh's garment factories despite record Covid deaths"　https://www.theguardian.com/global-development/2021/aug/04/workers-return-to-bangladesh-garment-factories-despite-record-covid-deaths

Hanlon, J., Barrientos, A. & Hulme, D., 2010, *Just Give Money to the Poor : The Development Revolution from the Global South,* Kumarian Press.

Haque, A. K. E. & Bari, E., 2021, "A Survey Report on the Garment Workers of Bangladesh", Asian Center for Development　https://www.researchgate.net/publication/350156796_A_Survey_Report_on_the_Garment_Workers_of_Bangladesh_2020

Hrishipara Daily Financial Diaries, 2021, "Coronavirus"　https://sites.google.com/site/hrishiparadailydiaries/home/corona-virus

IHRB & Chowdhury, Center for Bangladesh Studies at UC Berkeley, 2021, "The Weakest Link in The Global Supply Chain: How the Pandemic is Affecting Bangladesh's Garment Workers" https://www.ihrb.org/focus-areas/covid-19/bangladesh-garment-workers

International Labour Organisation (ILO), 2020a, "ILO Monitor: COVID-19 and the World of Work", 6th ed. https://www.ilo.org/wcmsp5/groups/public/---dgreports/---dcomm/documents/briefingnote/wcms_755910.pdf

———, 2020b, "The supply chain ripple effect: How COVID-19 is affecting garment workers and factories in Asia and the Pacific", Research brief. https://www.ilo.org/wcmsp5/groups/public/---asia/---ro-bangkok/documents/briefingnote/wcms_758626.pdf

Lakner et al., 2022, (updated), "Poverty & Inequality Platform (PIP), Macro and Poverty Outlook" quoted in Mahler, D. G., et al., "Pandemic, prices, and poverty", World Bank Blogs. https://blogs.worldbank.org/opendata/pandemic-prices-and-poverty

Oxfam International, 2020, "Shelter from the Storm: The Global Need for Universal Social Protection in Times of Covid-19" https://oxfamilibrary.openrepository.com/bitstream/handle/10546/621132/bp-social-protection-covid-19-151220-en.pdf

Rönkkö, R., Rutherford, S. & Sen, K., 2022, "The Impact of the COVID-19 Pandemic on the Poor: Insights from the Hrishipara diaries", *World Development,* vol. 149 https://doi.org/10.1016/j.worlddev.2021.105689

Saith, R., 2007, "Social Exclusion — The Concept and Application to Developing Countries", in Stewart, F., Saith, R. & Harris-White, B., eds., *Defining Poverty in the Developing World,* Palgrave Macmillan, Basingstoke, pp. 75-90.

United Nations Development Programme (UNDP), 2015, "The Millennium Development Goals Report 2015" United Nations Pubns.

Wambile, A. E., 2022, World Bank Group, "Bangladesh", Poverty & Equity Brief https://databankfiles.worldbank.org/data/download/poverty/987B9C90-CB9F-4D93-AE8C-750588BF00QA/current/Global_POVEQ_BGD.pdf

World Bank, 2020, "World Bank Group Strategy for Fragility, Conflict, and Violence 2020-2025" https://documents.worldbank.org/en/publication/documents-reports/documentdetail/844591582815510521/world-bank-group-strategy-for-fragility-conflict-and-violence-2020-2025

World Economic Forum, 2020, "Coronavirus could push 150 million people into extreme poverty, says World Bank" https://www.weforum.org/agenda/2020/10/coronavirus-150-million-extreme-poverty-world-bank-covid-19-pandemic-aid-humanitarian/

注

1）ある国において一定の価格で購買できる商品やサービスが，他の国において，いくらで購買できるかを示す為替レートのこと。たとえば，米国で買うビッグマックが9ドルで，日本で同じものを買うと400円だったとすると，1米ドルに対して購買力平価が成立する円のレートは約44円となる。

2）アマルティア・セン（Amartya Sen）による潜在能力（ケイパビリティ）アプローチに

ついては『不平等の再検討――潜在能力と自由』岩波書店（2018）を参照。貧困を，健康を保つ能力，知識を得る能力，まともな生活を維持するために必要な資源にアクセスする能力等，人間生活に必須の潜在能力を剥奪された状態と捉える。国連開発計画（UNDP）による「人間開発指数」の導入に多大な影響を与えた。

3）　政府による法規制の対象とならず，課税もされない非公式な経済活動分野を指す。

4）　以下，特別に断らない限り，Hrishipara Daily Financial Diaries ホームページ上に掲載された情報に依拠する。

5）　主として貧困層を対象に小規模金融サービスを提供する機関のこと。バングラデシュではグラミン銀行が有名だが，それ以外にも大小あわせて千を超す機関がある。融資だけでなく，貯蓄や送金サービス等，さまざまな金融サービスを提供している。

6）　バングラデシュの農村は，伝統的には個人主義が強いともいわれてきたが，親族や友人間の双方向的な助け合いも，限定的ではあるが機能している。

7）　バングラデシュの法定最低賃金は産業別に設定されており，適用されない職種も多い。縫製産業の場合，約8000タカ（約１万1360円，１タカ＝1.42円）。ショッボナが暮らすのは首都近郊の農村のため，彼女の生活レベルは極度の貧困状態にある人口の14.3％にあたる人々（１日1.9米ドル，約62タカ以下で生活，Wambile 2022：1）よりは上である。ただし，バングラデシュの国内基準を用いて，より広く捉えられる貧困層（人口の24.3％）の中には含めてよいと考える。

8）　バングラデシュの主要輸出産品は，その８割を占めるアパレル・縫製品の他，皮革・皮革製品，食用エビ，野菜等がある。

9）　個人の自由に最大限の重きをおくリバタリアニズムの思想的立場にたてば，国家による福祉の提供は労働へのインセンティブを削ぎ，自律的な個人の経済活動を阻害することにつながる。

10）　条件をつけることの是非については，Hanlon et al.（2010）参照。

11）　失われた収入の補填に必要な政府支出額は一人あたり GDP の約15％といわれる（OXFAM 2020：9）。

第 *3* 章
難民と SDGs——地球社会のパイオニアとして

佐藤安信

〔キーワード〕 難民，グローバル・コンパクト，ビジネスと人権，ネットワーク・ガバナンス，グローバル・アカデミック・ネットワーク

〔要旨〕 難民の数は，毎年史上最多を更新し続けている。冷戦後世界に拡散した内戦，市場経済のグローバル化による貧富の格差の拡大と環境破壊，そして新型コロナウイルス感染症（COVID-19）のパンデミック，さらには国連の機能不全による核戦争も予感される。2030年までに世界の国々が達成すべき持続可能な開発目標（SDGs）の達成も風前の灯。難民はこの地球の未来からやってきた。人類社会の破滅を予防する新たなグローバル・ガバナンスを生み出す原動力は，彼らのフロンティア・スピリットである。2018年国連「難民に関するグローバル・コンパクト」は，主権国家体制を超えたマルチ・ステークホールダーの「人間の安全保障」ネットワーク・ガバナンスを提起する。これを牽引するのは市民社会と民間セクターであり，グローバルな学術ネットワークも推奨された。「ビジネスと人権」を新たな難民支援の合言葉として，環境・社会・ガバナンス投資（ESG 投資）の対象に難民を取り上げ，そのための研究教育連携に投資することを提言する。

はじめに：「人間の安全保障」を求めて

SDGs の理念は「誰一人取り残さない」ということである。国際社会の基本的なシステムである主権国家体制では各国家が自国民を保護することになっている。自国から迫害を受ける恐れがあるとして国境を越えた人々は，自国の保護を期待できないため，難民条約などによって難民として保護されることになっている。また難民同様の事情があっても越境できない人々は国内避難民（IDP）と呼ばれる。またそもそもいずれの国の国籍も証明できない人々は無国籍者として同様に条約により保護されることになっている。本章では，この難

民，国内避難民，無国籍者という主権国家体制では制度的な保護を受けられない人々を取り上げる。

冷戦後の内戦の増加により，難民や国内避難民も急増した。冷戦構造を背景に生まれた難民条約はもはや時代遅れになったからである。そこで主権国家体制を補完するために「人間の安全保障」が提唱され，この概念はSDGsによって具体化された。これを受けて難民の国際保護の新たなパラダイムとして国連「難民に関するグローバル・コンパクト」（GCR）採択された。COVID-19のパンデミックによって，難民問題は，人類共通の地球規模課題であることが再認識されている。日本国内外での難民問題がどのような影響を受け，どのように対応すべきか。GCRのような新たな国際規範としてのソフト・ローの発展とこれを実効化する新たなグローバル・ガバナンスとしてのネットワーク・ガバナンスの可能性を論じる。

1　「難民」とは，どういう人のことか

(1)　難民条約の限界

国際的に難民は，難民条約（1951年の難民の地位の地位に関する条約と1967年の難民の地位に関する議定書の両方あわせての略称）で定義され，この条約に該当する難民は，この条約に批准した国々が保護する国際法上の義務を負う。同条約の1条では，難民とは以下の通り定義されている。

「人種，宗教，国籍もしくは特定の社会的集団の構成員であることまたは政治的意見を理由に迫害を受けるおそれがあるという十分に理由のある恐怖を有するために，国籍国の外にいる者であって，その国籍国の保護を受けられない者またはそのような恐怖を有するためにその国籍国の保護を受けることを望まない者」

加盟国の義務とは，上記の理由で迫害のおそれがある本国に強制送還してはならないという，ノンルフマン原則[1)]を核に，当該国の国民と同一待遇をするという意味で，難民の人権を保障するということである。

この難民条約は，第二次世界大戦が，いわゆるホロコーストというユダヤ人を抹殺しようとした大虐殺，すなわち，ジェノサイドを許したことにも起因するという反省から起草されたものである。しかし当時はすでに東西冷戦が始

図3-1　概念図

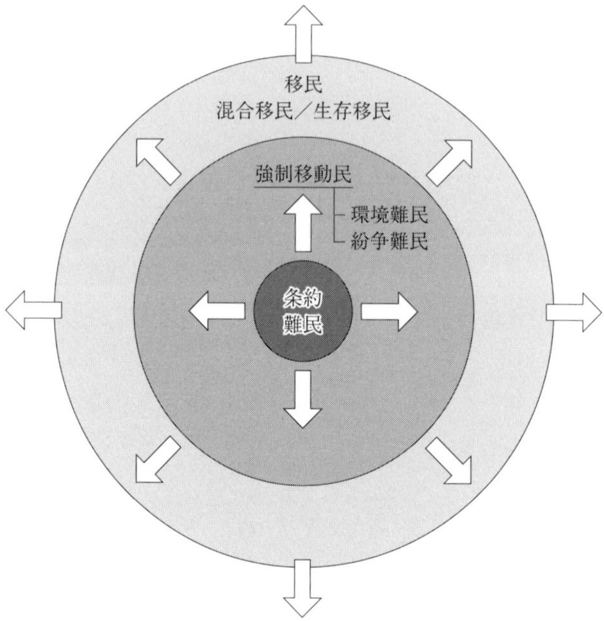

出典：筆者作成

まっており，共産主義から逃れてくる政治亡命者を保護するという冷戦による共産主義封じ込めという動機や背景も否定できない。冷戦終結後久しい現代において，この条約がすでに時代遅れになっていることは明らかである。シリアのような内戦などから逃れようとする避難民，最近はさらに地球温暖化による海面上昇でその国土に住むことが困難になるツバルの人々など，難民条約の定義には該当しないいわば現代の「難民」ともいうべき強制移動を強いられた人々を誰がどう保護するかが問われている。

そもそも，難民は移動する人々という意味では，移民というカテゴリーにも入りうる。ただその理由が特別で，難民条約では，上記の定義にある通り，5つに限定されている。しかし，人が移動するには，自分の意向に反して「移動を強いられる」という場合も多く，難民とこの強制移動民というようなカテゴリーの人々はその境界領域にいるといえよう。より良い生活を求めて国境を越えるいわゆる経済移民を，主権国家はいずれも受け入れる義務はないというのが主権国家体制の原則である。しかし，災害や紛争などで経済も破綻し，食べる物もなく，命の危険から，生き残るため生存をかけて移動する人々を放置することは人道上も許されないため，各国がさまざまな人道上の理由で受け入れる例も多い。とりわけ単純労働者として受入国の経済に貢献してくれる場合には歓迎されるが，不況になれば真っ先に首を切られるという力関係によって外国人労働者は常にその搾取の対象ともなる。このような背景から，国連は，GCRとほぼ同時に，「安全で秩序ある正規移住のためのグローバルコンパクト」（GCM）を採択し，GCRとともに補完し合うことで，主権国家体制で漏れている外国人の包括的な保護を目指したのである。

つまり，難民と通常の移民の間には，未だその境界が曖昧で，あるいは強制と任意の混合した理由による混合移民／生存移民[2)]ともいうべき人々も多数世界を彷徨っているわけである。

(2)　UNHCRが保護を任務とする強制移動を迫られた人々

難民の保護を専門とする国連難民高等弁務官（UNHCR）によると，2021年末時点で，UNHCRが保護の対象とする「移動を余儀なくされた人々」は，8930万人，そして，2022年2月のロシアによるウクライナ侵攻はじめ世界で起こっている人道危機により，その数は，1億人を超えているとされる（UNHCR/日本「数字で見る難民情勢（2021）」）。これは実に世界の80人に一人にもなる割合である。その内訳はUNHCRが条約難民と認める者は約2130万人，IDP[3)]がその倍以上ともなる，5320万人，パレスチナ難民580万，庇護希望者という難民認定を求めて移動する人々が460万人，最近の失政で北米を目指して大移動しているベネズエラ避難民，440万人とされている。さらに，無国籍者といわれる国籍がないか，定かでない人々も，当然国家の保護は受けられない。その数は把握困難ではあるが，UNHCRによると2021年末までに，430万人とされている。これらの強制移動民の7割は隣国に滞在している（UNHCR Data Finder）。

(3)　難民保護は十分か？

しかし，これら難民，強制移動民の保護は十分ではないだけでなく，過度な負担を強いられる近隣諸国から不満も噴出している。あまりにも急激に大量の新たな難民が発生するためである。2011年のシリア内戦によって，欧州諸国が人道的に受入れを表明すると，シリア難民が欧州などに殺到し，2015年には欧州難民危機ともいわれた。それまで寛容な受入れを行っていたドイツなどを中心にこれをむしろ排斥するようになる。

シリア難民の大量発生による欧州の危機を契機に，2016年9月に「難民と移民に関する国連サミット」が開催され，その成果文書として「難民と移民に関するニューヨーク宣言」（A/RES/71/1）が採択された。2018年12月，これに基づいた「難民に関するグローバル・コンパクト」（A/73/12（Part II））（GCR）が，「安全で秩序ある正規移住のためのグローバル・コンパクト」（A/73/L. 66）（GCM）とほぼ同時に国連総会で承認された。これらはいずれも条約のような法的拘束力のない文書に過ぎないが，難民保護のレジームは，法的拘束力のあり，裁判所などで法的に強制することが正当化されるハード・ローから，法的拘束力はなく任意に履行をすべき行為規範であるソフト・ローへのパラダイム転換ともいうべき様相を示している（佐藤 2021）。

以下にその経緯とソフト・ローの発展について詳述する。

2　「人間の安全保障」と国連の難民に関するグローバル・コンパクト

(1)　SDGsを補完する難民に関するグローバル・コンパクトと，その背景としての「人間の安全保障」

GCRは，2015年のSDGsを補完し，「誰一人取り残さない」という理念を，主権国家体制で最も取り残されている「難民」に照らして，その具体的な取組みを世界に求めた文書であるが，条約と違い法的拘束力のない勧告，いわゆるソフト・ローである。同じくSDGsには法的拘束力はないが，すべての国の目標として合意されて，各国が任意で履行することが期待されている。しかし，難民は本国の保護をそもそも期待できない以上，この目標達成による恩恵を直接期待できない人々ともいえる。しかし，17の目標を実現する上で最も脆弱なこれらの人々を放置すれば，地球社会の持続可能性が危ういことは自明であり，取り残される可能性が最も高いグループともいえる。しかし，17の目標は，各主権国家の目標として提示されたからであろうか，難民を出さない，保護しなければならないというような，具体的かつ明確な言及がない。そこでこのGCRは国によって安全を確保されない難民を国際社会で保護するため国家では限界のある支援を非国家主体である市民社会や民間セクターにも呼びかけ，共通の責任としてその負担の公平な分担と協力や連携を求めたものである。

このことは，人が容易に国境を越えられるようになったグローバリゼーションによって，もはや国家に人間を固定して国家間での秩序と，国内の秩序を分離して平和を維持してきた二元的な主権国家体制の終わりを予感させるものである。まさに人の移動であっという間に世界中に拡散されたパンデミックは，人類に新たなグローバル・ガバナンスの必要性を実感させたといえよう。

そもそもこの国家では保障されない人々の安全を国際的に保障しようとする「人間の安全保障」の概念は，冷戦終結直後の1994年の国連開発計画（UNDP）の『人間開発報告書』で打ち出されたものである。冷戦終結によって国家間の紛争である戦争は減っても，かえってそれまで抑えられていた国家内部の貧困や紛争が表面化，国際化することで，各国内の不正義に対して開発援助を応用することで，とりわけ増加し続けるIDPの保護などを提唱したのである。

IDPはUNHCRの保護の対象ともなったが，人道的な支援だけでは難民を従属化してその自立を損ない，また逆に多くのIDPや難民の発生をかえって誘発してしまう悪循環を招く。そこで，UNHCRはUNDPと連携して，IDPや難民が帰還し，自立できるような中長期的な開発戦略と緊急で迅速な人道支援のギャップを埋め，両機関のオペレーションを結合する途切れない（シームレスな）方法論を描いたわけである。これを進めた当時の緒方貞子弁務官は，その後独立行政法人国際協力機構（JICA）の理事長として，この「人間の安全保障」を政府開発援助（ODA）の指針とし，平和構築を主要課題の一つとする外務省の2003年のODA大綱の実施を指揮した。こうしてJICAは，貧困削減や平和構築へのODAの応用を通じて，UNHCRの難民支援と協力，連携をしていくことになったのである。

⑵　「人間の安全保障」と日本の難民支援

「人間の安全保障」は，「欠乏からの自由」（freedom from want）と「恐怖からの自由」（freedom from fear）という不可分の自由に着目し，さらに近年は，「尊厳をもって生きる自由」という，開発，平和，人権の相互補完の観点から，人間一人ひとりの安全を保障しようとする理念として打ち出された。この「恐怖からの自由」と「欠乏からのからの自由」という概念は，日本国憲法の前文第二段にすでにある表現である[4)]。日本政府はこの概念を引用し，精緻化するために，当時のアナン国連事務総長による，元UNHCRの緒方貞子とノーベル経済学賞受賞者のアマルティア・センを共同議長とする「人間の安全保障」委員会のホストとして，この概念の普及と実効化を目指してきた。その具体的な取組みは，UNHCRを通じての資金面での難民支援であったが，日本国内では，インドシナ難民の第三国定住としての受け入れ事業[5)]以降も，難民を受け入れることには消極的であった。

Sato et al.（2009）によると，日本は総計で，1万1000人あまりのインドシナ難民を受け入れたものの，その多くは，米国などへ出国しており，日本に定住できた者の数はさらに少ないものと推察される。とりわけ，日本が，タイ国境の難民キャンプから第三国定住として受け入れたカンボジア難民一家の父親が3名の子どもと妻を日本での定住のストレスで被害妄想となって殺してしまった事件[6)]のような悲惨な結末を迎えることに象徴されるように，その定住は決して容易なものではなかった。そもそも，日本は単一民族信仰が未だに通用するような根強い同族意識をもち，外国人に対する偏見や，これに基づく法的，あるいは社会的差別は深刻であった。政府も当時は，主に同化政策によって彼らを日本の文化に馴染ませることで，日本社会の不安を除去しようとしてきたのである。

つまり，彼女ら／彼らのような難民は，日本社会の治安悪化や，あるいは日本の労働者の職を奪うような，負担やリスクを日本に持ち込む者らであるとして，一般の日本人からは周到に隠され，隔離されてきたものともいえる。ここに，日本人社会のもつ閉鎖性や同質性を背景として，異なった者を排除しようとする同調圧力による社会的差別や搾取という社会的不正義，すなわち，直接・間接的（構造的）暴力を見出すことができるのである[7)]。

⑶　全社会アプローチとGlobal Academic Network

日本に限らず，世界の潮流が難民を封じ込め，その保護の責任を放棄することになれば，到底持続可能な社会は維持できない。グローバルになった社会の持続可能性は難民の保護如何にかかっているともいえる。このような認識から，GCRでは，難民保護はもはや国家や国際機関だけでなく，市民社会や民間セクターも入れた社会の構成員すべてが責任をもって取り組むべきだという「全社会的アプローチ」が提言されたのである。日本でも，難民支援のための非政府組織（NGO）の活動や先進的なグローバル企業が取り組むようにもなってきた。

とりわけ注目すべきは，これまで実社会とは一線を画してきた学術界に対しても，GCRパラグラフ43にある通り，難民の保護に関するGlobal Academic Networkという連携を求めていることである。

> 「43. 大学，学術連合，研究機関，UNHCRとその他のステークホルダーは，協働でグローバル・コンパクトの目的達成を支援する具体的な成果につながる研究や研修，奨学金の機会拡大を目指し，難民とその他の強制移動，無国籍の問題に関するグローバル学術ネットワークを設立する。地域的な多様性と，幅広い関連分野における専門知識を確保するための取り組みも行う。」（UNHCR訳）

大学，学界，研究機関が，UNHCRその他の関係するステークホルダーとの学術ネットワークを作って，GCRの目的を達成するための研究，研修，奨学金を提供できるように，地域の特性や関係する分野の広い専門性で支援することが具体的に求められているのである。全社会的なアプローチによって，マルチ・ステークホルダーが連携してそれぞれの立場から補完的に難民の保護，支援，予防を図るため，大学などの学術機関も前面に立ち，これらの立場の異なる関係者のプラットフォームとして中立的な場を提供し，研究と教育に実践をつなげる循環型のモデルである。

日本の大学としても，シリア難民の留学生を受け入れるなどをしてきていることから，今後，ミャンマーやアフガニスタンなどから新たにでてくる難民の受け皿として，日本での研究や教育にパートナーとして参加してもらうことが考えられている[8)]。

3　COVID-19の難民への影響

(1)　十分な医療を受けられない難民

COVID-19の世界的な感染拡大，パンデミックはいうまでもなく，最も劣悪な環境におかれている難民にさらに大きな負荷をかけている。まず，当然，医療へのアクセスは貧弱であるため，感染拡大はある意味野放し状態となり，多くの難民が命を落とすことになっている。世界的にも分断が進んでいた中，世界中でロックダウンや国境閉鎖などでの経済の停滞や人流の遮断が生じ，その停滞は当然難民支援の縮小をもたらし，そもそも難民受入れを阻む。支援団体やその従事者も感染し，資金だけでなく人的な資源や活動も甚だしく制限されざるをえない。さらに，とりわけ難民キャンプなどの収容施設外の都市などで生活をして難民やそのコミュニティは，一層の社会的差別や排除，排斥の対象となり，さらに医療アクセスや支援が滞るという悪循環を生んでいるものと思われる。

UNHCRが保護すべき難民とする85％はその発生国の周辺国，すなわち途上国に滞在しているため，そもそも正確なデータはないが，現地で支援してきた難民支援団体などからは，ワクチンはおろか，感染予防対策が困難なことからCOVID-19の感染爆発という事態も避けられない中，医療従事者が現地に入ることもままならないことが報告されている。

日本赤十字のホームページ（章末ウェブサイトURL参照）によると，日本赤十字は2017年9月からバングラデシュで，いわゆるロヒンギャ難民[9)]などのキャンプで診療所を開設するなどの活動を展開していたが，2020年4月から日本人職員の派遣は一時中断，2021年5月に日赤職員2名が現地入りしたとのことである。バングラデシュの人口約1億6500万人の2割に当たる3300万人が貧困層でありながら，86万人以上の避難民を受け入れている。日赤は，現地の住民も一緒に診察することで，避難民と現地住民の「ソーシャルインクルージョンを通じた社会の結束（Social Cohesion）を醸成することが不可欠」と考えているとのことである。

日本でも外国人がワクチン接種を含めた医療サービスにアクセスできない問題が指摘されている。とりわけ，在留資格などもなく労働すら認められていない難民認定申請者などは，社会保障すら受けられず，同胞のコミュニティでの助け合いや，NGOなどの民間の支援団体などによる支援が命綱となっている。

(2)　経済の低迷での難民などへの支援の縮小

これまで資金援助をしてきた先進国の経済も低迷する中，UNHCRなどの国際機関への資金提供や民間の寄付も軒並み減少しており，活動資金が逼迫する状況に追い込まれた。

2021年9月のUNHCRの「2021年の資金不足」に関する報告書によると，同年8月現在必要とされるコロナ対策関連の資金は9億2400万ドルであるが，その3分の1の3億730万ドルしか集まっていないとのことである。

> 「この資金不足によって，難民，国内避難民，無国籍者は保健／経済的打撃を受け，そして収入源の喪失や立ち退きといった脅威にさらされています。また，このパンデミックに対応するための各国によるロックダウンや国境制限によって，安全を求めて国境を超えようとする人々が排除され，危険にさらされました。それと同時に，多くの難民受入国が公平にワクチンを入手できなければ，避難民や無国籍者が来る冬の寒さの中，放置される危険があります。」（章末ウェブサイトURL参照）

UNHCRはとりわけ，新型コロナ禍（以下，コロナ禍）で加速するイラク，アフガニスタン，ベネズエラ，コンゴ，南スーダン，地中海中部のアフリカ，北アフリカルートの難民危機を取り上げて支援のアピールをしている。

このような短期的な緊急支援の必要性ばかりでなく，長引くパンデミックは，難民の教育の機会の喪失や縮小ももたらしている。UNHCRの2020年9月3日に発表されたComing Together for Refugee Educationという報告書では，特に難民の教育に深刻な影響もでているとのことである。とりわけ，脆弱な女子への教育の機会が奪われることで，中長期的な問題となることが懸念される。

筆者は，2021年7月7日にミャンマーにおける「人間の安全保障」に関する国際シンポジウムをオンラインで開催した。在日ミャンマー人の女性からは，軍事クーデター後のCDM[10)]という軍への不服従運動に参加するため，真っ先に医療従事者がストライキ，軍関係の企業の商品の不買運動や軍の市民に対する虐殺などの弾圧で経済が事実上崩壊し，巷にはCOVID-19に感染した多くの市民が放置されている実態が報告された。さらに，学齢期の子どもの基礎教育や大学などの高等教育もほとんど機能不全で，将来への深刻な影響も懸念されるということであった。筆者は，さらに，同年6月10日，シャンティ国際ボランティア会（Shanti Volunteer Association：SVA）というNGOのアレンジで，その活動拠点であるタイ国境のカレン族を中心とするミャンマー難民キャンプとオンラインでつないで聞き取りを行った。そもそも，ミャンマーの民主化の逆行で海外からの支援も縮小傾向であったところ，ミャンマー国内の混乱とタイ政府による国境封鎖やロックダウンで，ほぼ外からの支援物資も届かず，医療や教育に甚だしい影響がでていることや，CDMに参加した若者らが，大挙して国境地帯の少数民族地域に逃げ込み，軍事訓練を受ける者もでてきている状況が報告された。

日本でも，経営破綻や失業が増加する中で，真っ先に雇用契約を切られるカテゴリーが外国人であり，とりわけ，難民や難民認定申請中の者は，入管施設からも仮放免という名目で追い出され，住むところすらない状況であるという。さらに，教育へのアクセスも日本人以上に制限されざるをえないこともいうまでもない。

⑶　社会的差別と排除の強化

社会的に脆弱な外国人は失業で雇用を失い，社会保障を失い，犯罪に走る可能性も高まるとして，治安上の不安がかき立てられる。日本語などの必要不可欠の教育の機会も縮小し，コミュニケーション不足による相互理解に齟齬が生じやすくなる。日本人との相互不信の悪循環で，助け合いを必要とするコミュニティからも排除されかねない。また，社会不安になるととりわけ外国人をスケープゴートする歴史が繰り返されることが懸念される[11)]。

他方，2011年３月11日に起こった東日本大震災では，高田馬場でレストランを経営するミャンマー難民の人々が，現地に炊き出しのボランティアに駆けつけたなど，「困った時はお互い様」という言葉が在日のミャンマー難民のコミュニティの合言葉であったことなどを忘れてはならないであろう。国家，国籍を超えた連帯，ここに難民保護の今後の可能性の核心がある。

4　難民保護のためのネットワーク・ガバナンスの可能性

⑴　主権国家体制を補完するソフト・ローの役割と実効性

国家が難民を生み出す元凶であったことを考えれば，国家やそれによって構成される国連などの国際機関ですら，本当の意味で難民を保護できると考えるのは，そもそも無理があったのではないかとも思う。国内外での武力紛争，天災の多発に新たな難民らの急増と必然的パンデミックに対しては，国内法であれ，国際法であれ，国家を前提とした法制度は，拘束力があるとはいえ，どこまで実効性があるのかも最近では問われている。主権国家体制では，そもそも，ヒト，モノ，カネが国境を越えて動き回るグローバル化には有効に対応できない。だからこそ，このような地球的課題解決のための政策立案，その実施と拘束力ある法制度の執行を国家権力である政府や裁判所などの強制執行機関に一任するのではなく，むしろ，国家を前提としない，市民社会であれ，企業などの民間セクターであれ，非国家主体が自発的にステークホールダーの意見を集約した行為規範を形成し，それに自主的に従うために互いに連携し，監視することでその実効性を確保するいわゆるソフト・ローによるアプローチが発展しつつあるのである。

とりわけ，民間企業は，これまでの企業利益や株主利益の多寡でその価値が問われるのではなく，その企業活動がこれら山積する課題解決に貢献することで新たな価値を生み出すことで評価される時代である。CSRからSDGを経て，現在は，投資行動に影響を与えるいわゆるESGという環境・社会・ガバナンスへの貢献の度合いが問われている。私は，これを推進するために，2011年の国連人権理事会「ビジネスと人権」指導原則によるビジネスの人権への責任を問うだけでなく，むしろ人権の伸長に貢献し，取り残されそうな脆弱な人々をエンパワーメントする企業努力を評価し，これを奨励するための「企業のための人間の安全保障指標」の開発に取り組んでいる（章末ウェブサイトの持続的平和研究センターのホームページ参照）。その目指すところは，企業による難民問題の解決，つまり，企業による難民への投資を促すことである。

難民問題は，国家，その集合体としての国際の問題ではなく，すでに国家を超えた社会，それを構成する無数の共同体の問題として，その構成メンバーである非国家主体や，さらにいえば共同体を構成する個人に問われている問題である。だからこそ，個人の人権という観点だけでなく，ローカルな社会がつながってグローバルになった地球社会の持続可能性の問題なのである。自由で多様性に富んだ社会を維持発展させるのであれば，マルチ・ステークホルダーといわれる，関係者が率先して取り組むべき地球規模の課題である。その意味で，難民問題は，人間の安全保障をベースにしたSDGsの最重要課題とも位置づけられる。

UNDP（2022）は，人新世の時代における人間の安全保障への新たな脅威として「強制的な移動を余儀なくされた人々」の急増を取り上げている。環境破壊はもちろん，それに起因したパンデミックやデジタル技術などの新たな脅威も指摘している。これらの脅威に立ち向かうためには，「保護」と「エンパワーメント」に加えて，これらの脅威に対して総合的包括的に取り組むためのより大きな「連帯」を新たな戦略として提案している。このように国境を越えたマルチ・ステークホルダーが相互補完と相互監視をする連帯の枠組みが模索されている。

⑵　マルチ・ステークホルダーの相互補完と相互監視

マルチ・ステークホルダーが，それぞれの立場と能力から取り組み相乗効果を挙げるためには，国家を中心とした中央集権的なシステムではなく，国家や公的機関を含むステークホルダーが，各々独立して相互に補完しあい，あるいは相互に監視し合うという連携と緊張関係による多極的な中心のないネットワーク型のガバナンスモデルが望ましい。SDGsの17の目標はバラバラな目標の羅列ではなく，むしろ相関関係をもつ体系である。コロナ禍へ直接関係する目標はいうまでもなく，目標３の医療アクセスであろうが，これを達成するには，他の16の目標を達成するための努力がなくては実現しない。とりわけ，目標16の「正義へのアクセス」とされる公正さは，難民問題にもきわめて密接に関係する社会の持続可能性としての，差別や排除を乗り越える「法の支配」の実現のための根本理念である。すなわち，目標16は，単なる独立した項目ではなく，目標17のパートナーシップとともに，17の目標の横串としてすべての目標達成に必要不可欠な共通インフラでもある。つまり，SDGsにはネットワーク・ガバナンスが埋め込まれているのである。

たとえば，コロナ禍で忘れられ，後回しにされ，孤立し，無視され，排除されやすい人々である難民に対する，新型コロナウイルス感染症ワクチングローバルアクセス（COVAX）などの国際的な枠組みを通じたワクチン供給を一刻も早く軌道に乗せることで，排除と差別の悪循環を止め，医療アクセス支援を通じて，経済的な回復や自律を支援し，共生社会のための人類の連帯の土台を作ることこそが，コロナ禍の克服には最も重要である。

国家主権維持を優先することで人間や平和を守るということから，むしろ難民のような国家による保護を否定され，迫害される「裸の人間」を最優先事項としてガバナンスを再考するという，上命下服からボトムアップへの逆転の発想によって，誰一人取り残さないという理念を実践に移すことが，人類全体の共存につながることをCOVID-19は教えてくれているのではないであろうか。近視眼的に都合の悪い人間を隔離し，社会から排除すれば，それはやがて社会を蝕み，人類を滅ぼすであろう。生物多様性によって発展してきた生態系そのものが今，生命の起源でもあるウイルスのパンデミックという形で人間に対してその生き方を問いかけているのである。個別の国家ファーストでも，人類ファーストでもなく，地球ファーストの思想によってこそ，持続可能な生態系の中の人類の生存が許されるのである。

⑶　持続可能なレジリエンスのための連携

このようなコロナ禍に象徴される生物学的なレジリエンスを想起して，そもそも人類がこれまで進化できた協調性に鑑みて，人類全体が連帯してこの新たな脅威に立ち向かうことが希望につながるのである。COVID-19問題は，地球環境の急激な変化によって生じたものだとすれば，人類の宿命として向き合わねばならない地球規模の課題である。国家や国民という近代国家が構築してきた制度とガバナンスを一度根本から見直して，再度時代にあわせて作り直す，国家の枠を取り払って，「裸の人」の集合体としての人類社会が主権国家体制を超えた新たなガバナンスを形成していく必要がある。

そのための先駆者でありパイオニアでもあるのが主権国家体制から排除され，あるいは脱出した「難民」といえるのではないであろうか？　つまり，生存をかけてさまざまな限界や苦難を乗り越えて移動し，適応していく「人間」の逞しさこそ，国境で守られ，政府に守られた「国民」以上に逞しく，生命力旺盛ともいえる。彼女ら／彼らから生存のための戦略を学ぶことで，この閉塞したグローバル化による格差拡大とその固定化という社会的不正義の弊害を乗り越えるヒントがみえてくる。

その1つとして，SNSなどの急速な発展によるICTの急速な発展とイノベーションがあるであろう。すでに，国連世界食糧計画（WFP）などがヨルダンのザータリ難民キャンプなどで社会実験を行っているように，ブロックチェーン技術[12)]を応用した難民のIDとこれによる金融包摂などはその好例といえるのではないであろうか？　難民でもスマートフォンなどの端末とWi-Fi環境があれば，世界中とつながり，瞬時に情報共有可能である。ITによる教育への応用や，これを使ったスモールビジネスや雇用の創出など，自立と自律のチャンスがあるのかもしれない。

彼らのエンパワーメントのためにも，難民自身による起業やイノベーションを促す投資という発想が必要である。保護や支援という難民を負担の対象としたネガティブな資金拠出ではなく，難民による新たなビジネスや社会変革を見越して，そのためのリーダーや人（財）育成への投資として資金や資源を回すという発想の転換，もう一つの逆転の発想である。難民は，かわいそうで，助けてあげなければならない人々という潜入感や固定観念に陥りがちである。そこからくる従属関係からなる偏見や差別を克服するためにも，必要不可欠のパートナーとして，ウィズ・コロナやポスト・コロナといわれる新たな時代の幕開けとしてこのコロナ禍を位置づけてはどうだろうか。宇宙船地球号として，「限りある」地球環境の生態系の一部として，「人類」が連帯してこの母なる地球を守るという発想をもたなくては，SDGsの達成を目指す2030年を超えたポストSDGsの人類社会を構想することはできないであろう。

まとめと展望：難民の国際保護のためのネットワーク

Z世代といわれる，生まれた時からスマートフォンなどによるいわゆるデジタルネイティブの若い世代では，SNSなどのITによって世界中とつながっているともいえる。日本では，難民受入れがなかなか進まなかった根本的な理由が身近に難民がいないことだとすれば，SNSで世界の難民とも対話が可能なこの時代は，難民は日本でもより身近になるだろう。それは，日本の多文化共生を推進するだろう。少子高齢化に鑑みてもそれは喫緊の課題であり，難民との共生はその1つの解決策を与えてくれる。

GCRのGlobal Academic Networkに日本も積極的に参加し，難民を留学生や，研究者，あるいは大学の教員として迎え，日本の多文化共生の先生として彼らから学ぶことを提案したい。ここにもう一つの逆転の発想がある。難民に教えるのではなく，難民に教えてもらうということである。およそ自己と他者を相対化して相互理解に努めることが，多様性を尊重した社会統合を可能とする道であり，平和を維持し，難民の発生を根本から食い止める事になる。とりわけ，単一民族信仰で平和を維持してきた島国日本の私たちは，世界の実情を知り，感じ，擬似体験をすることから始めなければならない。難民の方々には，日本人の学生と友人となってもらい，相互に学び合うことで，日本人という枠を超えた発想で，世界的な課題に一緒に取り組む，そのためのネットワークを進めていくことを推奨したい。筆者はすでに，2014年に，韓国，フィリピン，香港の難民保護にかかる研究者や政府関係者，弁護士やNGO関係者らのマルチ・ステークホルダーのネットワークである，Asian Network on Refugees and International Protection（ANRIP）を立ち上げて，相互交流による情報交換や対話を行ってきた。COVID-19のパンデミックで対面での会合などは困難になった反面，実際の難民キャンプなどもつないだバーチャルなオンライン会議での交流が始まり，かえって身近で手軽なネットワーク活動が可能ともなっている。

COVID-19による思いがけない効用もあり，ITを駆使しながらも，逆に対面での交流の重要さも再認識されつつある。リアルとバーチャルを使い分けながら，コロナ禍による教訓である持続可能な社会のためには人類の新たな連帯の可能性を，市場経済を通じたインクルーシブなイノベーションを起こすチャンスと考えて，今，行動を起こす時である。

〈参考文献・資料〉

（日本語文献）

ヨハン・ガルトゥング（高柳先男他訳），1991，『構造的暴力と平和』中央大学出版部。

佐藤安信，2021，「「難民に関するグローバル・コンパクト」のためのネットワーク・ガバナンス：難民の国際保護に関するアジア・ネットワークの可能性」小和田恒国際司法裁判所裁判所裁判官退官記念『国際関係と国際法』信山社，pp. 101-125。

（外国語文献）

Sato, Yasunobu et al., 2009, *A Report on the Local Integration of Indo-Chinese Refugees and Displaced Persons in Japan,* UNHCR, Japan.

（ウェブサイト）

東京大学大学院附属グローバル地域研究機構持続的平和研究センターホームページ　https://rcsp.c.u-tokyo.ac.jp/blog/detail/518（2022年10月3日閲覧）

日本赤十字ホームページ　https://www.jrc.or.jp/international/news/2021/0630_019297.html（2021年10月19日閲覧）

UNDP，2022，『人新世の時代における人間の安全保障への新たな脅威：より大きな連帯を求めて』 file:///Users/yasunobusatou/Downloads/HSR_overview_jpn-2022.pdf（2022年10月3日閲覧）

UNHCR/日本「数字で見る難民情勢（2021）」 https://www.unhcr.org/jp/global_trends_

2021（2022年10月4日閲覧）
UNHCR Data Finder　https://www.unhcr.org/refugee-statistics/（同上）
UNHCRの「2021年の資金不足」に関する報告書（2021年9月）　https://www.japanforunhcr.org/lp/covid-19（同上）
UNHCRホームページ「コロナ禍で加速する人道危機」　https://www.japanforunhcr.org/lp/underfunding（同上）
UNHCR報告書（2020年9月3日）　https://www.unhcr.org/jp/28609-pr-200903.html（同上）

注

1）Non-refoulement原則：難民などが迫害などを受ける恐れのある国や領域に送還されたり，そのために逃げて来た者の入国を拒むことを禁じる国際法の原則で，難民条約33条1項に規定されている。ロシア革命や内戦から逃れてきた難民を保護する手段としての国際慣習法の強行規範として発展してきたもので，難民条約の国際保護は，具体的には加盟国にこのような国際法上の義務を履行させることが核となっている。

2）彼女ら／彼らは，およそ難民条約が想定していた保護の対象者ではないが，冷戦後のグローバル化で起こった内戦の多発や，市場経済の拡大で貧困にあえぐ人々である。いわば，グローバル化で生じた新たなタイプの難民としてその負の側面を告発している。これを放置しておくことは，人道上はもちろん，紛争や犯罪の世界的な拡散，地球環境破壊などをもたらす。このため，紛争難民とか，一般の移民とは違う，強制移民／移動民，あるいは生存のために移動するという意味での「生存移民」，難民の要素がある移民としての「混合移民」などとも呼ばれて国際社会による保護の対象とされつつあるのである。

3）緒方貞子国連難民高等弁務官が，湾岸戦争後のイラク政府の迫害から逃れようとしたクルド難民がトルコの国境閉鎖によりイラク国内で毒ガスなどで虐殺される人道危機事態を目の当たりにして，国連安全保障理事会に訴え，UNHCRの特別任務としてその保護のための活動を認めさせた。これ以後，難民同様の状況でも越境できない人々をIDPとしてUNHCRの保護の対象とされてきた。

4）われらは，全世界の国民が，ひとしく恐怖と欠乏から免かれ，平和のうちに生存する権利を有することを確認する。このFreedom from Fear and Wantの英文オリジナルの表現は，アメリカのルーズベルト大統領のニューディール政策の4つの自由の2つに由来し，これは，第二次世界大戦の戦後処理について英米が宣言した大西洋憲章に由来する。

5）1970年代から80年代にかけて，ベトナム戦争とその余波によるカンボジア内戦などの結果，迫害を逃れて本国から脱出しようとする人々は，インドシナ難民と呼ばれた。UNHCRなどの仲介で欧米や豪州などには，第三国定住者として多くを受け入れた。日本にもベトナムからの小舟で脱出したいわゆるボートピープルが漂着し，アメリカなどの圧力もあり，1981年に難民条約に加入することとし，タイ国境のカンボジア難民キャンプなどから第三国定住者として史上初日本国内に受け入れた。

6）1987年2月に神奈川県秦野市で発生したカンボジア難民のブイムアンが，4歳，6歳，8歳の子どもと妻を刺し殺した事件。筆者は，弁護団の一員として本事件の弁護活動をした。その中で，タイ国境のカオイダンキャンプから日本に再定住のために受け入れられたものの，十分な支援がないために孤立し疎外されたと感じた被告人が，そのストレスから被害妄想の結果起こしたものとして，心身耗弱による減刑が認められ懲役12年の判決が確定した。日本の難民受入れの根本的な問題が明らかになった事件といえよう。

7）ガルトゥング 1991：11-14では，構造的暴力とは，行為の主体が存在しない暴力であり，暴力が「構造の中に組み込まれており，不平等な力関係として，それゆえに生活の機会の不平等としてあらわれている。」とされる。また，「構造的暴力が存在する状態を社会的不正義」と呼んでいる

8）日本では，2016年から5年で150名（年間30名）のシリア難民を修士課程の留学生として受け入れることとするプロジェクトを始めた。タイのチェンマイではチェンマイ大学に，ミャンマーの軍事クーデター後，庇護を求める若者を研究員などとして受け入れている。

9）ロヒンギャといわれるミャンマーのアラカン州のイスラム教徒の民族で，ミャンマー政府は，ミャンマーの少数民族とは認めず，ベンガルからの不法移民として迫害してきた。このため無国籍者としてバングラデシュとの国境沿いに100万人近い難民が避難している。世界中に数百万の人々がいわゆるディアスポラとして生活しているとされる。

10）2020年2月1日に，ミャンマーの軍が前年の総選挙が不正であることを理由に起こしたクーデターに反発し，事実上の軍事政権に異議を述べる国民と公務員が起こしたゼネストとして公務などを放棄した。その抵抗として非暴力的な不服従運動をCDMとして世界にアピールすることで，国際的な支援を求めた。

11）関東大震災直後の在日朝鮮人などへのいわれなきデマで激昂した市民による彼らの虐殺事件にみる通り，災害時に理性を失った群集心理により外国人がスケープゴートされることは，世界中で繰り返し行われ，内戦やさらには戦争の原因にすらなってきた歴史がある。

12）難民はパスポートなどの身分証明をもたないため，その支援や金融へのアクセスに障害がある。これを克服するために，WFPやUNHCRなどの人道支援機関は，ブロックチェーン技術を応用して，世界中で確認できるIDを付与する試みをしている。今後，難民が市場経済にアクセスして自立していくための起業をするためにもこのようなデジタル技術の活用が期待されている。

第 *4* 章

移民・外国人労働者と SDGs――新たな連帯の構築に向かって

藤田雅美／佐藤寛／小松愛子

〔キーワード〕 SDGs と移住グローバルコンパクト，SDGs 進捗モニタリング，移民統合政策指数（MIPEX），無料低額診療事業，連帯

〔要旨〕 長年にわたる世界レベルの実践・研究・学習・議論の積み重ねは，国際移動に係る持続可能な開発目標（SDGs）と移住グローバルコンパクトを生み，国際移動を適切に管理することで，移住労働者は安全な環境で就労でき，受入国は労働者を確保でき，送り出し国は海外送金によって経済が発展できる，というようなビジョンを描くに至った。しかし，国際移動に関する課題は，移民政策とその実施や，労働，留学，人身売買，母国への送金に関する事項をはじめ，貧困，社会保障，健康，教育，ジェンダー，都市，気候変動，パートナーシップ等と多岐にわたり，SDGs の達成も進捗のモニタリングも容易ではない。とりわけ，新型コロナウイルス感染症（COVID-19）パンデミックが浮き彫りにした「取り残されがちな」移民のおかれた状況は深刻で，人間の安全保障の観点から吟味する必要がある。如何にして，縦割りで断片的な対応から脱し，課題の種類や産官学民を超えた「連帯」を作っていけるかが，今後ますます問われることになる。

はじめに：SDGs の視点からみた国際移動の現状と課題

国境を越えた人々の移動は，政治・経済・社会・労働・文化・生活・地球環境等の諸側面が絡み合う複雑な事象であり，移民，その家族，ならびに出身・通過・移住先のコミュニティにさまざまな影響を及ぼす。本章では，まず国際移動に関する世界の現状と国際合意ならびに SDGs からみた日本の対応を概観する。ついで，COVID-19 パンデミックの移民への影響を示した上で，日本における移民と保健医療の課題について紹介する。これらを通して，国際移動に関する SDGs の達成も進捗のモニタリングも容易でなく，人間の安全保障に

対するさまざまな脅威が複雑に絡み合う中，縦割りで断片的な対応を乗り越えるための新たな連帯が求められていることを提起する。

1　世界における国際移動の動向とSDGs

(1)　国際移動の動向と要因[1]

世界における国を越えた移民（国境を越えて通常居住する場所を変えた人）の数は，国連経済社会局の推計によると2019年に２億7200万人を超え，地球人口の3.5%に達した。このうち，64.7%にあたる１億7600万人が高所得国におり，中所得国には8200万人（30.1%），低所得国には1300万人（4.8%）が居住する。低所得国からよりも中所得国からの移民が多く，送り出し国の全人口に占める他国への移民の割合の平均は，中所得国が低所得国の２倍となっている（UNDESA 2020：128-146）。

国内に最も多くの移民が在住するのはアメリカ（5100万人）で，次がドイツとサウジアラビア（それぞれ1300万人）である。移民を最も多く送り出しているのはインド（1800万人）で，以下メキシコ（1200万人），中国（1100万人），ロシア（1000万人），シリア，バングラデシュ，パキスタン，ウクライナ，フィリピンとなっている。国外からの移民が総人口に占める割合は，オセアニア（21.2%）と北米（16.0%）が高い。日本における在留外国人数は293万人（2019年末）で，総人口に占める割合は2.4%である。

国際移動の要因については，以前は国や地域間の経済格差で説明されることが多かったが，近年は以下のような要因も注目されている（UNDESA 2020：128-146）。

①送り出し国，受入国における汚職，ガバナンス，法の支配，市民的および政治的権利
②社会保障制度の整備具合
③女性や少数民族への差別
④人口増加と社会インフラと失業率の関係
⑤人口の高齢化と女性の社会進出による介護労働ニーズの増大
⑥工業化と都市化
⑦教育レベルと世帯収入の向上により他国への移住の費用を賄えるようにな

図4－1　人口の流動性と持続可能な開発

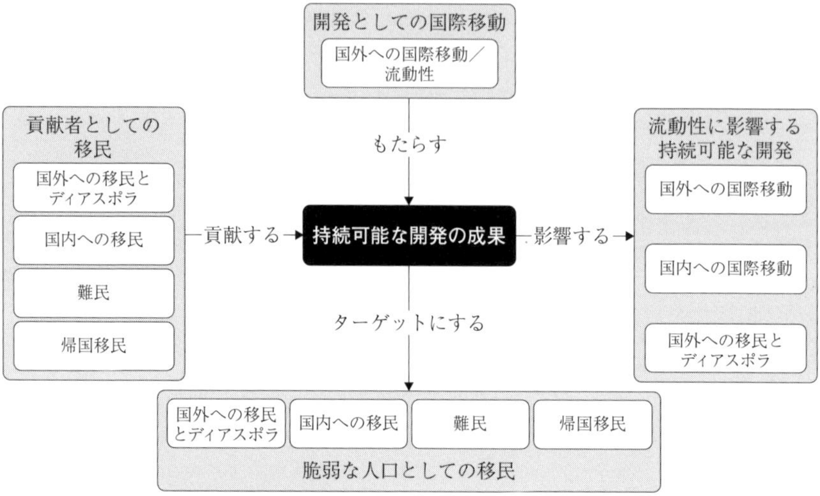

出典：KNOMAD, OECD & UNDP 2020：2

ること

この他，最近特に注目されているのは気候変動による国際移動である。2017年の推計6850万人のうち３分の１は，洪水・干ばつ後の森林火災・台風などの影響で突然移住せざるをえなくなった人々，残りの３分の２は，砂漠化，海面上昇，海洋酸性化，大気汚染，生物多様性の喪失等の，長期にわたる環境の変化によって移住する必要が生じた人々である。世界銀行は2050年までにラテンアメリカ，サハラ以南のアフリカ，および南アジア地域から，１億4300万人の気候変動に伴う移民が発生すると予測している（Kumari Rigaud et al. 2018：2)。

(2)　国際移動と開発：SDGsと移住グローバルコンパクト[2)]

国際移動と開発の関係は複雑であり，国際移動は移民，その家族，ならびに出身・通過・移住先のコミュニティにポジティブな影響を及ぼすこともあれば，ネガティブな影響を及ぼすこともある。図４－１は，４種類の人口の流動性と持続可能な開発の相互作用を示している（KNOMAD, OECD & UNDP: 2)。第１に開発の程度が人々の国際移動に影響を与えること，第２に国際移動が移民に開発効果をもたらすこと，第３に移民が出身と移住先の国の開発に貢献する役割があること，そして，第４に移民や難民が脆弱な状況に陥りやすく労働・保健医療・教育・財政・ガバナンス等の面で開発プログラムのターゲットとなることである。

1966年の「市民的および政治的権利に関する国際規約」と1951年の「難民の地位に関する条約」（難民条約）は，多くの国々が批准しているが，他の移民に関する条約はそれほど広く受け入れられておらず，たとえば，「すべての移民労働者とその家族の権利の保護に関する国際条約」は，多くの移民を受け入れて来た国々は締約国となっていない。そのような中で，2015年の SDGs，および2018年に採択された「安全で秩序ある正規の移住のためのグローバルコンパクト（移住グローバルコンパクト：GCM）」は，移民の権利と国家主権の原則とのバランスを取る国際移動ガバナンスに資する歴史的な国際合意といえる。

SDGs 合意文書の前文からは，国際移動を適切に管理することで，移住労働者は安全な環境で就労することができ，受入国は労働者を確保し，送り出し国は海外送金によって経済が発展するという“Win-Win-Win”の関係ができるというビジョンが読み取れる（小川 2018：228-242）。SDGs の中で国際移動に最も関係しているのは，目標10「各国内および各国間の不平等の是正」の中のターゲット10.7「計画に基づき，よく管理された移民政策の実施などを通じて，秩序のとれた，安全で規則的かつ責任ある移住や流動性を促進する」である。この他，労働，留学，人身取引[3)]，母国への送金およびデータに関連するターゲットと指標において，国際移動に関連するトピックが言及されている。さらに，貧困，社会保障，健康，教育，ジェンダー，都市，気候変動，パートナーシップ等，SDGs の多くの目標やターゲットに，国際移動・移民の課題が関係している。

GCM は，国際移動に関するあらゆる次元における共通のアプローチについての国連初の世界的な合意文書である。法的拘束力はないが，国家主権，責任分担，無差別，人権の価値観に基づき，移民の全体的な利益を最適化すると同時に，各国の個人やコミュニティのリスクと課題に対処するために協力的なアプローチが必要であることを明記している。地方，国，地域，世界レベルでの移住をより適切に管理するための23の目標で構成されている。

SDGs や GCM の目標達成への進捗をモニターするためにデータの整備が世界規模で取り組まれているが道半ばといえる。2020年時点で，比較的進んでいる国際移動のガバナンスに関する指標10.7.2（秩序のとれた，安全で規則的かつ責任ある移住や流動性を促進する移住政策をもつ国の数）についても，報告しているのは全世界の70％にあたる138か国である。国際移住機関（International Organization for Migration：IOM）は2022年に出した報告書の中で，SDGsの進捗として，①移住労働者が仕事を探す際に負担する費用は高いレベルにとどまっていること（ベトナムでは6500ドルにも上る），②国際移動のガバナンスの状況は国によって大きく異なっており，十分に「秩序のとれた，安全で規則的かつ責任ある移住や流動性を促進する移住政策」をもつのは，報告した国全体の4％であること，③国際移動の過程における危険な状況は続いており，2014年以来少なくとも4万5000人の生命が失われていること，④困窮するリスク，教育機会，居住環境，保健医療アクセスなどに関して，受入国の国民より移民の方が不利な状況にある場合が多いこと等を指摘している。

(3)　日本の国際移動への対応の評価

次に日本の国際移動および移民対応の現状をみてみる。

国際移動に関するSDGs達成に向けた進捗評価の中心にあるのは，上述の指標10.7.2「秩序のとれた，安全で規則的かつ責任ある移住や流動性を促進する移住政策をもつ国の数」である。この指標は，IOMなどが包括的に再構成し，「移住者の権利」をはじめ，6つの政策領域（ドメイン）の下に評価している（表4-1）。これらの政策領域にそれぞれ5つある合計30のサブカテゴリーの点数の単純平均を0-100％の範囲で表し，40％未満は「さらなる進歩が必要」，40％から80％未満は「部分的に満たしている」，80％以上は「満たしている，又は完全に満たしている」と分類している。2019年9月までに報告した世界111か国のうち，54％の国々が「満たしている，又は完全に満たしている」であり（Mosler Vidal et al. 2022：25-31）日本は表4-1のアセスメントに基づき88％と報告している。

日本の現状に関する評価を別の角度から行うため，表4-1の政策領域（ドメイン）の一つである「移住者の権利」について，移民統合政策指数（MIPEX）における類似指標を用いて検討を試みた（表4-2）。MIPEXは，2004年にEU15か国で開始された比較調査であり，2011年に日本，韓国，アメリカが参加する等拡大を続け，5回目となる2019年の調査を基にしたMIPEX2020には

表4－1　SDGs指標10.7.2の構成と日本の自発的国家レビュー（VNR2021）の結果

政策領域（ドメイン）とクエスチョン	サブカテゴリー	日本のVNR 2021
政策領域1　移住者の権利 政府は，国民ではない者に対しても，以下のサービスへの平等なアクセス，福祉及び権利を提供しているか。	a 必須及び／又は緊急の医療 b 公教育 c 同等の仕事に対する同等な報酬 d 社会保障 e 司法へのアクセス	Yes（1） Yes（1） Yes（1） Yes（0.5） Yes（1）
政策領域2　政府全体／証拠に基づく政策 政府は，移住（入国・出国）に関して，以下の制度，政策，又は戦略のいずれかを整備しているか。	a 国家移住政策を実施する専用の政府機関 b 労働移住を含む正規の移住経路に関する国家政策又は戦略 c 移住者の包摂又は統合を促進するための国家政策又は戦略 d 移住政策がジェンダー対応であることを保証する公式なメカニズム e 移住政策が，適切に詳細集計されたデータによって情報提供を受けるメカニズム	No（0） Yes（1） Yes（1） Yes（1） Yes（1）
政策領域3　協力及びパートナーシップ 政府は，各国間の協力及び関係者の移住政策への参加を促進するために，次のいずれかの措置を講じているか。	a 移住に関する省庁間調整メカニズム b 労働移住を含む移住に関する二国間協定 c 移動を促進する地域協定 d 帰国及び再入国に関する他国との協力協定 e 移住政策の策定及び実施に市民社会及び民間部門を参加させるための公的なメカニズム	Yes（1） Yes（1） Yes（1） No（0） Yes（1）
政策領域4　社会経済的厚生 政府は，移住によるプラスの開発インパクト及び移住者の社会経済的厚生を最大化するために，次のいずれかの措置を講じているか。	a 定期的な評価を通じた，労働移住政策の，実際及び予想される労働市場ニーズへの適合 b 社会保障給付の可搬性の促進 c 海外で習得したスキル及び資格の評価の促進 d 送金の流れの促進 e 移住労働者の公正かつ倫理的な採用の促進	Yes（1） Yes（1） No（0） Yes（1）
政策領域5　移動に関する危機 難民や国境を越えて強制的に避難させられた人々に対応するために，政府は次のいずれかの措置を講じているか。	a 国際的な国境を越えて逃げることを強いられた人々を受け入れ，処理し，そして識別するためのシステム b 避難民の食料，衛生，教育，医療等の基本的ニーズの観点による緊急対応計画 c 危機的状況又は危機後の状況にある外国に居住する市民を支援するための具体的な措置 d 災害による強制的な避難のインパクトに対処するための特定の規定を含む，国の防災戦略 e 国際的な国境を越えて強制的に避難した者及び帰国できない者に対する一時滞在又は保護の許可	Yes（1） Yes（1）
政策領域6　安全で秩序がある，正規の移動 政府は，次のいずれかの方法で，正規又は非正規移住（入国）に対処しているか。	a ビザ切れ不法滞在を監視するシステム b 到着前許可のコントロール c 同伴者のいない未成年者又は引き離された子どもへの対策 d 移住情報及び啓発キャンペーン e 人身取引及び移住者密輸に対処するための公的な戦略	Yes（1） No（0） Yes（1） Yes（1） Yes（1）

出典：国連経済社会局人口部，IOM（2019）SDG 10.7.2. 国データ　https://www.un.org/development/desa/pd/data/sdg-indicator-1072-migration-policies

表4－2　［SDGs指標10.7.2 政策領域1－移民の権利］に関する日本のVNR2021とMIPEX類似指標による評価

サブカテゴリー	評価基準	日本の自発的国家レビュー(2021)	MIPEX2020の類似指標に基づく日本の現状の評価（0-100）
必須及び/又は緊急の医療	救命または回復不能な傷病状態の回避に必要な医療	入国資格に関わらず提供(1)	保健医療サービス利用資格の条件（3指標50/100） 正規移民は3か月以下の在留資格では健康保険加入資格なし 難民申請者の多くは一定期間以外健康保険加入資格なし，非正規移民に健康保険加入資格なし いずれも無料低額診療事業が利用可能なことあり
公教育	公的なプレスクール，小中学校	入国資格に関わらず提供(1)	義務教育の権利と非義務教育の制約（1指標33/100） 在留資格によらず義務教育へのアクセスを保障する法規定ないが，在留資格なくても地域居住実態あれば学校が受入れ可能
同等の仕事に同等な報酬	同一職場における類似労働への給料と福利厚生	入国資格に関わらず提供(1)	同等の労働条件（1指標100/100 MIPEX2020になく2015） 労働安全衛生，失業・解雇時の処遇，賃金，税金は，就労許可のある在留資格があれば国民と同等
社会保障	拠出型・非拠出型年金制度（高齢者，遺族，障害），失業保険，健康保険，労災補償，傷病給付，社会保護	正規資格を持つ人のみ提供(0.5)	失業給付，老齢年金，出産休暇，社会保護等の社会保障（1指標50/100） 生活保護は定住者・配偶者等の身分に基づく在留資格にのみ適用
司法へのアクセス	拘留中，刑事訴追中の人への法的助言・支援・代理業務，法律情報・裁判外紛争解決メカニズムによるサービス・通訳へのアクセス	入国資格に関わらず提供(1)	（該当する指標なし）

注：「政府は，国民ではない者に対しても，以下のサービスへの平等なアクセス，福祉及び権利を提供しているか」の点数：

入国資格に関わらず提供(1)，正規資格を持つ人のみ提供(0.5)，提供していない(0)

出典：https://www.mofa.go.jp/mofaj/gaiko/oda/sdgs/statistics/goal8.html https://www.mipex.eu/japan

表4-3　国際移動関連トピックに直接関係するSDGsターゲット指標と日本のVNR2021（SDGs指標10.7.2以外）

	国際移動に関係するターゲット，指標	日本のVNR 2021
労働	8.7.1 児童労働者（5-17歳）の割合と数（性別，年齢別） 8.8.1 労働者100,000人あたりの致命的・非致命的労働災害（性別，移住状況別）	利用できるデータなし 移住状況別のデータなし
採用コスト	10.7.1 従業員が移住先の国で稼いだ月収に占める，その従業員が移住先の国で仕事を探すにあたって（自ら）負担した費用の割合	利用できるデータなし
留学生	4.b.1 奨学金のためのODAフローの量（部門と研究タイプ別）	利用できるデータなし
人身取引	5.2 人身売買や性的，その他の搾取等，すべての女性及び女児に対する，公共・私的空間におけるあらゆる形態の膨張を排除する 8.7 強制労働を根絶し，現代の奴隷制，人身売買を終わらせるための緊急かつ効果的な措置の実施，最悪な形態の児童労働の禁止及び撲滅を確保する。2025年までに児童兵士の募集と使用を含むあらゆる形態の児童労働を撲滅する 16.2.2 10万人当たりの人身取引の犠牲者の数（性別，年齢，搾取形態別）	該当指標なし 該当指標なし 外国人のデータは記載なし
母国への送金	10.c.1 総送金額の割合に占める送金コスト	利用できるデータなし
データ	17.18.1 持続可能な開発目標のモニタリングのための統計能力指標	利用できるデータなし

出典：https://www.mofa.go.jp/mofaj/gaiko/oda/sdgs/statistics/goal8.html

5大陸にわたる52か国が参加している。労働市場，家族統合，教育，政治参加，永住許可，国籍取得，差別禁止，および保健医療の8の政策領域について評価している。その結果，表4-2に示すように，自発的国家レビュー（VNR）[4)]ではほとんどの項目がすでに達成されていることになっていたものの，MIPEXの観点から検討すると，数多くの課題が存在することがみえてきた。

次に，SDGs指標10.7.2以外の，国際移動関連トピックに直接関係するSDGsターゲット・指標に関する日本のVNRの報告をみてみると，ほとんどの指標でデータがないことがわかる（表4-3）。

上記以外のSDGsターゲット・指標で国際移動に関連するものは，貧困，社会保護，保健医療，教育，ジェンダー，都市，気候変動，市民権・包摂・法制度，開発のためのパートナーシップなど多岐にわたる。いずれも重要な領域だが，国際移動や移民に特化された形ではモニターされ難い現状にある。

2　COVID-19パンデミックと移民

(1)　感染・死亡のリスクと社会経済的影響

COVID-19パンデミックは，移民にさまざまな影響を与えている。COVID-19の直接的な影響については，密集した寮生活を送る単純労働者におけるクラスターの発生が数多く報告されている。シンガポールにおいては，2021年７月までの累積陽性者数の実に87％が，こうした人々である（ECDC 2021：3-15）。北欧諸国においても，陽性者に占める移民の割合が非常に高く，ノルウェーで42％（2020年４月27日まで），スウェーデンで32％（2020年５月７日まで），デンマークで26％（2020年９月７日まで）となっている。

また，ヨーロッパ全域にわたる移民収容施設でクラスターの発生が報告されている。一方，イタリア，スペインにおいては，受入国の国民よりも移民の方が入院しやすい傾向があり，英国，オランダ，フランス，スウェーデンでは，移民における2020年の全死因死亡率がホスト国民よりも，そして2020年以前よりも明らかに高いことが報告されている。

移民において感染や死亡が起こりやすくなる要因として，次の３点が挙げられる。第１に，職業上のリスクであり，対人接触機会の多い業種に移民労働者が多く，セーフティネットが弱いため継続的に外出・出勤せざるをえない。第２に，居住環境のリスクであり，貧困・密集地域，収容施設，寮，シェアハウス等での居住，多世代同居が挙げられる。第３に，情報伝達の障壁であり，言語のバリアがあり，公衆衛生ガイダンスが移民の状況を十分考慮に入れていないこと等が指摘されている。パンデミックは，移民労働者の多いサービス，小売り，建設等の業界に，より大きな打撃を与え，失業，労働時間の短縮などを引き起こした（IOM 2021）。また，移動や出入国の制限により，数百万人の移民が立ち往生し，帰国ができなくなった。さらに，ソーシャルメディア等における誤情報やフェイクニュースにより，移民に対する差別と偏見が悪化したといわれている（IOM 2020）。反移民・極右・ヘイトグループ等が，移民や国際移動がCOVID-19感染拡大の原因であるとの宣伝を繰り返した。ジェンダーの視点からは，EU外からEU諸国への移民の女性の失業率が移民の男性よりも高いという報告がある。失業や収入減少に加えて，家事労働の増大が女性により大きな負担を強いていると指摘されている。また，移民女性に対するジェンダーに基づく暴力が悪化しているといわれている。

(2)　パンデミック対策への貢献と非正規移民の正規化

移民の多くは，上述のような厳しい状況におかれている一方で，パンデミック対策に大きく貢献している（IOM 2021）。COVID-19感染者数が最も多い20か国（2021年7月時点）のうち7か国において，サービスと小売り業界の労働者の10～25%が外国生まれの労働者である。英国においては，（2015～2016年段階で）医師の33%，看護師の22%が外国生まれとなっている。農業・食品分野においても移民労働者が重要な役割を果たしており，オーストラリア，ドイツ，カナダ，フランスなどが，採用・雇用継続に関する規制や在留資格の運用を緩和している。

一方，移民の中でも，最も深刻な脆弱性を抱えているのは非正規移民である。彼ら／彼女らをめぐる状況がパンデミックにより悪化する中，いくつかの国々がこうした人々に対する在留資格の正規化を行った。これにより，個々の移民がおかれた状況の安定化，搾取状況の改善，税収や社会保障収入の増加，労働市場に関するデータの正確性向上，アンダーグラウンド経済の弱体化等が期待できるとされる。2020年半ばまでに，ポルトガルはすべての非正規移民を対象に，イタリアはいくつかの産業分野に特化して，暫定的な正規化を行った。コロンビアは，2021年2月に，170万人のベネズエラ難民の正規化を発表し，国連事務総長や人道援助団体の称賛を受けた。ドミニカ，マレーシア，タイ等も正規化を図った。

3　COVID-19パンデミックで浮き彫りになった日本における移民と健康の課題

(1)　国際移動と健康に関する取組み

移民をめぐる保健医療分野のCOVID-19対応について触れる前に，国際移動と健康に関する概要と世界の取組みについて述べる。

国際移動と健康には，①移民個人の健康（移民の健康），②国際移動が人口集団に与える影響（公衆衛生），③ヘルスケアシステムの対応，④世界のガバナンス，の4つの視点から考える必要がある（IOM 2019：209-2030）。

第1に，移民の健康について検討する際には，移民とホスト国人口や異なる移民集団間の健康格差等に注目する場合が多い。国際移動前・移動中・移住先国滞在中・帰国後の各フェーズにおける健康の決定要因は，個人のライフスタイル，コミュニティのネットワーク，社会・経済・文化・環境的条件等の視点で捉える必要がある。また非正規移民，施設収容者，子どもの移民，出身国に残された子どもや養育者，LGBT移民，人身取引の被害者などの特定集団の健康課題についても検討が行われる。

第2に，国際移動が人口集団に与える影響（公衆衛生）を考える際には，健康な移民が社会経済発展に果たす役割，移民の保健医療サービス・アクセス改善による重症者の減少と医療費低減といった正の側面と，ヒト免疫不全ウイルス（HIV）や結核等感染症の診断の遅れや治療の中断による感染拡大などの負の側面について注目する必要がある。

第3に，ヘルスケアシステムの対応について考察する際に重要な課題は，移民にセンシティブなシステムづくりである。優先事項として，政府内における移民の健康課題に関する責任部署の明確化，移民に関するサービス提供・組織管理・ガバナンス等に関するスタンダードやモニタリングの仕組みづくり，移民の健康課題に対応する場合としない場合のコスト分析方法の開発，移民である保健医療従事者のサービスや教育プログラムの開発への包摂，移民の健康課題を専門職の教育研修に含めること等がある。

そして第4に，世界のガバナンスのメカニズムを検討する上では，国際移動に関するグローバルコンパクト，開発に関するSDGs，グローバルヘルスについての世界保健機関（WHO）世界保健総会，国際移動と健康に関する世界会議，国際保健規則，ユニバーサル・ヘルス・カバレッジ（UHC）[5]，HIV・結核・マラリア等疾病対策のアジェンダ等を視野に入れるべきである。しかし，ハイレベル会合において，世界の健康安全保障や検疫などの分野以外で保健医療が取り上げられることは少なく，保健医療領域においては国際移動に関する課題は忘れられがちである。

(2) MIPEX保健医療領域からみた日本の現状

上述のMIPEXにおいては，2014年に実施されたMIPEX 2015（第4ラウンド）から，移民の健康に関する政策の公平性を評価するための指標群であるMIPEX保健医療領域が導入された（IOM Brussels 2016）。①保健医療サービスを利用する資格，②保健医療サービスへのアクセスしやすさ，③保健医療サービスの対応力，④変化を促進する対策，の4コンポーネントからなっている。以下，38か国で実施されたMIPEX 2015のデータから欧州34か国について比較を行った分析とMIPEX2020における日本の評価をもとに，各コンポーネントについての日本の現状を検討する。その上で，このMIPEX保健医療領域，ならびに上述の「SDGs指標 10.7.2 政策領域1-移民の権利」のサブカテゴリーである「必須及び／又は緊急の医療を在留資格に関わらず提供」に関して日本の現状を評価する際に重要な意味をもつ，無料低額診療事業と非正規滞在外国人に関する公務員の通報義務について述べる。

① 保健医療サービスを利用する資格

保健医療サービスを利用する資格については，正規移民，難民申請者，非正規移民のそれぞれについて，A「サービスの利用が無条件」，B「何らかの条件を課している」，C「利用する資格を与えていない（医療費全額自己負担もしくは民間保険）」として評価している。

正規移民については，10か国がA，22か国がB，1か国がCであり，日本はBであった。その理由として国民健康保険に加入するには，3か月を超える在留資格を有する必要があることが挙げられている。さらに，293万人いる在留外国人のうち約半数（永住者・定住者・配偶者などの身分・地位に基づく在留資格をもつ人たち以外）は，健康保険料を払えないほど困窮しても生活保護が適用されないために，生活保護の一部である医療給付を受けることができない。

また，外国人労働者170万人のうち約4割を占める技能実習生と留学生には，さまざまな制約が課されている他，深刻な脆弱性を抱えている場合が多い。

技能実習生については，転職の自由がない一方で，母国で出発前に多額の借金を背負わされている，低賃金で劣悪な労働環境におかれている，数多くの失踪者（2019年には8800人）が発生しているといった課題が指摘されてきた。新型コロナ禍（以下，コロナ禍）においては，密集した寮生活においてクラスターが発生した一方，打撃を受けた業種における失業や就労時間短縮による収入減少に伴って生活困窮に陥った人たちが少なくない（巣内 2021：52-73）。政府が実施したさまざまな施策（特別定額給付金，特例措置としての職場や在留資格の変更など）の利用にあたって，実習機関（雇用主）や監理団体の協力が不十分なので支援してほしい，といった相談が数多く支援団体等に寄せられた（旗手 2021：10-11）。

留学生については，母国で出発前に多額の借金を背負わされている場合も多い中で，就労を許可された週28時間までの労働で得た賃金から，学費・税金・国民健康保険料・家賃・光熱水費等を捻出するギリギリの生活を強いられている日本語学校や専修学校の留学生の現状が報告されてきた。コロナ禍においては，アルバイト先の飲食業界などの雇用削減で困窮し，学業の継続が困難となったり，狭いアパートで数多くの留学生らが同居せざるをえなくなったりした他，ホームレスに近い状況に陥った人たちも発生した（高向・田中 2021：74-92）。また，コロナ禍で困窮する母国の家族に仕送りをするために，在留資格喪失の危険を冒して週28時間以上の労働を繰り返した留学生も少なくないという。また，技能実習生同様，政府が実施した施策の利用にあたってさまざまな困難に直面した。

難民申請者については，16か国がA，18か国がBで，Cの国はなく，日本はBであった。難民申請者は一定期間の間，国民健康保険に加入できたり，医療給付を受けられたりすることがあるが，その期間を過ぎた後のセーフティネットは，後述する無料低額診療事業等に限られる。

非正規移民については，11か国がA，16か国がB，7か国がCであり，日本はBであった。社会保険や労災保険が適用されうるきわめて例外的な場合を除いては，非正規滞在の外国人にとっても，セーフティネットは後述する無料低額診療事業とされている。

②　保健医療サービスへのアクセスしやすさ

MIPEX2020は，保健医療サービスを利用する資格と方法についての情報が移民に届けられているかどうかについて評価しており，正規移民・難民申請者・非正規移民のすべてに届けられているのが10か国，三者のうち二者だけが18か国，一者だけが5か国となっている。日本は三者すべてとなっているが，課題も多い。

難民申請者や非正規移民を含む困窮外国人が利用可能な手段として重要な無

料低額診療事業に関する情報については，日本人の中でも，また行政の福祉担当者においてすら認知度が低いことが指摘されている。こうした状況の中で，無料低額診療事業に関する情報が，困窮する外国人に多言語で届いているとは考え難い。

また，MIPEX2015は保健医療へのアクセスを手助けする「文化の仲介者」または「患者のナビゲーター」の提供を評価している。体系的にもしくは移民の多い地域で整備されているのが2か国，小規模もしくはアドホックに提供されているのが15か国，提供されていないのが17か国となっている。日本は，医療通訳が医療ガイドの役割を果たしていることがあることから，小規模もしくはアドホックの提供と位置づけられている。

コロナ禍において，「文化の仲介者」または「患者のナビゲーター」として注目に価するのが外国人相談である。外国人相談は，外国人が抱える生活全般の課題によろず相談的に対応し，基本的な情報提供を行いながら，必要に応じて他の組織・機関につなぐ役割を担っている。国レベルの機関による外国人総合相談支援センター，都道府県・政令指定都市での広域相談，基礎自治体の外国人相談窓口，職能団体等による専門家相談，非営利組織（NPO）による相談対応等がある。法務省の外国人受入れ環境整備交付金を活用した一元的相談窓口（ワンストップセンター）は，全国に約170ある。これらの外国人相談の中に，困難な状況にある外国人が新型コロナの検査・診療・ワクチンにアクセスする上でも重要な役割を果たしている例がでてきている。

その一つが，外国人相談に関して長年の経験を有するNPO法人国際活動市民中心（CINGA）が立ち上げた「外国人新型コロナワクチン相談センター（COVIC）」である。COVICは，外国人のワクチン接種に関する自治体の制度認識や対応に非常に大きなばらつきがある中，情報提供をするとともに，必要に応じて相談者を全国の外国人相談，自治体のワクチン窓口，外国人支援団体等につなぐことで，困難な状況にある人たちのワクチン接種を実現してきた。全国的にみると，このような伴走支援は限られているのが現状である。

さらに，MIPEX2015は保健医療に従事する専門職や組織が，非正規移民を警察や出入国管理当局に通報することが義務づけられているかどうか（通報義務）を評価している。法律や専門職行動規範によって通報が禁じられているのが10か国，法律や専門職行動規範がないのが18か国，通報が義務づけられているのが４か国である。日本の現状は，中間の分類に位置づけられている。

③　保健医療サービスの対応力

保健医療サービスの対応力についてMIPEX2020は，有資格通訳者の利用可能度を評価している。有資格通訳者が無料で利用可能なのは15か国，利用可能だが有料なのが５か国，利用可能でないのが14か国である。日本は有料で一部の医療機関で利用可能な状況にとどまっている。

④　変化を促進する対策

変化を促進する対策についてMIPEX2020は，移民の包摂，研究の支援，全組織的な対応について評価している。このうち移民の包摂に関しては，サービス提供，情報普及，研究，評価の計画やサービスの運営，サービスのデザインのそれぞれに移民が役割を果たしているかを検討している。日本においては，民間事業セクターでの医療通訳の雇用は促進されたが，公共の医療通訳事業や，外国人自身がサービスの運営やデザインに関与する職種への雇用は限られている。

(3)　無料低額診療事業と通報義務

①　無料低額診療事業

無料低額診療事業とは，社会福祉法に規定された，生計困難者のために無料または低額な料金で診療を行う事業を指す（吉永ほか 2019）。無料低額診療事業の基準（「生活保護患者，無料または10％以上の減免を受けた者の延べ数が，取り扱い患者総延べ数の10％以上」等）に基づく実績を届け出ることで，法人税，固定資産税，不動産取得税等が減免される（法人の種類によって異なる）。

2017年度の実施施設数は687施設（病院355，診療所332）で全国の医療機関数の0.4％に相当する。延べ患者数757万人のうち生保が63.3％，保険加入で減免が36.3％で，無保険で減免は0.48％（３万6000人あまり）であった。減免対象者は広く生計困難者一般（低所得者，行旅病人，野宿生活者，虐待被害者，家庭内暴力（DV）被害者，人身取引被害者，オーバーステイ外国人など）とされているが，各医療機関が減免対象者・減免基準を決定することになっている。そのため，無保険者を対象としない，対象としても医療費の３割は免除するが７割は請求する医療機関などがある。減免期間は，１か月から数か月間が多く，永くても半年から１年以内が一般的である。また，2019年度「厚労省無料低額診療事業等に係る実施状況の報告」によると，自治体により無料低額診療事業を行う施設数に大きなばらつきがある。たとえば秋田県内には同事業の実施機関がない（秋田県，秋田市の報告ゼロ）。

従来，困窮外国人の医療ニーズにこの事業がどの程度対応してきたのかを示す情報はきわめて限られている。コロナ禍にあって，外国人を支援する団体が「無料低額診療はどこも生活困窮者で手一杯となり，外国人の診療が断られてしまうケースが目立ってきている」と訴える中（安田 2021），COVID-19に関連した無料低額診療事業に関する調査がいくつか行われているものの，困窮外国人の利用実態を体系的に示すには至っていない。

困窮外国人の医療を考える上では，全国の医療機関の0.4%しか実施していない無料低額診療事業だけでなく，無料低額診療事業を行っていない医療機関における救急患者の受入れも重要である。無保険の外国人等の救急診療等により生じた未払い医療費の一部を医療機関に補填する事業が，自治体ごとの裁量で実施されている（移住連編 2019：86）。しかし，こうした事業を有しているのは9都県にとどまっており，対象を含め制度は自治体ごとに大きく異なる。

②　非正規滞在の外国人に関する公務員の通報義務

出入国管理及び難民認定法62条2項に基づき，国又は地方公共団体の職員には，その職務を遂行するにあたって退去強制事由に該当する外国人を知ったときは，通報義務が課せられている。この通報義務に関する法務省通知による解釈を踏まえ，2021年6月に厚生労働省は，「新型コロナウイルス感染症対策においては，感染拡大防止等の目的達成のため，退去強制事由に該当する外国人であっても，感染症の予防及び感染症の患者に対する医療に関する法律等の規定に基づき，適切に実施することが必要であり，入管法に基づく通報義務を履行した場合に当該目的を達成できないおそれがあるような例外的な場合には，当該行政機関において，通報義務により守られるべき利益と各官署の職務の遂行という公益を比較衡量して，通報するかどうかを個別に判断した結果，通報しないことも可能である」との事務連絡を発出した（厚労省 2021）。

これにより，超過滞在の外国人に対するCOVID-19の検査・診療・ワクチン接種が容易になった面がある一方，自治体により対応が大きく分かれ，少なからぬ数の自治体が超過滞在の外国人を通報するという立場を取った。そのため，全国に8万人程度いる超過滞在外国人の相当数がCOVID-19ワクチンを接種できない状況となった。超過滞在外国人に対するこのような自治体の対応は，結核児童療育医療給付，未熟児養育医療給付，予防接種の公費負担，入院助産制度，母子健康手帳の交付などの行政サービスにも生じている（鈴木 2021：30-31）。

まとめと展望：新たな連帯の構築に向かって

長年にわたる世界レベルの地道な実践・研究・学習・議論の積み重ねは，国際移動に係るSDGsとGCMを生み，「国際移動を適切に管理することで，移住労働者，受入国，送り出し国の“Win-Win-Win”の関係ができる」というビジョンを描き出すに至った。しかし，その実現は容易ではなく，SDGsの指標とそのモニタリングにも課題が多い。とりわけ，COVID-19パンデミックが浮き彫りにした「取り残されがちな」移民がおかれた状況は深刻であり，人間の安全保障の観点から吟味することも必要である。人間の安全保障に対する脅威は，デジタル技術の負の側面，暴力的な紛争，水平的な不平等，保健システムへの新たな課題等が相互に絡み合い，積み重なっているにも関わらず，SDGsの文脈においても，個々の問題への対応が縦割りで断片的であることが指摘されている（国連開発計画 2022）。こうした状況に対応するべく，人間の安全保障の戦略として，従来の「保護」と「エンパワーメント」に「連帯」を加えることが提言されている。「連帯」とは，個人やそのコミュニティの安全を確保するだけでなく，制度や政策を通じ，地球上のすべての人々の間の相互依存や，地球と人々の間の相互依存の関係をも体系的に考慮する認識を指す。

SDGsにおける国際移動の課題は，移民政策とその実施や，労働，留学，人身売買，母国への送金に関する事項をはじめ，貧困，社会保障，健康，教育，ジェンダー，都市，気候変動，パートナーシップ等，非常に多岐にわたる。これらの課題に対する取組みにおいて，如何に縦割りで断片的な対応から脱し，課題の種類や産官学民を超えた「連帯」を作っていけるかが，今後ますます問われることになる。

1つのヒントを示しているのが，都市や町レベルにおける「連帯」のあり方である。国レベルの移民政策は，在留資格が不安定で取り残されがちな状況にある移民の医療・教育・労働条件・社会保障などに関する権利にさまざまな制約を課していることが多いが，欧州の都市では，独自にさまざまな工夫が行われてきた（PICUM 2017）。たとえば，スペインのマドリード市とバルセロナ市では，非正規移民を市に登録して公衆衛生サービスへのアクセスを確保する試みが行われ，COVID-19パンデミック下にあっては，ローマ市が，非政府組織（NGO）と協力してアウトリーチ・チームを組織して，非正規移民へのCOVID-19ワクチン接種拡大を図った。こうした取組みの背景の一つに，南欧諸国の都市で発展してきた，社会的連帯経済がある。社会的連帯経済とは，利潤追求より社会的課題対応を優先する非政府の組織（協同組合，コミュニティビジネス，社会的企業，共済組合，社会的責任金融，NPO，慈善団体，フェアトレード，マイクロクレジット等）による経済活動の形態を指し，協力・共助・連帯・民主的運営を行動原則として，公平で安心安全な経済，社会的包摂，持続可能な発展，まちづくり，経済を機能させることへの人々の参加度を高め，これらを総合することを追求する。つまり，ケア，食と農，住宅，エネルギー，文化や学習等のさまざまな活動の一部として，移民の参加と統合が進められているのである。社会的連帯経済は，国を超えたネットワークを通して拡がりをみせる一方，国連タスクフォース等による取組みを経て，2022年5月のILO総会で議論され，SDGsを推進する力としても期待されている。

さまざまな脅威がますます複雑に絡み合う世界にあって，国際移動に係るSDGsを達成するためには，こうした例も参考に，さらに多様な「連帯」を作っていく必要がある。

〔謝辞〕　本章作成にご協力下さった，沢田貴志氏，岩本あづさ氏，神田未和氏，清原宏之氏，およびみんなの外国人ネットワーク（MINNA）のメンバーに感謝申し上げます。

〈参考文献・資料〉

（日本語文献）

移住者と連帯する全国ネットワーク（移住連）編，2019，『外国人の医療・福祉・社会保障相談ハンドブック』明石書店。

小川玲子，2018，「第12章　移民・難民」高柳彰夫・大橋正明編『SDGsを学ぶ――国際開発・国際協力入門』法律文化社，pp. 228-242。

厚生労働省新型コロナウイルス感染症対策推進本部，2021，「新型コロナウイルス感染症対策を行うに当たっての出入国管理及び難民認定法第62条第2項に基づく通報義務の取扱いについて」令和3年6月28日事務連絡。
国連開発計画，2022，「2022年特別報告書　人新世の時代における人間の安全保障への新たな脅威より大きな連帯を求めて」
鈴木江理子，2021，「2009年改定住基法・入管法の課題とコロナ対応～自治体アンケートから考える～」『M ネット』2021年10月号（第218号）移住者と連帯する全国ネットワーク，pp. 30-31。
巣内尚子，2021，「コロナ以前／以降の重層的困難と連帯の可能性――ベトナム人技能実習生の調査から」鈴木江理子編『アンダーコロナの移民たち』明石書店，pp. 52-73。
高向有理・田中雅子，2021，「『学べない，働けない，帰れない』――留学生は社会の一員として受け入れられたのか」鈴木江理子編『アンダーコロナの移民たち』明石書店，pp. 74-92。
旗手明，2021，「コロナ禍の技能実習生～その実態と政策～」『M ネット』2021年6月号（第216号）移住者と連帯する全国ネットワーク，pp. 10-11。
安田菜津紀，2021，「在留資格の有無を『生きられない理由』にしないために――無保険による高額医療費，支援団体が訴え」Dialogue for People　https://d4p.world/news/10752/
吉永純・原昌平・奥村晴彦・近畿無料低額診療事業研究会編著，2019，『無料低額診療事業のすべて』クリエイツかもがわ。

（外国語文献）

European Center for Disease Control and Prevention (ECDC), 2021, "Reducing COVID-19 transmission and strengthening vaccine uptake among migrant populations in the EU/EEA"
International Organization for Migration (IOM), 2019, World Migration Report 2020.
———, 2020, Analytical Snapshots #6: Stigmatization & discrimination. https://www.iom.int/covid-19-analytical-snapshots
———, 2021, Analytical Snapshots #75: Labour Mobility. https://www.iom.int/covid-19-analytical-snapshots
IOM Regional Office Brussels, Migration Health Division, 2016, Summary Report on the MIPEX Health Strand and Country Reports.
KNOMAD, OECD & UNDP, 2020, "Measuring Policy Coherence for Migration and Development: A new set of tested tools", Global Knowledge Partnership on Migration and Development (KNOMAD).
Kumari Rigaud, K. et al., 2018, *Groundswell: Preparing for Internal Climate Migration*, The World Bank.
Mosler Vidal, E. & Laczko, F., 2022, *Migration and the SDGs: Measuring Progress – An Edited Volume*, International Organization for Migration (IOM).
Platform for International Cooperation on Undocumented Migrants (PICUM), 2017, "Cities of rights: Ensuring health care for undocumented residents".
UN Department of Economic and Social Affairs (UNDESA), 2019, International migrant stock 2019. https://www.un.org/en/development/desa/population/migration/data/estimates2/estimates19.asp
———, 2020, "World Social Report 2020: Inequality in a rapidly changing world".

（ウェブサイト）
社会的連帯経済を推進する会「社会的連帯経済とは」https://www.ssejapan.org/about-sse（2022年11月30日閲覧）

注

1） 国際移住機関（IOM）は，「一国内か国境を越えるか，一時的か恒久的かに関わらず，さまざまな理由により，本来の住居地を離れて移動する人」を「移民」と呼んでいるが，国際的に統一された明確な定義は存在しない。「移民」は，「国境を越えて移動・移住する人」という捉え方が一般的に広く受け入れられていることから，本章ではmigrationの訳語として「国際移動」，international migrantsもしくはmigrantsの訳語として「移民」を用いる。

2） 移住グローバルコンパクト（GCM）における23の目標は以下の通り。①政策立案のためのデータ収集，②移住せざるをえなくなるような構造要因の削減，③移住の全段階に関するタイムリーな情報提供，④すべての移住者に法的に証明する身分証交付，⑤正規移住を増やし，柔軟に対応，⑥公正・倫理的なリクルート促進と，ディーセント・ワーク（働きがいのある人間らしい働き方）確保，⑦移住プロセスにおける脆弱性の軽減，⑧行方不明の移住者に関する国際協力，⑨移住者の密輸に対する国際的な対応強化，⑩人身取引の防止と対策，⑪国境管理を一貫性のある安全な方法で行う，⑫入国時手続の確実性とリスク予測の強化，⑬収容は最後の手段として，代替措置の追求を，⑭領事館による保護，援助の拡大，⑮基本的なサービスへのアクセスを可能に，⑯インクルージョン促進のため，移住者や社会をエンパワー，⑰あらゆる差別撤廃と，事実に基づく議論促進，⑱スキル開発への投資と資格承認，⑲あらゆる国において移住者が持続可能な開発に貢献できる条件を創出，⑳迅速・安全・安価な送金の促進，㉑尊厳のある帰還，再入国，再統合の促進，㉒社会保障の受給資格や年金の国を超えた移管，㉓国際協力，および安全で秩序ある正規移住のためのグローバル・パートナーシップの強化。

3） 人身取引：トラフィッキングあるいはヒューマントラフィッキングとも呼ばれる。人身取引議定書（Protocol to Prevent, Suppress and Punish Trafficking in Persons, Especially Women and Children）第３条(a)において定義され，暴力・詐欺・誘拐等の強制的な手段を用いて搾取の目的で弱い立場にある人々を獲得し，国や場所を越えて移動させることをいう。一般的に貧しい国から比較的裕福な国へ移動させられることが多く，若い女性や子どもが性的搾取のため，また，男性や大人が強制労働や臓器摘出等の目的で被害に遭う場合が多いと考えられる。

4） SDGsが記載された「持続可能な開発のための2030アジェンダ」は，国連加盟国が，国および地域レベルにおいて，定期的にSDGsの進捗に関する自発的国家レビューを行うことを促している。毎年７月に国連経済社会理事会の下で開催される持続可能な開発に関するハイレベル政治フォーラム（HLPF）に提出される。日本は2017年，2021年と２回のHLPFでVNRを発表（参考：https://sustainabledevelopment.un.org/vnrs/）。

5） UHCとは，すべての人が，適切な健康増進，予防，治療，機能回復に関するサービスを，支払可能な費用で受けられることを指す。

第5章
災害弱者とSDGs——危険から誰一人取り残さないための思考

関谷雄一

〔キーワード〕 福島第一原子力発電所事故，チェルノブイリ原発事故，災害弱者，自助・公助・共助，パートナーシップ

〔要旨〕 本章は，災害と向き合うことを余儀なくされた災害弱者と持続可能な開発目標（SDGs）について，主に東京電力福島第一原子力発電所事故やチェルノブイリ原発事故の事例を取り上げた文化人類学的考察を題材に考察する。災害復興において，自助・公助・共助がバランスよく功を奏した状態が理想的ではあるが，公助には限界があり，災害を被った人々による自助や共助に期待がかけられる。自助や公助により既存の社会的権力のあり方を再考し，再び元に戻るのではなく，より良い社会を目指す可能性がみえてくる。原発事故や新型コロナ禍（以下，コロナ禍）といった災害に思いをめぐらすならば，一人ひとりが自らも災害弱者になりうるという想像力をもって危険と向き合うこと，そしてお互いに対話をし，支え合うことが肝要である。SDGs目標17「パートナーシップで目標を達成しよう」は，そのような危険から誰一人取り残さないために，災害をめぐり，一人ひとりが立場と課題を相対化し手を取り合って助け合うことが必要であることを示している。そして，人々が自らの立場と課題を徹底して相対化し，お互いに助け合うことが，災害に際し，「誰一人取り残さない」レジリエンスを実現することにつながる。

はじめに：災害と向き合う人々にとってのSDGs

新型コロナウイルス感染症（COVID-19）時代が到来し，社会開発や災害復興といったテーマは，ますます難しい課題として私たちの面前に立ち現れている。感染症のパンデミックが起こる前ですら難題が山積みになっていたところに，パンデミックが襲い掛かり，難題解決がますます遠ざかってしまった。

2021年は東日本大震災が発生してからちょうど10年目にあたり，被災地のみならず国内でさまざまなイベントが催された。内閣府は東日本大震災十周年追

悼式を開催し国として被災者を追悼することを国民に呼びかけた。また復興庁も東日本大震災発災10年ポータルサイト「あれから10年。東北の今と，未来」を設け，被災地の復興状況や東北の魅力，震災の記憶と教訓などについて，写真や映像を活用して情報発信している（復興庁サイト「あれから10年，東北の今と，未来」章末ウェブサイト URL 参照）。

2021年は，東京オリンピック・パラリンピックも開催された年だ。聖火リレーは福島県からスタートし，オリンピック競技のスタートを飾るソフトボールそして野球も福島県（福島県営あづま球場）で行われた。サッカーも宮城県（宮城スタジアム）および茨城県（茨城カシマスタジアム）でそれぞれ開催された。復興五輪という言葉の下，東京オリンピック・パラリンピックは，災害復興が達成されていることを国内外に示す役目も背負っていた。

しかし，COVID-19 の感染状況が悪化し，ソフトボール・野球の試合は無観客で行われ，サッカーの試合は有観客であったものの，スタジアムでは観客がまばらだったという。地元の人たちが「『復興五輪』という雰囲気を感じない」と話していたという新聞報道が複数でた（飯島 2021）。オリンピック・パラリンピックは確かに行われたのであるが，復興五輪と呼べるものではとてもなかったようである。災害からの復興がそれだけ難しいのである。

持続可能な開発目標（SDGs）とは，国連が地球上のさまざまな課題を2030年までに解決すべく「17の目標」に収めて可視化したものである。2015年にミレニアム開発目標（MDGs）に代わって登場してから現在では地球環境問題から日本の地域創生に至るまで，さまざまな文脈でキーワードとして人々の間で活用されている。そうした展開になったのは，この本の編著者である野田真里が説明するように，「誰一人取り残さない」という理念の下，すべての人々にアクセス可能な目標設定になっているからである。

本章では，日本において頻発するようになった災害というテーマの中で，災害に向き合う人々にとり，SDGs の目標はどのように立ち現れているのか，を考察していく。とりわけ筆者が10年前から取り組んでいる東日本大震災の被災者に寄り添いつつ，でてきたいくつかの課題を SDGs の文脈の中で捉え直しながら，見出すことのできる課題を論じていきたい。

1　災害弱者とは誰か？

(1)　防災行政における定義

災害弱者とは誰なのか。防災行政では，2013（平成25）年に「災害対策基本法」が改正されてから，高齢者，障害者，乳幼児など，特に配慮を要する人を「要配慮者」と表現するようになり，そのうち災害時に自ら避難することが困難で，支援を特に必要とする人を「避難行動要支援者」と呼んでいる。一般的には，身に危険が及ぶ状況の中で，自らの力だけでは身を守るための力，情報などを得ることが難しい人たちのことを指す。

法律や行政によるこのような定義づけは，いざというときに通常よりも配慮が必要な人たちを素早く的確に把握し災害から避難させたり救い出したりする目的で創り出された範疇である。このような定義が便利な文脈もあるが，実際にはかなり相対的である。災害に脆弱なのは，特別な配慮を要する人であれ，そうでなかれ，程度の差こそはあれ，おそらく皆が災害に脆弱であるといえるのではないだろうか。

(2)　災害弱者と情報弱者

科学技術社会論とジャーナリズムの関わり合いについて研究を重ねている田中幹人らは，『災害弱者と情報弱者』の中で，上記の行政的な枠をもう少し広げて，阪神淡路大震災や東日本大震災をきっかけに顕在化する災害弱者とは，日本社会が潜在的に見過ごしてきた社会の脆弱性，たとえば貧困や格差と向き合っている弱者であると述べている。またそうした災害弱者は，情報弱者としての姿も併せ持っていることを示している。情報弱者とは，「個々人の情報入手／利用環境の状況に付随する情報環境の格差」とメディアにおける「取り上げられる／関心を持たれる情報・トピックをめぐる格差」の負の側に追い込まれている状態の人々である。田中らは，災害弱者も情報弱者も，社会が見過ごし，見落としてきた人々であり，私たちは常にそうした死角に追いやられている弱者の存在を意識し続けることが重要であると述べる（田中ほか 2012）。

ジャーナリズムやソーシャルメディアは情報過多ともいえるくらいおびただしい情報を毎日私たちに提供してくれるようにはなったが，逆にどの情報が重要なのかをわかりにくくしてしまっている。こうした情報社会と向き合うとき，一人ひとりが脆弱であるということに自覚的にならねばならない。このような示唆も与えてくれる。

(3)　私たちも災害弱者

さらには，東日本大震災以来のさまざまな自然災害やコロナ禍がもたらした教訓とは，私たち自身が，いつの間にか災害弱者になってしまう可能性が大きいということである。筆者は大学の教員で，普段は文化人類学という学問を研究し教えているが，今般のパンデミックで，文化人類学にとって一番重要な研究活動であるフィールドワーク，つまり現地を訪れ直接観察をしたり，人々と一緒に過ごしながら調査をする，という当たり前にできていたことが全くできなくなった。この事態は，この学問が19世紀の終わりに本格的な学術領域としてスタートして以来，遭遇したことがないくらいの大打撃である。世界中の文化人類学者が，一瞬にして災害弱者になってしまった，といっても過言ではない。

影響はそれでは終わらなかった。2020年度は学部，大学院ともに，文化人類学コースを選ぶ学生が減少した。最も気の毒だったのは，この１，２年の間に本格的なフィールドワークを開始しようと準備をしてきた大学院の学生たちだ。渡航延期や入国制限が敷かれて身動きが取れなかったのである。2023年１月現在，制限は緩和され状況はかなり改善されている。いずれにせよ考えを及ぼせば，私たちすべてが災害に対し脆弱な立場におかれる可能性をもっており，そうした危機感をもちながら災害と向き合う必要を強く感じさせられている。もちろん，そうした前提の下で考え直したとしても要配慮者に対する特別な配慮は必要であることはいうまでもない。

2　福島原発事故の場合

(1)　つくば市に避難した福島原発事故避難者

2011年３月11日以降，東日本大震災の甚大な被害は，実に多くの災害弱者や情報弱者を生み出し，日本社会の構造の脆弱性を浮き彫りにした。とりわけ東京電力福島第一原子力発電所のメルトダウンと放射性物質の一帯への拡散は，福島県を中心に放射性物質が及んだ地域に立ち直れないくらいの被害を出し，未だその復興の目途は見出されていない。

筆者は，知人を介して震災・原発事故後の福島県を訪れるようになり，定期的に学生を連れて話を聞きに行ったり，相馬野馬追の行事[1)]を見学したり，事故に遭ってその後の暮らしが大きく変わってしまった人々を大学に呼んで講義をしてもらうといった活動を展開するようになった。中でも茨城県つくば市の公務員住宅に避難してきた人々への聞き取り調査はかなり大掛かりとなった。

福島県民の広域避難により，茨城県つくば市には茨城県内の市町村の中でも約200世帯（538人）の人たちが，避難生活を強いられていた。茨城県は，福島県と隣接しており，全国への避難者の中でも東京都に次いで2番目に多い避難者の数となった。これも聞き取り調査の内容を反映しているが，特につくば市に避難者が多かった理由として，聞き取り調査を筆者と一緒に行った当時の筑波学院大学講師，武田直樹は以下の点を挙げている。

①老朽化した国家公務員宿舎の空き物件が多いため，茨城県が災害直後，まとまって迅速に，応急仮設住宅として確保・紹介しやすかったこと
②福島県浜通り[2)]まで常磐自動車道路を使うと1本で行き来ができ，アクセスが良いこと
③東京都心までつくばエクスプレスを使うと1本で行き来ができ，アクセスが良いこと
④双葉町民の一部有志がつくば市内に「仮の町」を作ろうという動きがあったこと
⑤気候や文化が福島県浜通りと似ていること
⑥親族がつくば市やその周辺にいたこと
⑦買い物や病院に行くのに便利なこと
⑧ニュータウンでもあるため，近所にそれほど干渉されないこと
⑨事故直後，都心に避難した人たちが，さらなる移住先としてつくば市を選んでいること

（武田 2019：58）

⑵　震災復興の公共人類学

筆者はつくば市に避難した福島県民を支えようとする武田と合流し，公共人類学の試みを始めた。公共人類学とは，人類学の知見を活かして現在の社会問題解決を模索する，人類学の新しい試みである[3)]。武田は大学で学生のキャリア形成のためのスキルを教育する仕事の傍らで，非営利組織（NPO）[4)]を組織し，

こうしてつくば市に避難してきた福島県民の人々がつくば市でも地元で暮らしている人々と交わりながら安心して暮らしていけるようにさまざまな支援を行い，セーフティネットの構築を急いでいた。筆者は未曽有の経験を経てつくば市に落ち着いた人々の経験を聞き取り，原発により災害弱者となった人々への理解を深めたい強い希望をもっていた。そうした双方の希望が折り合い，100世帯（つくば市へ避難した世帯の半分）を目標に，学生も巻き込んで聞き取り調査を行った。結果的には約50世帯で調査は終了したが，そこから派生していったさまざまな研究と実践を通して，多くの学びと成果そして人々とのつながりが生まれ，筆者にとってはかけがえのない研究実践の証となった。そのことは『震災復興の公共人類学』に詳述されている。災害弱者となった人々が，生存のための協働を行いながら暮らしやすい環境を整えていった様子をここに見出すことができる（関谷・高倉 2019）。

3　災害ユートピア

(1)　ソルニットの定義

災害弱者となった人々が，生存のための協働を行いながら暮らしを立て直し，環境も良くする様子は，弱者という表現を打ち消すかのごとく，人々が災害に立ち向かう可能性を秘めていることを私たちに知らしめてくれる。サンフランシスコ在住のジャーナリスト，レベッカ・ソルニットは，このことを「災害ユートピア」と表現し，アメリカで起きてきたさまざまな災害にまつわるエピソードを紹介しつつ具体的に説いた。

この本では，1906年のサンフランシスコ地震から順を追って1917年のハリファックスでの大爆発事故，多数の死者を出して社会に大変化をもたらしたメキシコシティの巨大地震，2001年９月11日のアメリカ同時多発テロ事件，2005年にニューオリンズを襲ったハリケーンと大洪水の計５件の災害を詳しく検証し，人々が残したナラティブや新聞記事などの記録も豊富に用いながら，災害になると顕在化する，有能で，気前が良く，立ち直りが早く，他人に共感ができ，勇敢な人間の本質があることを，ソルニットは強調している。ソルニットの説明を理解するなら，災害ユートピアとは，大規模な災害の後，一時的にではあるものの，人間性のある理想的なコミュニティの状態を指す言葉である

（ソルニット 2010）。

(2)　日常に閉じ込められたユートピア

ソルニットが記した書を読むとき，つくば市に避難してきた約50世帯の人たちが語ってくれたことの断片が思い起こされる。「すぐに戻れる」，そうした意識で，原子力発電所近くで暮らしていた人たちは，着の身着のまま避難をしたが，原発事故により放射性物質が拡散し家に戻れないで避難を続けることを強いられてしまう。自治体が指定した避難所や，知り合いの家，親戚の家を転々としながら，やっとつくば市の公務員住宅に身を寄せることができた。避難者の人々にとっては著しい情報不足の中，予想外に長期化する避難生活で，支えになったのは避難先で出会う人々であった。住む場所を提供する，子どもが通う学校を紹介する，地元のセーフティネットとなって支援をしてくれる，等々である。

ソルニットによれば，そうした災害ユートピアは日常生活を送る私たち自身の中に閉じ込められているものであり，災害を機に閉じ込められている塀の裂け目を通して，流れ出し，一気に私たち自身の手により創造的に展開されていくものとされる。私たち一人ひとりにそのような潜在的な能力が備わっているのと同時に，人々とつながりたい，何かに参加したい，人の役に立ち，目的のために邁進したいという強い欲求が根源的にあり，それが一気に分散し，中央政府をも超える巨大な力となる（ソルニット 2010）。

日常生活では，こうした行動は閉じ込められており，人間本来のつながりや利他性がなかなか発揮されない日常生活は災難である，このような説明もソルニットはしている。危機的な状況でこそ生じる，見知らぬ人同士の愛，自分が住んでいる町への愛，自分の職場への愛，そのような社会的な愛が現代社会においては，個人主義的な生き方の陰に隠れて見えづらくなっているのは事実である。しかしながら，人々の社会性は，今までになかった形で立ち現れることもソルニットは否定していない。「世界では，アルゼンチンのオルタナティブ勢力やメキシコのサパティスタ[5)]から，ヨーロッパ都市の環境保護や，インドと南アフリカから西欧を結ぶ連帯のネットワークまで，より広範囲に例がある」としている（ソルニット 2010：429）。それを支えているのは人々の生きようとする信念である。そのようなメッセージもソルニットの書からは，うかがい知ることができる。

(3) SDGs目標17（パートナーシップ）

SDGsの目標17はパートナーシップで目標を達成しようというものだ。国際機関や国家政府だけでなく，社会のあらゆるステークホルダーが，必要に応じて連携をし，資金調達，開発援助，投資，科学技術イノベーション，貿易，経済の活性化，持続的開発，データ収集やモニタリングまで幅広いターゲットを実現していくべきとするものである。筆者が，これまで述べてきた災害弱者に対しさまざまな人々が愛情深い手を差し伸べている話や，ソルニットのいう災害ユートピアは個人が社会とつながろうとする話であった。しかし，SDGsは個人を超えて，国家が，民間企業が，その他の組織が互いに手を差し伸べて，共通の課題を解決しようとする話である。でも，それを支えているのが，人々の生きようとする信念である点では一緒である。

災害ユートピアは，SDGsの目標17を達成する可能性を示しているが，「今の時代，パラダイスがあるとすれば，そこへの扉は地獄の中にある（ソルニット 2010：22）」という言葉が示す通り，グローバル化，マスメディアの浸透，ソーシャルメディアの普及等によって経済や社会の民営化がもたらされた結果，災害ユートピアが示すような人間の本質的なつながりを取り戻すことは災害でも起きない限り，大変困難な状況にある。そのうちに，災害が来てもそのようなユートピアが再び訪れないことを私たちは潜在的に恐れている。SDGsが示しているのはいかにも理想的な目標であり，誰もが参画できる可能性を開いている分，その目標達成のあり方も多様でありうるわけで，一定の基準に基づいて達成度を測ることも難しい。果たして多くの目標が達成されるかどうかもきわめて曖昧である。しかし，災害を乗り越えようとすることを通して，一瞬でも多くの人がつながり，お互いを助け合うことをこれまで何度もしてきたことを振り返るとき，危機的状況にあるのであれば，人々は共通の目標に向けて手を取り合いつながることは不可能ではないことを確かに感じることができる。災害ユートピアとSDGsの関係性を議論する意義は，私たちを，明日を生き延びようとする共通の目標を掲げ，努力を続けることに向き合わせてくれるからであると考える。災害ユートピアなど，長続きしない，SDGsは努力目標であって，具体的な成果は出せない，と消極的に捉えるのではなく，それだからこそ，危機的状況やリスクと向き合い続け，努力をし続けることが重要だということを忘れてはならないのである。パートナーシップを努力目標と捉えるとき，肝心なことはパートナーシップを築く努力を続けることなのである。

4　「国家に抗する」こととは？

(1)　自助・公助・共助のバランス

災害に遭い，自助・公助・共助のバランスが崩れた中で，お互いに助け合いながら自らの生活基盤を立て直そうとする人々にとって，国家とはどのようなものなのか。国民国家制度を前提としなければ，大規模災害を乗り切ることは不可能である。しかし同時に，災害弱者にとって国家制度とは，頼りになる場合もあれば頼りにならない場合もある。構造物あるいは非構造物対策，緊急対応，大規模な復興計画や財政政策など，社会全体で制度的な支援が必要な文脈において，国家や自治体など公助の部分が頼りになるのは明らかである。一方で，自助・共助で何とか生き延びるために工夫をする必要がある部分がどうしてもでてくる。

震災と事故の直後に，必死で情報を収集しながらつくば市まで逃げ延びた福島県民が頼りにしたのは国や自治体よりは，周りにいる普通の市民や家族であった。つくば市に落ち着いた後も，セーフティネットを構築したのは国や自治体ではなく，市民による団体や個人であった。原子力発電所が国家制度によるエネルギー政策の結果である一方で事故が起こった場合に責任を取らされるのは原子力発電所を運営していた電力会社という一介の企業である。国や自治体は法律や制度を作り，さまざまに市民を守っているのは事実であるが，実際の後始末は当事者である市民の自助・共助に頼るしかない。

そうであるならば，公助ではカバーできないところ，国家制度が対応しきれない部分を市民自身がどのように対応するのか，そのことを明確化しなければならない。しばらく前から，災害直後に駆けつけるボランティアは「自己完結型」でなければならない，といわれるようになってきた。災害直後に多くのボランティアが全国から被災地に向かうのは良いが，懸命な復旧作業に取り組んでいる現地の人々にとり，現地の事情を踏まえないで大勢で乗り込んでくるボランティアへの対応など不可能に等しいといった背景があった。助けになるのであれば有難いが，助けになるどころか負担になるようでは災害ボランティアの意味が半減してしまう。そこで「自己完結型」が推奨され，ボランティアに出かける際には周到な準備と情報収集の上で活動を行うボランティアの方法が定着してきたのだ。

災害直後に救われる方も救う方も，非常時においては，残念ながらこれまで受けてきた公助をあまり期待ができない。だからやむをえず自助や共助で乗り切ろうとする。その当然の帰結について，災害ユートピアが出現すると評することは自然である。しかし，災害ユートピアは長くは持続しない。やがては公助が復旧し，人々の生活も普通に戻っていくことが望ましい。自助・公助・共助と三つ巴で論じられる通り，３つの力があわさってこそ，社会の安定がもたらされるのである。公助をあきらめ，自助・共助で自律的な社会を目指すようなアナキズムが求められているわけでは決してない。

(2)　クラストルによる社会的権力の相対化

南アメリカでもかつては大きな人口を擁していた先住民族グアラニの数少ない末裔である，パラグアイの狩猟民族であるグアヤキにおける権威なき首長制，婚姻制度，言語活動，神話，拷問などへの分析を行った，人類学者のピエール・クラストルは，南アメリカの先住民の首長制について「国家に抗する社会」であると論じた。クラストルによる，この論文集を日本語に翻訳した渡辺公三が評する通り，グアヤキのフィールドワークを通じて研究を行っていた，クラストルの狙いは，客観的科学的「民族誌」の記述でも，滅びようとする民族への感傷的な挽歌を述べることでもなく，西欧起源の国家とそれに結びついた政治権力を既定化する思考の外に向かおうとする探求であった。

「歴史をもつ人々の歴史は，階級闘争の歴史である，と言われる。少なくともそれと同じ程度の真理として，歴史なき人々の歴史は，彼らの国家に抗する闘いの歴史だ，といえよう」(クラストル 1987：272)。同作品を締めくくる，有名なこの一文を読むとき，ここに何らかのアナキズム肯定的なラディカルささえも見出そうとするが，それはクラストルの主張を見誤っている。南米先住民の首長制の歴史に国家装置の出現の阻止の動きや，グアラニ族の思想に語られる「ものごとは，その総体において一である。そのようなことを欲しなかったわれわれにとって，それは悪である。」という考え方[6)]において，西欧の「同一性の原理[7]」への反抗を見出したクラストルが追究したのは，国家や政治権力の相対化であった。すなわち「(現行の西欧起源の) 国家」に抗する，権力や社会のあり方を可能ならしめる時空間の模索であった。クラストルが存命した1970年代にあっては，人類学者が提唱する文化相対主義，自民族中心主義からの脱却を唱える考え方はかなり浸透していたものの，それでもなお，クラストルによれば「自民族中心主義は思考に課される無力な拘束であるどころか，想像される以上の帰結を伴うもの[8]」(クラストル 1987：20) であり続けていた。したがってこの論文集が文化相対主義の文脈の中で枢要な研究として位置づけられ，社会的な権力の異なったあり方を説くものとして話題となったのである。

(3)　災害を機にした社会的権力の見直し

ただし，1970年代ではなく，21世紀に入り大規模災害と対峙するようになった現代世界において，クラストルの論文集が私たちに示す社会的権力の相対化とは，どのように捉えるべきなのか。単なる文化相対主義の着地点ではなく，非常時における国家制度，政治権力のあり方を見直し，自助・公助・共助の現実的なバランスの取り方を模索することなのではないかと考える。国家が頼りにならない部分は，市民自身がある程度は自律的に自助・共助を行い，公助のフォローアップをすることは可能である。市民社会においてSDGsの主体が，必ずしも国家だけではないのは，それを裏打ちする事柄である。国家に抗する社会とは，1970年代は，自民族中心主義を脱却し，西欧的世界観のコペルニクス的転回をもたらす主体であった。しかし，本章の文脈においては，災害とは，既定路線の国家制度を見直し，自助・公助・共助のあり方をもう一度見直すための場である，ということはできるだろう。

5　原発事故による災害弱者の闘い

(1)　原発事故における広義の災害弱者

福島第一原発事故のような原子力関連災害の特徴とは，目にみえない放射線が，環境や被災者の健康に長期にわたる被害を及ぼすことである。東日本大震災発生当時，東京電力福島第一原子力発電所の近くに住んでいた多くの福島県民が強制的に避難させられたのもその原子力事故がもたらす深刻な放射線によるものである。それ以外にも当時原子力発電所で勤務していた約800人の従業員もいた。懸命な復旧作業にも関わらず，３月15日に原子炉の４号機において爆発と火災が発生し，更なる危険を回避するため約750人の従業員は東京電力の指示により避難した。しかし約50人がそのまま発電所にとどまり，発電所の被害を最小限に食いとどめる努力を続けた。国内外のメディアが，その地名と人数にちなんで残った人たちをを「Fukushima 50」と呼び，文学やドキュメンタリーそして，のちに映画にも取り上げられた[9)]（ウィキペディア「フクシマ50」: https://ja.wikipedia.org/wiki/ フクシマ50）。

事故直後に現場に詰めていた作業員は，東京電力の社員が多かったが，３月後半以降は，いったん発電所を離れていた元請けや下請け会社の作業員らが現場に戻り始めた。作業員らは原発から30～50キロ離れた広野町やいわき市などの旅館やホテル，コンテナハウスなどに宿泊し，乗り合いの車で原発に通い作業に当たるようになった。こうした原発事故復旧やその後の廃炉作業に従事していた人たちは劣悪な環境の中で健康や命に危険を及ぼす放射線にさらされていた。

東京新聞記者の片山夏子による『ふくしま原発作業員日誌――イチエフ[10)]の真実，９年間の記録』には，そうした作業員たちへの丹念な取材の結果，残されたナラティブ（語り）や獲得された作業員に関する情報が詳細かつ膨大な量で示されている。「生まれたからには誰かの役に立ちたいという気持ち」や，「正月も家族の元には帰れない」，「俺の存在は線量だけなのか」，「イチエフで働いているとは言えなかった」などなど，どれも片山が足しげく作業員のところに通い，信頼関係を築いてこそ得られた貴重な声である。同書は第42回本田靖春ノンフィクション賞等，さまざまな賞を受賞している。自らの被ばく線量を顧みずに，現在の福島原発の廃炉作業・復興事業への道を開いたこうした作業員に対する国家補償は，片山によれば労災以外には認められていない。そして現在も一日約3400～5600人に上る数の作業員が働き続けている（片山 2020[11)]）。

原発事故避難民，東電社員そして復旧・廃炉作業員に通底している問題は，原発事故という未曽有の災害と向き合わざるをえない状況におかれてしまったことであると考える。たまたま原発の近くに住んでいたから，原発事業を仕事にしていたから，あるいは経済的事情で他に仕事を選べなかったから，という具合である。こうした人々は原子力大災害の犠牲者であり，公助には期待できず自助や共助による生存戦略を迫られる広い意味での災害弱者であると考える。

(2)　生物学的市民権

福島第一原子力発電所の事故よりも25年前に起きたチェルノブイリ原発事故に着目し，原発従事者の家族や，事故直後の緊急対応や廃炉作業に携わった，ウクライナの消防士，警察官そして軍兵士らをはじめ，一般市民のもとに通いつつ，原発事故がもたらした放射線被ばくによる健康被害に対し，人々がどのように向き合っているかを詳細に調べ上げた民族誌を仕上げたアドリアナ・ペトリーナが提唱した概念が「生物学的市民権（biological citizenship）[12]」である。ミシェル・フーコーの生権力[13]を背景に，原発事故で災害を被ったウクライナ[14]の人々がチェルノブイリ事故後に行っている実践についてペトリーナは以下のように述べる。

> チェルノブイリの遺産に対するウクライナの対応が独特なのは，ヒューマニズムを当地の戦略や国家建設と結びつけ，市場戦略を様々な形態の経済的・政治的汚職と結び付けたところにある。このような相互に関連するプロセスを通じて，新種の公的・非公的な社会的ネットワークや経済が生まれ，国民の一部が政治的に保障された手当に頼って生き延び，またそこから恩恵を受けることを可能にしてきた。私は臨床や研究の現場や，いまでは相当大きくなったチェルノブイリ被災者向けの社会福祉機構―国家機関やキエフの非政府利益団体（ママ）[15]―で働いた。これらの現場は，公衆衛生及び福祉にまつわる国家インフラの下位組織を形作っており，そこには貧困化していく市民たち―チェルノブイリの発電所の元職員・現職員や，汚染地域から退避してきた人々―が放射線関連の被害にまつわる要求をめぐって結集している（ペトリーナ 2016：37）。

(3)　「リスクの飼い慣らし」を避けるために

ペトリーナによるチェルノブイリ事故後のウクライナにおける生物学的市民，あるいは生物学的市民権をめぐる議論は福島原発事故後の災害弱者が向き合っている現実，あるいは取り組んでいる自助や共助を分析する場合において非常に示唆的である。ペトリーナ自身もそのことを意識していて，彼女の民族誌の日本語訳のもとになった，2013年版の冒頭の章「彼らはどうやって生き延びたのか――二〇一三版への序」の中で，「想定外がふたたび起こった」として，チェルノブイリのケースとフクシマ[16]のケースを対比して考察を重ねている。曰く，フクシマとチェルノブイリは異なっているかもしれないが，政治的，社会的にはチェルノブイリとフクシマには，通底するであろう3つの場面がある，とする。1つ目は生物学的市民の第一世代である，復旧や廃炉作業の第一線でヒーロー的な貢献を果たした人々が，健康障害やその原因の意味を理解する重荷を背負う場面，2つ目はやがて被災者たちが，社会的な補償を求めて国家に働きかけをする場面，そして3つ目は複雑に入り組んだ生社会的な現実の中で，災害のリスクや管理の過ちというより大きな歴史に結びつけることができる要素を被災者たちが綿密に集積していき，そうすることで自らの生を可視化し，唯一のものにしていく場面が想定されるということである。

ペトリーナはさらに「ここで重要なのは文化的特徴の精神分析ではない。すでに殺菌消毒されてしまったチェルノブイリのイメージとの比較が，フクシマの健康被害の軽量の滴定測定に使われているため，同時にローカルな人間的現実の隔離—リスクの飼い慣らし—がなされてしまう」ことをとても危惧している。実際には，そうした圧力が日本にはあり，それに立ち向かうためにも人類学的な調査が必要とされていることを指摘している（ペトリーナ 2016：11-30）。

6　COVID-19と災害弱者

(1)　ポスト・コロナ時代の災害弱者

COVID-19の感染拡大に伴い，私たちにつきつけられた現実とは，誰もが容易く災害弱者になりうる状況にある，ということである。東日本大震災や福島原発事故のような大規模な自然災害および人災が示してくれた教訓は，ウルリッヒ・ベックが『危険社会』で論じたように[17]，私たちの時代が常に危険との隣り合わせの脆弱さを抱えた時代であり，科学技術の進歩はさまざまに私たちの生活を良くしたが，一方でこれまでは想定されていなかったリスクもはらんでいるということである（ベック 1998）。またそうした中で西欧近代起源の国家制度や政治権力といった私たちの生活基盤や社会的関係の土台にあるはずの社会的権力関係は，もろくも崩れてしまうリスクが常にある。

災害弱者となった人々は，もう従来までのような形での社会的権力に頼ることはできず，自らの力で生き延びる道を模索する必要性がでてくる。そうした時，もとより社会的生物である人間は，お互いにつながり，助け合うことができることは歴史的に何度も確認されてきた。そうした自助や共助は，SDGsの「誰一人残さない」理念を担保する命綱として働くに違いない。ただし，自助・共助による生存戦略は社会の非常時においては前景化するが，公助を排除することはできない。非常時には公助は背景化しても，長期的には自助・公助・共助の三つ巴は社会制度の維持のために不可欠なものである。肝心なことは，アナキズムに進むことではなく，平時における国家制度や政治権力を既定のものとすることはできないということを忘れないことである。

大規模自然災害や人災の際に生じた避難者と避難先のホスト社会との間に生じたセーフティネットや，生物学的市民権のような市民による主体的な自助・共助の活動は新たなる社会的権力のあり方を模索する上で，とても大切である。災害をきっかけに弱者となった人たちが自分たちの生活を取り戻すため，手探りで取り組むことにより，より良い制度，法律，権力関係が発見されていくことになろう，その先に国家制度やSDGsのような開発パラダイムの新たなる地平がみえてくるはずだ。

(2)　ニューノーマル時代のSDGs

最近，筆者が参加したとある研究会で，「新型コロナ禍の中でSDGsがどのように積極的に状況をよくすることに貢献したか」という問いかけに対し，「残念ながら具体的な貢献は何も発見されなかった」という回答があった。しかしながら，その見方を結論とするのは時期尚早な気がする。コロナ禍は私たちにニューノーマルな社会のあり方と向き合うきっかけを作った。感染リスクを低減するため，人との接触機会を減らすことやソーシャルディスタンスを保つことなど，生活様式に大きな変容が起こり，テレワークやオンライン会議そして授業など，これまでのコミュニケーションのあり方を覆すような新しい社会の形が見え始めている。そうしたニューノーマル時代におけるSDGsのあり方は，今後実践や諸議論を通じて形作られていくのではないかと思うのである。

まとめと展望：危険から誰一人取り残さないために

今後も私たちが災害弱者となるリスクは常にある。災害と向き合ったとき，私たちが生き延びるためにお互いに手を取り合い，誰一人残さないための闘いが始まる。災害ユートピアは，一時的に機能したとしても，災害によって危険にさらされてしまった人々の暮らしを取り戻すための長い闘いが待っている。そうした災害復興において，自助・公助・共助がバランスよく功を奏した状態が理想的ではあるが，残念ながら公助には限界があり，災害を被った人々による自助や共助に期待がかけられる。自助や公助により今までの社会的権力の在り方を再考し，再び元に戻るのではなく，より良い社会を目指す可能性がみえてくる。福島第一原子力発電所事故やチェルノブイリ原発事故あるいはコロナ禍といった災害に思いをめぐらすならば，一人ひとりが自らも災害弱者になりうるという想像力をもって危険と向き合うこと，そしてお互いに対話をし，支え合うことが肝要である。SDGs 目標17「パートナーシップで目標を達成しよう」は，危険から誰一人取り残さないために，災害をめぐり，一人ひとりが立場と課題を相対化し手を取り合って助け合うことが必要であることを示している。

〈参考文献・資料〉

（日本語文献）

飯島啓史，2021年7月23日付，「復興五輪，遮られ近くて遠く「無観客」あづま球場，周辺を歩く」福島全県・1地方，朝日新聞，p. 19。

片山夏子，2020，『ふくしま原発作業員日誌――イチエフの真実，9年間の記録』朝日新聞出版。

ピエール・クラストル（渡辺公三訳），1987，『国家に抗する社会――政治人類学研究』書肆風の薔薇。

レベッカ・ソルニット（高月園子訳），2010，『災害ユートピア――なぜそのとき特別な共同体が立ち上がるのか』亜紀書房。

関谷雄一・高倉浩樹編，2019，『震災復興の公共人類学――福島原発事故被災者と津波被災者との協働』東京大学出版会。

武田直樹，2019，「避難者のセーフティーネット作りから映像アーカイブ制作への発展」関谷雄一・高倉浩樹編，2019，『震災復興の公共人類学――福島原発事故被災者と津波被災者との協働』東京大学出版会，pp. 55-86。

田中幹人・標葉隆馬・丸山紀一朗，2012，『災害弱者と情報弱者――3・11後，何が見過ごされたのか』筑摩書房。

東京電力ホールディングス株式会社「福島第一原子力発電所における作業員確保情報等について」労働者安全衛生対策部会【資料―2】，2019年10月10日　https://www.pref.fukushima.lg.jp/uploaded/attachment/353596.pdf

ミシェル・フーコー（渡辺守章訳），1986，『性の歴史1　知への意志』新潮社。

ウルリッヒ・ベック（東廉・伊藤美登里訳），1998，『危険社会――新しい近代への道』法政大学出版局。
アドリアナ・ペトリーナ（粥川準二監修，森本麻衣子・若松文貴訳），2016，『曝された生――チェルノブイリ後の生物学的市民』人文書院。
（ウェブサイト）
復興庁サイト「あれから10年，東北の今と，未来」https://www.reconstruction.go.jp/10year/（2021年４月１日閲覧）

注

1）　相馬野馬追は，今から一千年以上もの昔，相馬氏の遠祖とされる平将門が下総国小金ヶ原（現在の千葉県北西部）に放した野馬を敵兵に見立てて軍事演習に応用したことに始まった。馬を追う野馬懸，南相馬市原町区に所在する雲雀ヶ原祭場地において行われる甲冑競馬と神旗争奪戦，街を騎馬武者が行進するお行列などの神事からなる。毎年７月の最終土・日・月曜日の３日間開催され，現在は国の重要無形民俗文化財となっている（『相馬野馬追公式ホームページ https://soma-nomaoi.jp/』）。

2）　浜通りとは，福島東部，太平洋川沿岸の地域である。東の太平洋と西の阿武隈山地に挟まれる一帯を指す。福島県は阿武隈山地と，奥羽山脈により３地域に区分されており，浜通り，中通り，会津と呼ばれている。地元の人たちによれば，３地域は昔からかなり分かたれた歴史を歩んできたとされている。

3）　公共人類学に関して，日本語による汎用性のあるテキストは山下晋司により2014年に東京大学出版会より『公共人類学』が出版されている。この中で山下は，「公共人類学とは，公共的課題に関与し，理論的・実践的に解決に取り組むことで，社会に貢献する人類学であり，それを通して人類学の公共性を推進しようとするものである」（同書14頁）と要約する。

4）　武田直樹は当時筑波学院大学で専任講師を務める傍ら，NPO 法人フュージョン社会力創造パートナーズ理事長，茨城県内への避難者・支援者ネットワーク「ふうあいねっと」副代表として，茨城県内における震災・原発事故避難者の支援活動にいそしんでいた。

5）　サパティスタ民族解放軍（Ejército Zapatista de Liberación Nacional: EZLN）は，メキシコで最も貧しい州とされるチアパス州を中心として活動するゲリラ組織である。

6）　グアラニ族にとり，ものごとは「多」ではなく「一」であるとされ，「一」は「限りあるもの」の記号，境界性，有限性そして不完全性を象徴するものと考えられ，それは西欧の「同一性原理」に通じるところがあり，グアラニ族はそれを望んではいないと考えられている。

7）　A＝A で，A≠非 A とする論理。事物が時と場所，諸々の変化があったとしても，そのもの自身であり続けるという論理。

8）　クラストルは，自文化中心主義こそ，西欧文化を起点としそれ以外を差異としてひとくくりにしてしまう危険な考え方を生み出し，進化主義にもつながりかねないと考えていた。

9）　ノンフィクション作家，門田隆将が著したのが『死の淵を見た男　吉田昌郎と福島第一原発』角川書店（2016）で，のちに『Fukushima 50』（フクシマフィフティ）として2020年に映画化された。映画の専門家たちの評価はかなり厳しいものがあったが，事故のリアリティがある程度伝わっていると好意的にみる人たちもいる。

10）「いちえふ（＝1F)」とは福島第一原子力発電所の通称，現場の作業員や地元住民による呼称。

11)　東京電力ホールディングス株式会社「福島第一原子力発電所における作業員確保情報等について」労働者安全衛生対策部会【資料―2】2019年10月10日（https://www.pref.fukushima.lg.jp/uploaded/attachment/353596.pdf）

12)　生物学的市民権（biological citizenship）は，医学的市民権，生物市民権，健康市民権，治療的市民権ともいわれ，傷害や疾病そして遺伝的な問題に悩む人たちが，医療サービス，ケア，保険，補償などにアクセスを求める権利主張のことを指す。

13)　フランスの哲学者，ミシェル・フーコーは，近代の権力による人々の生への積極的な介入，管理や方向付けを「生-権力」と呼んだ（フーコー 1986）。

14)　2022年2月24日に始まったロシアによるウクライナ侵攻は，現在も続いている。チェルノブイリ原子力発電所，ザポロジエ原子力発電所などが武力攻撃を受け，ヨーロッパ最大級の原子力発電所が危機にさらされている。国際原子力機関（IAEA）は戦火の中，ザポロジエ原子力発電所に査察を行い，2022年9月9日に「状況は一段と不安定になっている」との声明を発表している。またもや，原子力発電所は事故を起こす可能性がでてきた。

15)　民間企業のことを指す。

16)　「フクシマ」とカタカナで表記することにより，東京電力福島第一原子力発電所事故以降の福島県，その地域，社会や人々を指す場合がある。国際的には第二次世界大戦中に原爆が投下されたヒロシマ，ナガサキに次いでフクシマも日本の地名の中で，放射線による被害を被った土地として認識されており，ペトリーナはそうした意味においてこのように呼んでいる。

17)　1980年代後半以降，リスク社会論が社会学者などを中心に盛んに議論されるようになるが，そのきっかけをつくったのがベックであるといわれる。ベックはさらにアンソニー・ギデンズ，スコット・ラッシュらとともに，近代を生きる個人や組織そして社会が，リスク社会を含め，近代化のプロセスを内面化していく現象を再帰的近代化と呼び理論を発展させた。

第6章
女性・女子とSDGs——世界の未来を背負う人々

大谷順子

〔キーワード〕 ジェンダー格差，ジェンダー・レンズ，シーセッション，レジリエンス（立ち直る力）

〔要旨〕 新型コロナウイルス感染症（COVID-19）は女性にとって単なる健康問題ではなく，ジェンダー格差に起因する問題の存在など女性を取り巻くさまざまな問題が再認識される機会になった。本章は新型コロナ禍（以下，コロナ禍）で露呈した問題についてジェンダー・レンズを通してみる重要性を確認し，次に女性とジェンダー格差に関する3つの問題について論じる。

まず家庭での育児や介護のケア提供負担が増したのが女性である。次に家庭内暴力（DV）などで居場所をなくした女性への性的搾取・虐待の問題である。そして女性の雇用環境の悪化と失業問題である。コロナ禍の経済不況は「シーセッション（女性不況）（She-Cession）」と表現される。結果，女性の貧困が深刻化すると子どもに影響を及ぼし次世代への貧困連鎖へと陥ってしまう。

ジェンダーの視点は持続可能な開発目標（SDGs）の目標すべてに含まれるべきものである。「誰一人取り残さない」理念と人間の安全保障を前提とすると，女性の社会的，経済的問題には包括的な対応が必要である。重要なアクターである女性の自立促進とレジリエンス（立ち直る力）強化の取組みを積み重ねることが未来につながる道程を創り出すのである。

はじめに：社会的弱者に寄り添うこと

中国の女性作家，方方は，独房状態のような自室で，当局の監視や批判もある中で記した『武漢日記』に，以下のように綴っている。

「一つの国家が文明的かどうかを計る尺度は，高層ビルが多いとか，車が速いとか，強大な武器や軍隊を持つとか，発達した科学技術，優れた芸術，派手な会議や光り輝く花火や，全世界を豪遊し，モノを買いあさる観光客が多いかどうかではない。尺度

はたった一つ。それは，その国の弱者に対する態度なのです」（2020年2月24日）

女性作家の方方が提示する，ある国の文明度を測る唯一の基準は，弱者に対して国がどういう態度を取るかだ，という基準は，「誰一人取り残さない[1)]」というSDGsの考えや，人間の安全保障の概念に通ずる。

「誰一人取り残さない」世界を目指すのであれば世界の人口の半分を占める女性，そして次世代を担う子どもは世界の未来を背負う大事な人口集団である。新型コロナ時代のSDGsについて論じるとき，女性とジェンダー格差に焦点をあてるということは「誰一人取り残さない」ために最も重要な人々を捉えることになる。もちろん女性のすべてが取り残された弱者というわけではなく，また男性や高齢者を後回しにするということでは決してないと念のため確認しておきたい。レジリエンスを備えた女性は，SDGsの重要なアクターとなる。

ポスト／ウィズ・コロナの女性とジェンダー格差の問題について考察するのであればジェンダーを意識した視点，つまりジェンダー・レンズを通して社会経済をみることは重要である。これまでの課題が，コロナ禍においては新たにもしくは改めて浮き彫りとなっている。ジェンダー・レンズを通すことで関係する普遍的な問題点が浮かび上がってみえることだろう。本章では，新型コロナ時代において女性とジェンダー格差に関連して再確認される，あるいは，新たにみえてきた特に重要な3つの課題について論じる。

まずはコロナ禍の対応で育児や介護への対応を余儀なくされたのは女性であり，無償労働としての家庭内でのケア負担が増大した。次にDVの増加や，居場所をなくした少女たちに対する性的搾取・虐待といった女性の身体的搾取の問題である。最後に，コロナ禍において女性，特に非正規雇用の女性の雇用状況が悪化し所得の減少や失業を招いた。コロナ禍の不況は女性不況「シーセッション」と表現される（後述を参照）。日本はジェンダー格差が大きいとされるため急ぎ対応が求められる。女性の社会的，経済的な問題には包括的な対応が必要であり，シーセッションの問題解決に貢献するためには自立促進とレジリエンス（立ち直る力）強化が必要となる。

1　ジェンダー・レンズを通してみるSDGs

本章のタイトルである「女性・女子とSDGs」を考えるにあたり，最初にSDGsにおける女性とジェンダー格差がどのように位置づけられているか確認する。SDGsの前身となるミレニアム開発目標（MDGs）では，目標3がジェンダーの平等の推進と女性の地位の向上とする中で，具体的なターゲットとしては，3.aすべての教育レベルにおける男女格差を解消する，と教育分野に限定されていた。本来，ジェンダーの視点はSDGsの目標すべてに含まれるべきものである。SDGs目標5ジェンダー平等を達成し，すべての女性と女子の自由や力を獲得（エンパワーメント）できるようにする，では，幅広く具体的なターゲットを挙げている（表6-1）。さらに，他の目標においても，SDGs目標3

表6-1　SDGs目標5ジェンダー平等を達成し，すべての女性および女子が，自由や力を獲得（エンパワーメント）できるようにする

ターゲット

5.1	あらゆる場所におけるすべての女性および女子に対するあらゆる形態の差別を撤廃する。
5.2	人身売買や性的，その他の種類の搾取など，すべての女性および女子に対する，公共・私的空間におけるあらゆる形態の暴力を排除する。
5.3	未成年者の結婚，早期結婚，強制結婚および女性器切除など，あらゆる有害な慣行を撤廃する。
5.4	公共のサービス，インフラおよび社会保障政策の提供，ならびに各国の状況に応じた世帯・家族内における責任分担を通じて，無報酬の育児・介護や家事労働を認識・評価する。
5.5	政治，経済，公共分野でのあらゆるレベルの意思決定において，完全かつ効果的な女性の参画および平等なリーダーシップの機会を確保する。
5.6	国際人口・開発会議（ICPD）の行動計画および北京行動綱領，ならびにこれらの検証会議の成果文書に従い，性と生殖に関する健康および権利への普遍的アクセスを確保する。
5.a	女性に対し，経済的資源に対する同等の権利，ならびに各国法に従い，オーナーシップおよび土地その他の財産，金融サービス，相続財産，天然資源に対するアクセスを与えるための改革に着手する。
5.b	女性の能力強化促進のため，ICTをはじめとする実現技術の活用を強化する。
5.c	ジェンダー平等の促進，ならびにすべての女性および女子のあらゆるレベルでの能力強化のための適正な政策および拘束力のある法規を導入・強化する。

出典：外務省　JAPAN SDGs Action Platform　https://www.mofa.go.jp/mofaj/gaiko/oda/sdgs/statitics/goal5.htmlより筆者作成

すべての人に健康と福祉を，では，ターゲット3.1妊産婦死亡率の削減，ターゲット3.2新生児死亡率の削減，ターゲット3.7家族計画性と生殖に関する保健サービスをすべての人々が利用できるようにSDGs目標5以外の目標にもジェンダー平等を含み，ターゲットに具体的に取り上げているところが多くある。たとえば，SDGs目標4質の高い教育をみんなに，では，男女の区別なくという文言が繰り返されている。SDGs目標8働きがいも経済成長もでは，ターゲット8.5男性および女性の，完全かつ生産的な雇用および働きがいのある人間らしい仕事，ターゲット8.8移住労働者，特に女性の移住労働者を定めている。さらに，SDGs目標10で人や国の不平等をなくそう，国内および国家間の格差を是正するでは，性別（ターゲット10.2）も挙げられている。また，SDGs目標11住み続けられる街づくりを，では，ターゲット11.2脆弱な立場にある人々，女性，子ども，障害者および高齢者のニーズに特に配慮した公共交通機関の拡大，ターゲット11.7女性，公共スペースへの普遍的アクセスと，女性に焦点をあてるように明確に促されている。

SDGsに対するCOVID-19の主な影響について，Filho et al.（2020）は図6-1のように図解している。COVID-19は，すべての目標に影響があるといえるであろうが，特に，目標1貧困削減，2飢餓撲滅，3健康福祉，4教育，5ジェンダー平等，8働きがいと経済成長，10不平等根絶，16平和と公正では直接的影響が顕著であるといえよう。目標5ジェンダー平等に限らず，他のそれぞれの目標について，ジェンダー・レンズを用いてみてみると，COVID-19は，SDGs目標1に対して，経済活動を低下させ，人々の所得が減少し，貧困を加速させる。そこで女性や子どもの貧困率がさらに高くなることを意味する。

SDGs目標2に対しては，食糧生産も影響を受け，食糧へのアクセスが減少する。多くの国の文化で，限られた食糧は，男子を優先して食べさせ，女子の食事が減らされる。SDGs目標3では，医療施設が過負荷となり，他の病気への対応が適切に行えなくなり悪化する。多くの国の文化で，男子が優先して医療を受けられる。さらには，ソーシャル・ディスタンシングが取られる中，人々の孤立によるメンタルヘルスの問題が増加していることが顕在化している。SDGs目標4については，学校の閉鎖する中，インターネット・アクセスのための環境に課題があり，学習へのアクセスが減少している。SDGs目標3と4に絡んで，COVID-19時代には，居場所をなくした女子たちへの性的搾

図６－１　SDGsに対するCOVID-19の主な影響

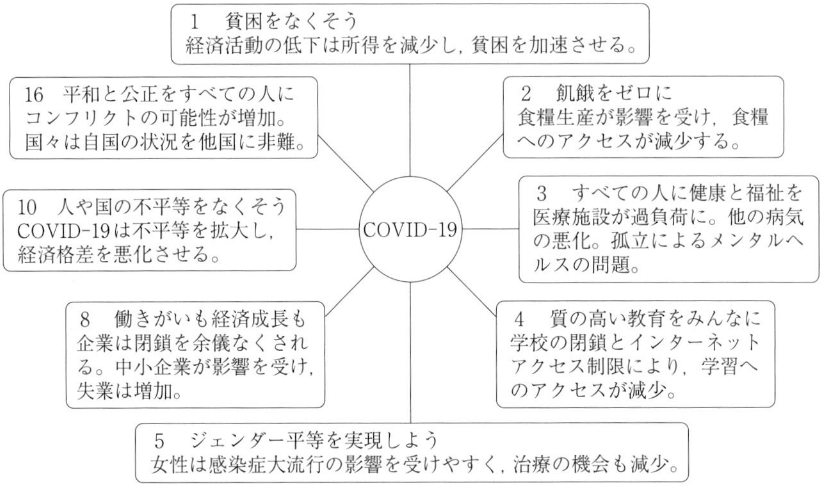

出典：Filho et al. 2020を基に筆者作成

取の問題が増えた。

SDGs目標５としては，女性はCOVID-19パンデミックの影響を受けやすく，一方で，コロナに限らない治療の機会一般が減少している。SDGs目標８としては，COVID-19による経済状況の急激な変化の影響を受け，多数の企業が廃業を余儀なくされた業種もある。特に資金的に不利な中小企業は強く影響を受け人員の削減を行ったため失業は増加した。この場合，まず先に解雇されるのは非正規雇用者であり，非正規雇用者には女性の割合が高い。SDGs目標10では，COVID-19は不平等を拡大し経済格差を悪化させる。SDGs目標16に対しては，国家間や地域間のコンフリクトの可能性が増加し，国々は自国の状況の問題を他国に原因があると非難するようになる。

SDGsが社会課題を論じ，人間の安全保障が個人に焦点をあて論じるとすれば，本書ではSDGsと人間の安全保障の２つを同時に論じるのは，それが相反することではなく，むしろ因果関係，循環，相乗効果をもたらすということである。SDGs目標５は，「５つのＰ[2)]」の中でも特に，「人間（People）」の柱の一つである。当然ながら人間（People）は他のすべてのＰとかかわっており，またその他のＰを支えるための基礎である。

2　日本におけるジェンダー格差

次にジェンダー格差について他国と比較した日本の状況を世界経済フォーラムのレポートより確認する。世界経済フォーラムは「ジェンダーギャップ・レポート」において各国の男女格差を測るジェンダー・ギャップ指数を発表している。世界経済フォーラムは年次総会の「ダボス会議」の名称で知られる国際機関である。ジェンダー・ギャップ指数は,「ジェンダー間の経済的参加度および機会（経済）」「教育達成度（教育）」「健康と生存（健康）」「政治的エンパ

表6－2　主要国のジェンダー・ギャップ指数（2022）

順位	国名	値	前年値	前年からの順位変動
1	アイスランド	0.908	0.892	—
2	フィンランド	0.860	0.861	—
3	ノルウェー	0.845	0.849	—
4	ニュージーランド	0.841	0.840	—
5	スウェーデン	0.822	0.823	—
10	ドイツ	0.801	0.796	↑1
15	フランス	0.791	0.784	↑1
22	英国	0.780	0.775	↑1
25	カナダ	0.772	0.772	↑1
27	米国	0.769	0.763	↑3
63	イタリア	0.720	0.721	—
79	タイ	0.709	0.710	—
83	ベトナム	0.705	0.701	↑4
92	インドネシア	0.697	0.688	↑9
99	韓国	0.689	0.687	↑3
102	中国	0.682	0.682	↑5
115	ブルキナファソ	0.659	0.651	↑9
116	日本	0.650	0.656	↑4
117	モルディブ	0.648	0.642	↑11

出典：『共同参画』令和4年8月号，Number 158，p. 11　https://www.gender.go.jp/public/kyodosankaku/2022/202208/202208_07.html

ワーメント（政治)」の４分野の指標よりランキング（表6-2）を算定している。2022年の日本の順位は146か国中116位と低位である。４分野のそれぞれは経済121位，教育１位，健康63位，政治139位であり，コロナ禍より以前から日本の順位はこの傾向にある。

日本のジェンダー・ギャップ指数の順位を下げる原因となっているのは「政治」「経済」分野である。「政治」のジェンダー・ギャップ指数については，女性の政界進出への遅れなど政治参加の評価が低い。女性の政界進出に対してアファーマティブ・アクション[3)]が必要かという議論がなされている。現状の女性がおかれている環境の厳しさを鑑みると女性に対する積極的な援助は優遇ではなく公平性を目指すものであるといえよう。SDGs目標５ジェンダーの平等が実現されている社会であるかどうかも，ポスト／ウィズ・コロナの時代にますます重要な指標となっている。政治を含めて女性が社会のいろいろなレベルで活躍できる社会の実現は，人間の安全保障における７つの分野[4)]のすべての取組みにも通じる。世界に目を向けると，ニュージーランドの第40代首相ジャシンダ・アーダーン（在任2017年10月から2023年１月）のように（詳細はコラムを参照）コロナ禍において女性の政治家がリーダーシップを発揮する国もあり，日本においても政治分野のジェンダー・ギャップの改善を進めることにより女性が政治分野でもリーダーシップを発揮できる環境整備が必要となろう。

「政治」と共に「経済」分野も，日本はジェンダー・ギャップ指数の順位が低い。管理職の女性割合が低く，また男女間の賃金格差が大きいことなどが要因である。この状況は長年にわたる日本の傾向であり，コロナ禍を原因とする順位ではない。

3　新型コロナ禍で露呈した女性の３つの課題

(1)　ケア提供者としての負担増大

ジェンダー・レンズを通してSDGsの理解を進めジェンダー格差について確認した上で，本節ではコロナ禍の日本において露呈した３つの問題について論じる。まずコロナ禍の対応で育児や介護のケア提供の負担が増した問題。次にDVの増加や，居場所をなくした少女たちに対する性的搾取・虐待の問題。最後に，女性の失業の問題である。

2020年春，COVID-19感染拡大の第1波の時期から明らかになったことは，コロナ禍の対応で女性の育児や介護の負担が増したことである。看護師，保育士などエッセンシャルワーカーとして女性の労働力が必要とされる場面が多くある中でも，家庭にとどまらざるをえなくなり役割を果たすことが困難となった。女性が多く従事するそのような職業においては，高い感染リスクを伴う労働環境であることも多い。UN Women（2020b）[5]によると，女性は世界の国々で保健医療分野における労働力の70%を占めており，これは日本でも同様である。医療従事者，特に看護師，助産師，地域の医療従事者には多くの女性が従事している。女性はまた保健施設で清掃，洗濯，仕出しなどを担う労働力の大半を占め，COVID-19に感染するリスクにさらされる可能性が高いことも指摘している。

コロナ禍では，日常の生活が女性の「無給の労働」の上に維持されているという事実が表面化した。そのため子どもの学校や保育園の閉鎖による育児や，家庭での介護などのケアワークが社会全体に与える影響について注意が払われるきっかけになった。学校が閉鎖されたことで子どもたちは学校に行くことができず在宅学習を余儀なくされた。インターネットを利用した在宅でのオンライン学習の態勢が徐々に整えられたとはいえ，子どものケアは女性が担うことになる。その結果，女性は働きに出ることができなくなった。また，コロナ禍での介護負担の影響を受けたのも女性である。コロナ禍の家庭での介護需要の増加は，子どもの学校の閉鎖と同様に女性に負担させることになり，労働におけるジェンダー格差をさらに深めた。

社会規範としての「男だから」「女だから」という男女の役割意識や思い込みの存在は，コロナ禍の女性に対してより大きな負担を強いることになった。家庭でのケアワーク負担が重くなると，女性が家庭においてテレワーク業務や在宅ワークを行うことさえ困難となる。仕事を通しての社会とのつながりを失った女性はストレスを抱えるようになった。この状況は育児と介護への対応を同時に行ういわゆる「ダブルケア」を担っている女性たちにとってはさらに深刻な問題である。

⑵　虐待・搾取

コロナ禍においてはDVの増加や，居場所をなくした少女たちに対する性的搾取・虐待の問題が表面化した。日本では女性の自殺も増加したことが報告された。先に紹介したKabeer et al.（2021）の研究では，DVは各国で頻度と深刻さが増していることも示している。これは「パーソナルな安全保障」，すなわち身体的暴力からの安全保障を脅かされていることを意味している。

Burzynska＆Contreras（2020）による*Lancet*誌掲載の論考では，コロナ禍の下で学校が休校になる影響について，ジェンダー視点で注意喚起をしている。十代の少女たちが休校により，性的搾取を受けるリスクが上がること，男子より女子のほうが学校を辞めてしまうことになる率が高い，ということも指摘している。これは途上国における現象であるだけでなく，後述するように，日本など先進国からも浮かび上がった課題である。日本でも，コロナ第1波の2020年春では，居場所のない少女たちの間で，十代の妊娠の増加が問題となった。

日本でも，『令和3年版男女共同参画白書』（2021年）が，コロナ禍で在宅時間が増えたためDVの被害も深刻になったと報告している。同白書によると，全国の配偶者暴力相談支援センターとインターネットの相談窓口に寄せられた相談件数をあわせると2020年度は前年度より1.6倍多い19万件に上るなど，DVが増加した。また，性犯罪と性的暴力関連の被害に関する相談件数は，同じ期間に1.2倍増加し，5万1141件となった。「パーソナルな安全保障」の脅威となっている。さらに，2020年の自殺者数は，男性は前年と比べ減少したものの，女性は935人増えた。内訳をみると，「無職者」が648人増え，中でも「主婦」が261人で，最も増加している。同白書では「コロナ禍で経済問題や育児の悩みなど自殺の要因になりかねない問題が深刻化したため女性の自殺増加に影響を与えた可能性がある」と明記している。

パンデミックにより，世界中の国々で女性と女子が医療保健サービスを受けることがより困難になっており健康が搾取されていることが報告された。人間の安全保障には経済，食糧，健康，環境，パーソナル，コミュニティ，政治的安全保障という7つの分野が存在しており，これは7分野のうちの「健康の安全保障」への脅威である。民族性，社会経済的地位，障害，年齢，人種，地理的位置，性的指向などの複数または興味深い不平等によって複雑化しており，重要な医療保健サービスやCOVID-19に関する情報へのアクセスと意思決定に影響を与えている。女性と女子は特有な健康・保健ニーズがあるが，特に農村部や疎外された地域では，質の高い医療サービス，必須医薬品やワクチン，女性の生殖医療サービスへのアクセスがコロナ禍で困難になっている。この困難な状況が新たな日常（ニューノーマル）として許容されてしまうことは大きな問題である。また制限的な社会規範やジェンダーの固定観念が根強く残る場合は女性の医療保健サービスへのアクセスを制限する一因となり，結果として女性の健康リスクに影響を与えている。

⑶　所得の減少と失業

コロナ禍において女性の雇用状況は悪化した。雇用調整に利用されやすい非正規雇用，かつコロナ禍の影響を強く受ける対人サービス業に従事する割合が高いのが女性である。これはSDGs目標５のみでなく，SDGs目標８と重なる部分である。

COVID-19パンデミックへの対応という自然実験へ投げ込まれた人類であるが，パンデミックは，人々の生命と健康に打撃を与えたのみならず，市場と生計を混乱させ，家庭に深刻な反響を引き起こした。COVID-19症例に関する性別データを報告した112か国のデータを分析した研究（Kabeer et al. 2021）では，男性は女性よりも全体的に高い感染率を示し，さらに高い死亡率を示した。しかし，封鎖命令の影響を最も受けたセクター[6)]の就労者を性別で見ると女性の割合が比較的高く，多くの国で男性よりも女性の雇用の大幅な減少につながっている。また，ロックダウン（外出禁止令）は先に述べたように無給のケアの仕事量を増やし，そのため多くの女性は収入が減少する，もしくは失業することになった。これらは，1994年人間開発報告書で論じられた人間の安全保障の７つの分野のうちの「経済の安全保障」に関する問題である。

また，COVID-19パンデミックがもたらしたジェンダー格差に依拠する女性の失業についての証拠も挙げられ始めている。Dang & Nguen（2020）は，さまざまな地理的位置およびさまざまな所得レベルの国を対象とした６か国（中国，イタリア，日本，韓国，英国，アメリカ）の調査からのデータを使用して，これらの結果におけるジェンダーの不平等に対するCOVID-19の影響を調査した。調査結果は，COVID-19の発症のために女性が男性よりも永久に職を失う可能性が24％高いことを示唆している。女性の労働所得は男性のそれよりも50％減少すると予想している。これらの懸念のために，女性は現在の消費を減らし，貯蓄を増やす傾向がある。男性と女性それぞれの各産業への参加率の違いはジェンダー格差の要因といえる。

日本に目を向けると女性の失業問題について『令和3年版男女共同参画白書』（2021年）において，COVID-19の感染拡大で，女性の非正規労働者や母子世帯など弱い立場にある人が影響を受け「男女共同参画の遅れが露呈した」と指摘している。COVID-19の感染拡大により，日本のサービス業を中心とした女性非正規労働者の失業率がさらに増加し，女性の育児や家事の負担が大幅に増加している。同白書は女性（She：シー）と不況（Recession：リセッション）をあわせた「女性不況」つまり「Shesession: シーセッション」呼ばれる雇用悪化が進んでいると訴えた。2008年のリーマンショックでは男性の従事者が多い製造業への影響が大きく「男性不況」と呼ばれた。リーマンショックの不況と対比させることでシーセッションと呼ばれている。

2020年4月に日本で非常事態が発表された際，失業者の多くは，宿泊施設，レストラン，生活・娯楽などのサービス業に従事する非正規の従業員であった。男女共同参画白書で発表されている統計によると，女性の非正規労働者は2020年3月以降，13か月連続で減少した。これは，非正規労働者が正規雇用に移行できたのではなく，コロナ禍では非正規雇用者から先に解雇，雇止めをされたためである。総務省「労働力調査」を参照すると女性の非正規雇用者数が2020年2月の時点で，1487万人であったのが2021年2月には，89万人が減少し，1398万人となっている[7)]。女性の就業率が高い飲食サービス業などがコロナ禍の影響を受け，特に非正規雇用者の解雇・雇止めが増えた結果である。これらの数字が示すように日本でも同様にCOVID-19は「経済の安全保障」を脅かしている。

まとめと展望：女性は社会的弱者なのか，優れた社会貢献者なのか

本章ではジェンダー・レンズを通してSDGsについての理解を深めたのちにジェンダー格差について確認し，その上でコロナ禍における女性の問題について，家庭におけるケア提供，虐待や搾取，失業の3つについて論じた。

医療や社会福祉の現場では，多くの女性が働いているため，COVID-19の

影響下では感染するリスクが高まる。また多くの女性は非正規雇用であり不安定な立場にある。また，外出が禁止されることで収入を確保する手段が限定される。さらに，緊急事態下では，ジェンダーに基づく暴力が増加する。家庭が緊張状態におかれると，DVや性的搾取が増える傾向にある。また，医療機関の受け入れ態勢が限界を超えるとき，多くの国や地域で，女性や女子は後回しにされがちである。たとえば，産前・産後医療やリプロダクティブ・ヘルス[8)]の優先度が下がり，必要不可欠な物資・財源が他に割かれてしまう。このように3つの問題は女性にとって個別ではなく関連している。これらの女性を取り巻く環境の悪化を原因として女性の貧困が進むと，子ども世代への貧困の連鎖が発生してしまう。経済的な悪条件の下では女性は出産を選択せず少子化が進むことにもつながる。

これらの問題はコロナ禍により社会の表層に現れ出たものではあるが，コロナ禍よりも以前から根深く日本の社会に存在する問題でもある。COVID-19は格差のあるところに強く影響を与え，その結果として格差や不平等の問題を社会の表面に浮かび上がらせたといえよう。しかし女性は弱者として強調されるだけではなく，COVID-19への対策において，多くの最前線で大きな役割を果たしている。コロナ禍また震災などの自然災害の現場においても緊急事態が起きたとき，女性はしばしばコミュニティリーダーとして最前線で活動してきたことが報告されることも忘れてはならない。

日本政府内閣府男女共同参画局は，2020年9月にCOVID-19下の女性への影響と課題に関する第1回の研究会が開催され，『コロナ下の女性への影響と課題に関する研究会報告書　～誰一人取り残さないポストコロナの社会へ～』[9)]（令和3（2021）年4月）を取りまとめた。女性に対する暴力，経済，健康，家事・育児・介護（無償ケア）のそれぞれにおいて課題を挙げている。本論で着目した3つの問題はここにも含まれており，コロナ禍が露呈させた女性とジェンダー格差の問題についての改善策がさまざまに議論されていることを示している。テレワークの導入・定着に向けた取組み，労災保険の特別加入の拡大など，子育て支援として，ひとり親家庭への情報提供，母子健康手帳の記載内容の充実，不妊治療などへの理解促進，さらに，デジタル広報・ナビゲーションの強化として，スマホ・アプリを通じた広報強化などがある。

SDGsそして人間の安全保障の7つの分野における経済，食糧，健康，環境，パーソナル，コミュニティ，政治のそれぞれで「誰一人取り残さない」こと，それらはすべての女性が対象となる。大事なこととして，女性は，危機下における意思決定と対応のあり方において，ジェンダー格差のない平等な発言力をもたなければならないことである。女性の発言力向上の支えとなるであろう大きな要因の一つは経済的な自立である。無償でのケア提供，搾取・虐待，失業の3つの問題の根幹には経済的な自立が確立されていないという問題がある。ジェンダー・ギャップ指数で説明したように日本の順位が低いのは政治，経済の項目であり，日本における女性やジェンダー格差の解決に必要な要因と重なっている。またシーセッションは日本に特有ではなく世界共通の現象ではあるが，日本の社会経済がシーセッションを経験したことで露わになった問題は，日本のジェンダー・ギャップ指数の順位の低さの原因と同じといえる。そのため日本でのシーセッションへの施策をとることは，コロナ禍が通り過ぎるのを短期的に乗り越えるためだけではなく，女性とジェンダー格差の問題が緩和された長期的なポスト／ウィズ・コロナ時代を展望する助けとなろう。

シーセッションへの対応も念頭においた政府や自治体レベルでの政策的な取組み，また民間組織である企業やNGOなどによる女性の就労支援やアントレプレナーとしての起業支援はすでに数多く行われている。女性が雇用や収入の確保することで自立し，かつコロナ禍のような悪環境下においてもレジリエンス（立ち直る力）を高めることが必要とされており，コロナ禍での成功事例を積み重ねることが重要である。その積み重ねにより女性の手により未来につながる道程を創り出すのである。

【コラム】　新型コロナ禍における女性首脳のリーダーシップ

女性や女子が，社会的弱者であるだけでなく，COVID-19対応のために現場で介護提供者として，またさまざまな職能をもち，職場，家庭，地域社会で働き貢献してきたことを確認する。さらに，女性首脳という限られたカテゴリーの，しかし注目を浴びた女性についても論じる。

本章で紹介したKabeer et al.（2021）の研究は，女性指導者による危機への政策対応戦略が，男性主導の国の結果と比較して，より貢献していることも示している。これは人間の安全保障7つの分野のうちの一つ「政治的安全保障」がもう一つの分野である「健康の安全保障」に働く例といえよう。

女性がリーダーシップを取る国がCOVID-19感染拡大の抑え込みに貢献したという議論が報じられる中，特に注目されたのはニュージーランドのジャシンダ・アーダーン首相（女性としては歴代3人目）である。2017年10月首相に就任し，翌6月に出産，2019年3月のクライストチャーチモスク銃乱射事件でも共感と思いやりに溢れたリーダーシップで注目を浴びた人物である。彼女は，2020年3月の感染拡大を予防するための行動制限措置を取るにあたっても，国民と同じ目線のメッセージを日々発することで国民の支持を得た。ドイツのアンゲラ・メルケル首相は「本当にすべての市民の皆さんが，ご自身の課題と捉えてくだされば，この課題は必ずや克服できると私は固く信じています」と犠牲を伴う協力を呼びかけ，支持と共感を得た。ノルウェーのアーナ・ソールバルグ首相は子どもだけの記者会見を開き，「怖がらなくてもいい」，と同じ目線で話し，親には「完璧な親になろうとしなくてもいい」と話した。他にも，フィンランド（サンナ・マリン首相）やスウェーデン（マグダレナ・アンデション首相），また台湾（蔡英文総統）といった女性が首脳を務める国々がCOVID-19第1波の感染拡大抑え込みに成功した。

女性の指導者が男性とは異なる有益なリーダーシップ・スタイルをもっている可能性については，長年の研究によって示されてきた。非常に多くの政治組織や企業が，リーダー職や成功を求める女性に対し，男性的な振る舞いを要求している。ここで，女性の指導者がCOVID-19パンデミックをうまく制圧・管理しているという論調は，主に政治的なダブルバインドの考えに基づいている（Windsor et al. 2020）。女性のリーダーは，ステレオタイプ的に男性的であること（つまり「リーダーのように振る舞う」）と女性的であること（つまり「女性のように振る舞う」）の両方でなければならない。

実際の死亡率のデータでは，男性が主導する国と女性が主導する国のそれぞれから報告されたCOVID-19による死亡率の間に統計的有意差はない。むしろ，高齢者の割合が高い国から死亡数が多く報告されている。そもそも，女性が首脳を務める国の数が圧倒的に少なく統計的な比較ができないとの指摘もできる。政治的ダブルバインドの理論は，ニュージーランド，アイスランド，ドイツ，台湾の女性リーダーが，コロナ禍で男性と女性の両方のリーダーシップ特性を展開することに優れているため，そのリーダーシップについて広く賞賛されていると説明できるが，さらにジェンダーの視点をもって考察すると，女性が首脳であることそのものというよりも，女性リーダーを生み出す社会文化的土壌があるのではないかと考えることができるだろう。

ジェンダー以外の共通要因としては比較的中小規模の国，島国で国境を封鎖しやすい国々であるという地理的条件も考えられる。そもそも，西洋のメディアが女性の首相だから，と書きたがる傾向にあるとの指摘もあるだろう。また，死亡者数・率だけが，成功の目安ではないという指摘もできるだろう。それでもなお女性が首脳の国々は，SDGsの誰一人取り残さない理念や人間の安全保障への取組みが重視されている国として注目を集めた事例となったのである。

〈参考文献・資料〉
(日本語文献)
方方（飯塚容・渡辺新一訳），2020，『武漢日記――封鎖下60日の魂の記録』河出書房新社。
(外国語文献)
Burzynska, Katarzyna & Contreras, Gabriela, 2020, "Gendered effects of school closures during the COVID-19 pandemic", *The Lancet,* 395(10242): 1968. https://doi.org/10.1016/S0140-6736(20)31377-5
Dang, Hai-Anh H. & Nguyen, Cuong Viet, 2020, Gender inequality during the COVID-19 pandemic: Income, expenditure, savings, and job loss, *World Development,* 140: 105296. https://doi.org/10.1016/j.worlddev.2020.105296.
Filho, W. L., Brandli, L. L., Salvia, A. L., Rayman-Bacchus, L., & Platje. J., 2020, "COVID-19 and the UN Sustainable Development Goals: Threat to Solidarity or an Opportunity?" *Sustainability,* 12(13): 5343. https://doi.org/10.3390/su12135343
Kabeer, Nalia., Razavi, Shahra & Rodgers, Yana van der Meulen, 2021, "Feminist Economic Perspectives on the COVID-19 Pandemic", *Feminist Economics,* 27: 1-2, 1-29, DOI: 10.1080/13545701.2021.1876906
Windsor, L. C., Yannitell Reinhardt, G., Windsor, A. J., Ostergard, R., Allen, S., Burns, C. et al., 2020, "Gender in the time of COVID-19: Evaluating national leadership and COVID-19 fatalities", *Plos ONE* 15(12): 30244531. https://doi.org/10.1371/journal.pone.0244531
(ウェブサイト)
内閣府男女共同参画局「コロナ下の女性への影響と課題に関する研究会報告書　～誰一人取り残さないポストコロナの社会へ～」(2021年4月) https://www.gender.go.jp/kaigi/kento/covid-19/index.html (2022年9月19日閲覧)
内閣府男女共同参画局「男女共同参画白書　令和3年版」(2021年7月) https://www.gender.go.jp/public/kyodosankaku/2021/202107/202107_03.html (2022年9月19日閲覧)
UN-WOMEN. The COVID-19 Outbreak and Gender: Key Advocacy Points from Asia and the Pacific. https://www.unwomen.org/ (2021年8月5日閲覧)

注

1）SDGsの原文では「誰一人取り残されない」と書かれているが，本書では，「誰一人取り残さない」で統一する。

2）「5つのP」とは，People（人間），Prosperity（繁栄），Planet（地球），Peace（平和），Partnership（パートナーシップ）を指す。

3）アファーマティブアクション（affirmative action）とは，「積極的格差是正措置」とも訳され，社会的弱者に対する差別を救済する取組みのことで，ポジティブアクション（Positive Action）「肯定的措置」ともいう。社会的・構造的な差別によって不利益を被っている者に対し，一定の範囲で特別の機会を提供することにより，実質的な機会均等を実現することを目的とする措置のことをいい，性別や人種などにおける弱者（マイノリティ）に対する差別を，歴史的経緯や社会環境を鑑みた上で救済していこうとする取組みを示すものとして使われる。

アファーマティブアクションは，1965年にアメリカのジョンソン大統領が大統領執行命令の中で，職業における積極的な差別是正措置を求めたことが起源とされる。歴史的に差別を受けてきたマイノリティの代表例としては，有色人種，少数民族，女性，障害者などが挙げられる。誰一人取り残さない社会の実現を目指しているともいえる。一方で，「逆差別」になるとの批判もある。

一方，日本においては，この「アファーマティブアクション」という言葉は特に，女性労働者に対する改善措置を示す言葉として使われることもあり，内閣府男女共同参画局「男女共同参画基本計画」も策定されている。日本における女性の社会進出は他の先進諸国と比べて低い水準であり，女性の参画を進めるためのアファーマティブアクションとして取組みが始められた計画である。また男女雇用機会均等法（雇用の分野における男女の均等な機会及び待遇の確保等に関する法律）では，男女の違いによる差別的な募集，採用，昇給，昇進，解雇などをなくし，女性が不当な扱いを受けることなく出産・育児をしながら仕事ができる環境の整備を進めることなどが求められている。

4）人間の安全保障の7つの分野とは，『人間開発報告書1994年』で示された7つの分野とは，経済の安全保障，食糧の安全保障，健康の安全保障，環境の安全保障，パーソナルな安全保障（治安），コミュニティの安全保障，政治的安全保障を指す（大谷順子「人間の安全保障と自然災害」『大阪大学大学院人間科学研究科紀要』39号，2013年，pp. 89-106）。https://doi.org/10.18910/24769

5）UN Women は，COVID-19 と女性について，以下のように警告している。

COVID-19 パンデミックは単なる健康問題ではない。それは私たちの社会や経済にとって深刻なショックである。そこで，女性は家庭や地域社会でのケア提供者として，また，COVID-19 対応の取組みの中心にあり，最前線の対応者，医療専門家，地域のボランティア，輸送およびロジスティクスの管理者，科学者などとして，日々，アウトブレイクに対処するために重要な貢献をしている。対応現場での感染のリスクが高くなり，生計手段を失う結果にもなる。コロナ禍での DV の増加が示されているにもかかわらず，リプロダクティブ・ヘルスへのアクセスも困難となっている。

UN Women, 2020a, The COVID-19 Outbreak and Gender: Key Advocacy Points from Asia and the Pacific, Gender in Humanitarian Action Working Group（GiHA WG） https://asiapacific.unwomen.org/en/digital-library/publications/2020/03/the-covid-19-outbreak-and-gender.（2022年8月18日閲覧）

UN Women, 2020b, COVID-19 and its economic toll on women: The story behind the numbers, 16 September 2020. https://www.unwomen.org/en/news/stories/2020/9/feature-covid-19-economic-impacts-on-women （2022年8月18日閲覧）

6）Kabeer et al.（2021）の研究では，封鎖命令の影響を最も受けたセクターとして，小売業，食料品・レストラン業，そして，ホスピタリティ産業を挙げている。ホスピタリティ産業とは，観光・旅行，ホテル，レストラン，ウェディングなどの接客サービス業を指す。ちなみに，ニュージーランドなどでは，語学留学受入れホームスティのホストファミリー業も指す。

7）東京新聞，2021年3月31日，「女性の非正規労働者89万人減　2月の労働力調査，前年比宣言解除されても雇用危うく」 https://www.tokyo-np.co.jp/article/94812

8）リプロダクティブ・ヘルスとは，「性と生殖に関する健康」と訳され，性や子どもを産むことにかかわるすべてにおいて，身体的にも精神的にも社会的にも本人の意思が尊重され，自分らしく生きられることである。リプロダクティブ・ライツは，自分の身体に関することを自分自身で決められる権利のことである。

開発分野において，貧困削減や食糧危機を人口爆発の問題から論じる中で，結果としての人口の数ではなく，子どもを産む一人ひとりの女性に焦点をあてたパラダイムシフトである。

1994年にカイロで開催された国際人口開発会議（ICPD）では，具体的に次の4つの権利を基本にした「リプロダクティブ・ヘルス / ライツ」の概念が初めて公式に提唱された。その4つの権利とは，以下である。

①女性自らが妊孕性（にんようせい；妊娠する能力）を調節できること。

②すべての女性において安全な妊娠と出産が享受できること。

③すべての新生児が健全な小児期を享受できること。

④性感染症の恐れなしに性的関係がもてること。

9）　本報告書では，「コロナ下」の「か」は「下」が用いられている。

第7章
高齢者とSDGs――高齢社会の可能性

稲葉美由紀／西垣千春

〔キーワード〕 グローバル・エイジング，エイジズム，高齢期，多様性，健康寿命，ウェルビーイング

〔要旨〕 超高齢社会の日本では「人生100年時代」をどう働き，豊かで幸せ（well-being）に生きるか。これは老後が長くなることを前提とし，新しい視点から人生設計を見直す必要がある。老いること（エイジング）は自然なことで，老いない人はいない。しかし現実には，どの国や家庭に生まれたかによって，寿命，年金，医療や介護，社会サービスなどの社会保障制度や高齢期の生活の質（Quality of Life: QOL）とウェルビーイングが大きく異なる。地球規模での高齢化の課題について，個人，家族，地域，日本社会と持続可能な開発目標（SDGs）とを関連づけて考えることも重要である。近年の新型コロナ禍（以下，コロナ禍）はこれまで高齢者が抱えていたさまざまな課題を浮き彫りに，そして深刻化させているといえる。SDGsの目標の中で「高齢者」は，目標2（飢餓をゼロに）と目標11（住み続けられるまちづくりを）にみられる。高齢者は脆弱な人々に含まれているものの，高齢化対応を示唆するような目標は言及されているとはいえない。待ったなしの高齢化がもたらす多種多様な課題にいかに取り組むのか。どのようなつながりやコミュニティづくりが必要なのか。誰一人取り残さない社会を築く上で高齢者の課題解決はきわめて重要である。それには人間の安全保障の生活・尊厳のある生き方が保障されなければならない。同時に高齢者は重要なアクターでもある。人は誰しも老い，老いは我が事（自分ごと）なのである。

はじめに：誰にでも訪れる「老い」とどう向き合っていくのか

世界保健機関（WHO）の2019年『世界保健統計』によると高所得国の平均寿命は80.8歳に達した一方，低所得国は5歳未満の子どもの死亡率が減少し

5.5歳延びても62.7歳にとどまり，約18年の差がある。これは国の豊かさによる格差が顕著に現れたものだといえよう。ちなみに，日本は2007年に高齢化率が21％を超え「超高齢社会」（国連の定義）に突入し，2021年には29.1％，2065年には38.4％に達すると推測されている（内閣府 2022：3）。高齢化の速度をみると，韓国，シンガポール，中国，タイなどのアジア諸国は日本よりも速いスピードで進んでいる。インドも人口増加，経済と医療の発展により高齢化は確実に進むであろうし，いずれアフリカや南米にも高齢化の時代が到来するだろう。高齢化の速度は国や地域により格差がみられるものの，高齢化がもたらす経済的・社会的な課題（社会保障，医療・介護，就労，貧困など）には先進諸国と途上国が共通するものも少なくない。近年のコロナ禍で外出の自粛が続く中，高齢者の社会的孤立・孤独や健康（運動不足，認知機能の低下など），日常の買い物などの問題に深刻な影響を与えており，健康な状態と要介護状態の中間の段階にあるコロナフレイルが増加している。高齢者の社会的孤立は，人間の安全保障の観点からも喫緊の課題の一つだといえる。

では，どうすればいいのか。高齢者を取り残さないためには，高齢者の尊厳と権利を確保，強化しつつ，高齢者のもつ能力を最大限に伸ばせるようなエンパワーメントが重要である。誰もが自分らしく生きることができ，やりがいのある仕事や地域活動に参加して多世代とつながり，そして学び合うことができれば人と人とのつながりを生み出す。新たなコミュニティづくりはSDGs実現に向けての大きな課題であるといえよう。高齢化を問題としてではなく新たな社会を構築する可能性として捉え，高齢者の経験や知恵に着目するストレングス（強み）モデルへのパラダイム・シフトが求められる。それには高齢者の量的・質的変容，多様なニーズに対応できるような政策，制度，社会サービスと同時に，高齢者を含めた多様なアクターが連携し，誰もが包摂され新しい発想やイノベーション，クリエイティブな取組みをスタートすることが今，必要である。たとえば，高齢者，エンジニア，デザイナーなどが集まり，お互いに学び合い協力して，年齢に考慮したおしゃれな使いやすいデザインで高齢者のテクノロジーへの障壁を克服し，高齢者のQOLを向上させる解決策を生み出すことが一層重要になってくるだろう。繰り返しになるが，誰もが老いる，老いは我が事（自分ごと）として将来を見据え，社会全体で取り組むことが重要である。

本章では，最初に21世紀の優先課題である世界の高齢化の現状と課題を概観し，次に高齢者とエイジズムおよびケアについて考察を加え，SDGsの目標の中でも特に高齢化社会の課題と関連する目標を取り上げる。また，超高齢社会の日本において，社会の変化がどのように生活環境に影響を及ぼし，年齢を重ねる上で何に留意しなければならないのかについて，新型コロナウイルス感染症（COVID-19）拡大の影響を検証しながら考えていきたい。

1　21世紀の人口高齢化

(1)　世界の高齢化が加速している現実

国連によると65歳以上の人口が2020年に7億（9.3%）を超え，2050年にはその約2倍（16.0%）の16億人となり，6人に1人，60歳以上でみると5人に1人が高齢者になると推測されている。この高齢者人口の約8割は開発途上国で暮らすと見込んでいる（UNFPA ほか 2012：1-2)。高齢化は先進国だけではなく開発途上国も対象となり，どの国もこれまでに経験したことのない長寿社会を迎えようとしている。高齢化が進行するとともに，2050年までに高齢者人口は15歳未満の人口を越えるとも推測されており，高齢化に伴う寿命の伸びや高齢者の社会参加を歓迎する一方で，国連は各国政府に向けて，年金制度，医療，介護，社会サービス，生活環境の整備なども含めた具体的な対応の重要性を指摘している。先進諸国においては既存の高齢者政策や制度を強化すること，これから高齢化を迎える開発途上国では高齢者施策がない国や十分に整備されていない国が多い。そのため増加する高齢者のニーズに対応する上で基本的権利や人権を擁護し，所得保障や介護サービスなどの対策整備が急務といえる（UN 2023：7-10)。寿命ではなく健康寿命を延ばす取組みも重要である。大切なことは，高齢者の捉え方を社会サービスなどの「対象者」「受ける側」から社会の積極的な「参加者」「支える側」への転換である。老いをポジティブ・前向きに捉えるパラダイム・シフトが私たち一人ひとりに求められる。

また，高齢化の進展に伴い認知症患者の割合が増えている。WHO（2012：13）は，認知症は公衆衛生上の優先課題であるとし，高齢者に限らずその家族の生活や社会にも大きな変化を及ぼすと警告している。2010年時点で認知症有病者数は世界全体で3560万人と推定され，この数は20年ごとにほぼ倍増し，

2030年に約2倍，2050年には約3倍の1億1540万人に達すると予測されている。世界では毎年770万人近く（4秒に1人）が新たに認知症と認定されている。その多くは途上国で暮らしており，無報酬の家族介護の担い手は主に女性である。日本においても同様の傾向がみられる。介護の問題一つを解決するためにも，目標5（ジェンダー平等），目標1（貧困の撲滅），目標3（すべての人に健康と福祉を），目標8（働きがいも経済成長も），目標10（人や国の不平等をなくそう），目標17（パートナーシップ）など多数の目標を連携させ包括的に取り組まなければならない。政府の「SDGs未来都市」や「自治体SDGsモデル事業」をみても，高齢者や認知症にやさしいまちづくり，ウェルビーイングの向上や新たなつながりの創出に関する事例は少なくない。世界の最先端を走る日本の高齢化がどこへ向かうのか，その対策や取組みは世界から注目されている。

(2)　高齢化に関する国際機関の動向

1982年に国連は第1回高齢者問題世界会議（ウィーン）を開催しており，この時点では先進諸国の高齢化や高齢者の生活や権利の保障が議論の俎上に載せられた。1991年に国連は高齢者のための5原則として，自立，参加，ケア，自己実現，尊厳を挙げ，毎年10月1日を「国際高齢者デー」，1999年を「国際高齢者年」と定め5原則への取組みが強化された。その20年後，2002年に開発途上国の高齢者の増加が顕著となったこともあり第2回高齢問題世界会議（マドリッド）が開催され，高齢者を主流におくこと，健康と安定した生活状態を高齢期まで維持すること，能力を発揮できる環境を確保することを「マドリッド国際行動計画」として採択し，政府は高齢者政策，制度，取組みを推進することが求められた。SDGsにおいては，健康と福祉（目標3）の推進，高齢者の所得格差（目標8），格差（目標10）の是正に取り組むことが肝要である。特に途上国の農村部で暮らす貧しい高齢者への支援は不可欠であり，その中でも女性高齢者は，年齢・人種差別・偏見を受けやすい立場におかれている。家庭内の無償労働（育児・介護）は「貧困の女性化」とも深く関連しており，ジェンダーの視点から改善策を検討する必要がある。高齢で貧困かつ障害をもつ女性は，ジェンダーとあわせて四重の差別を受ける可能性が高くなり特に脆弱な立場におかれている。こうした格差や不平等の構図はコロナ禍で浮き彫りになり，一層の対応を迫られることとなった。

2007年にWHOは世界の高齢化と都市化に対応するために「高齢者にやさしいまち」を提唱し，エイジフレンドリーシティのグローバルネットワークを立ち上げ，2020年に国連は2021～2030年を「健康な高齢化の10年（The Decade of Healthy Ageing)」と定め，高齢化に対する私たちの考え方を変え，高齢者が地域社会に参加し，貢献する能力を促進し，個人のニーズに対応する相当ケアとプライマリヘルスサービスを提供し，それらを必要とする高齢者に長期にわたって利用できるよう提供することを目指している（WHO 章末ウェブサイト)。

SDGsの基本理念である「誰一人取り残さない」は基本的人権の尊重と尊厳を重視していることからも，高齢者の人権保護や差別に終止符を打つ法律が早急に必要である。国連は2010年にようやく高齢化に関するワーキンググループを設置し，2013年には高齢者によるすべての人権の享受に関する独立専門官を配置した。これにより高齢化における人権保障アプローチが強化されてきた。その一方，1983年に設立した国際的な非政府組織（NGO）ヘルプエイジ・インターナショナルはいち早く世界の高齢者の生活環境を調査し，権利，災害リスク，社会的保護，貧困，仕事，暴力や虐待からの保護などより良い公平な社会に向けた政策提言などを行っている。しかし実際には，高齢者に対する権利の侵害，虐待，多様な差別は増加している。1948年の世界人権宣言にはエイジズム（後述）の禁止は示されておらず，「女性差別撤廃条約」(1979年)，「子どもの権利条約」(1989年)，「障害者権利条約」(2006年）などのような高齢者に固有の人権条約を制定することが早急に求められている。

2　エイジズムと高齢者介護

(1)　エイジズム：「もう歳だから」を終わらせよう

エイジズム（Ageism, Agism）という用語は，日本では馴染みの薄い言葉ではないだろうか。特に高齢者分野ではエイジズムは大変重要な概念であり，1969年にロバート・ニール・バトラーが提唱した年齢によるステレオタイプ(認知)，偏見（感情)，差別（行動）のことを意味する「年齢差別」のことである（Butler 1995：38-39)。老年学者エルドマン・パルモアは，エイジズムを「ある年齢集団に対する否定的もしくは肯定的偏見または差別である」(1999：21-24）と定義しており，レイシズム（人種差別）とセクシズム（性差別）に続く

図７‐１　エイジズムが高齢者に与える影響

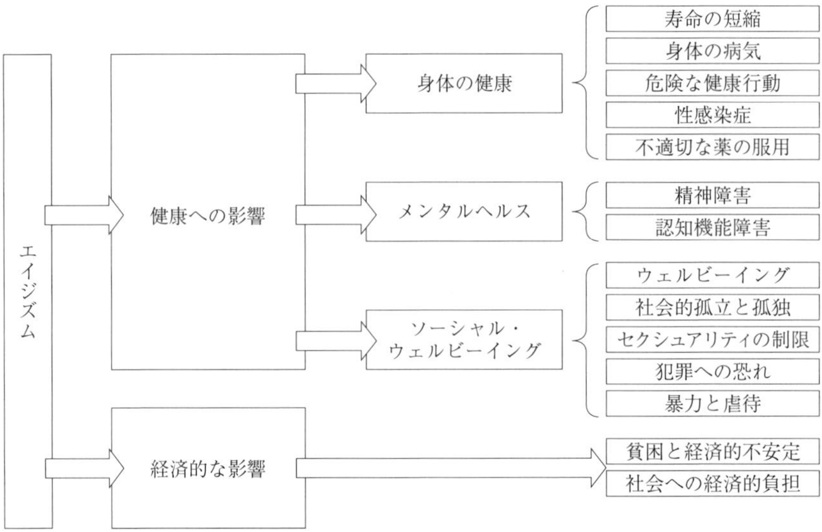

出典：WHO 2021：49（英語版より筆者作成）

深刻な差別であると主張している。確かに高齢者の割引，無償化などの肯定的なエイジズムは存在するが，多くは「高齢者神話[1)]」に代表されるように否定的な側面が強調されている。しかし，エイジズムは高齢者だけに限らず若者や中年層などにも適応されており，誰もが年齢に見合った言動を要求され，不自由な人生を強いられていることも切実な問題だといえる。

エイジズムによる問題は「無意識な偏見や権利の侵害」であり，これにより生きづらい老後を過ごさなければならない。エイジズムが高齢者に与える影響は，①健康：身体，メンタル，ソーシャル・ウェルビーイング，②経済：貧困と生活困窮および社会への負担など高齢期のQOLに大きな影響を与える（WHO 2021：49)。何歳であろうと，どんな性で，どこで生まれても，誰もが互いに個性を尊重し合い暮らせる社会の実現が求められる。

エイジズムを軽減するには，「政策と法律」「教育活動」「世代間の介入」という３つの戦略が役立つとされる。2006年末に欧州連合（EU）はすべての加盟国で年齢差別を禁止する法律を制定し，アメリカでは1967年の「雇用における年齢差別禁止法（Age Discrimination in Employment Act: ADEA)」は，雇用に関わるあらゆる場面で40歳以上の個人に対して年齢による差別を禁止するもので，具体的には履歴書に年齢や性別を書く欄がなく，顔写真の添付も禁止されている。さらに，基本的に定年制は全面的に禁止されている。

(2) 高齢者介護

次に高齢者介護（Elder Care）について簡単に触れておきたい。世界で介護保険制度がある国はまだわずかであり，依然として介護の担い手は主に女性である。コロナ禍で女性の介護負担が増加したという報告もある。日本では毎年約10万人が介護・看護を理由に離職し，その80％は女性であり，いったん離職すると再就職は難しく，そのため多くの女性は高齢期に貧困に陥るリスクが高くなる。老老介護や8050問題も深刻化している。介護課題を取り上げても，目標1（貧困撲滅），3（すべての人に健康と福祉を），5（ジェンダー平等），8（働きがいも経済成長も），11（住み続けられるまちづくり）などとも密接にかかわっている。また，本人の意志にそぐわない施設入所，職員からの幼児言葉を使うなどのエイジズム，在宅においても虐待や詐欺から保護されなければならない。心身の負担の多い介護であるが，要支援・介護高齢者（ここでは買い物や通院などの生活支援があれば自立した生活ができる高齢者を対象）を「受け手」から介護の「参加者」「パートナー」として捉えることが重要である。

高齢者の視点から介護や老いに関する思いを聞き，介護負担の軽減を目的とした研究を紹介したい。介護は，介護者と要介護者の相互関係により成り立つ。要介護高齢者を介護の積極的な主体および参加者として考え，高齢者が介護者に対して気を遣っていること，できること，工夫している点などの強みを分析・整理することにより介護者の負担を減らし，両者がエンパワーされ，より良い介護のパートナーシップの構築を目指すものである（稲葉 2009）。介護者に焦点をあてた研究は多数存在するが，要介護者の声，能力，役割に着目した研究が少ない理由には，これまで高齢者に対する否定的なステレオタイプがあるとも考えられる。高齢者が住み慣れた地域で暮らし続けるためには，さまざまなニーズに対応するための社会サービスとソーシャルネットワークの構築および強化，セーフティネットの一層の充実，地域住民やコミュニティのエンパワーメント，ユニバーサルデザインに配慮した建物・公共交通などを視野に入れたまちづくりが必要となる（Inaba 2016）。多世代連携の海外事例として，オランダでは大学生がある一定の簡単な条件を満たせば老人ホームに無料で住むことができ，若者と高齢者の双方にポジティブな相乗効果を生み出すことを可能にしている取組みがある。日本にも参考となる事例であろう。国内でも多様な支え合い活動や居場所づくり，認知症の方が働いているカフェ，道に迷った認知症の方を早期発見するなど支えあう地域づくりの人材育成を目的とする模擬研修や学習会など多様なアクターとの連携による先駆的な取組みもでてきている。

3　日本における高齢化，社会変容と新型コロナ禍の影響

2000年に介護保険制度が創設され，日本の高齢者福祉，保健，医療サービスが一体的に提供される体制ができた。介護を必要とする者，支える者，さらにはこれから高齢期を迎える者にとって安心できる状況にあるのだろうか。コロナ禍で，人と人との接触に制限が生じ，サービス利用にも影響があった。多くの人の働き方へも変化を及ぼし，これからの人生設計を大きく見直す人も増えたのではないだろうか。ここではわが国の実態をみていきたい。

(1)　寿命の延伸と健康寿命

先に触れた通り，日本が高齢化社会（高齢化率７％）に突入したのは，1970年である。その後高齢化のスピードは加速し，1995年には高齢社会（高齢化率14%），2007年には超高齢社会（高齢化率21%）となり，世界でも類をみない高齢化を経験している。どのように高齢者が人生を全うできるのか，ケアを必要とする人口が増える中でどのような仕組みづくりが可能なのか，現在の少子高齢社会の日本の課題は今後高齢化が進む国々から注目されている。

まず平均寿命の推移をみると，高齢化社会になった1970年には，男性69.31歳，女性74.66歳であった。50年後の2020年には，男性81.64歳，女性87.74歳と，それぞれ12.33歳，13.14歳伸びている。一方で，日常生活に制限のない期間としての「健康寿命」が伸びないことが問題視されてきた。健康日本21（第２次）の最終評価（2022年10月に公表）では，2010年と2019年の比較が示された。平均寿命の増加は男性で1.86年，女性で1.15年であったのに対し，健康寿命は男性2.26年，女性1.76年の増加であり，健康寿命の増加が平均寿命の増加を上回るというよい傾向が認められた。しかしながら日常生活に制限のある期

間は，2019年の時点で男性8.73年，女性12.06年であり，それぞれの平均寿命の10.7%，13.8%にあたる。健康寿命の延伸に向けた多様な取組みは今後も続く。

⑵　社会の変容

わが国が高齢化社会に入ってからの半世紀の間，高齢者を取り囲む環境にも大きな変化があった。産業別就業人口の推移をみると，第３次産業従事者が急速に増加し，現在は４分の３を占めている。第２次産業の漸減，第１次産業従事者の大幅な減少がみられる。地方で就職する若者は減り，大学進学や家族のあり方にも大きな変化をもたらしてきた。社会の主要な担い手である若者の実情をみていきたい。

現在の大学進学率は約55%，短期大学，専門学校の入学生，高等専門学校４年在学生を含めると高校卒業者の進学率は８割を上回っている。新卒一括採用が主流であり，大学卒業までに就職活動を行い，ほとんどの学生は第３次産業分野でサラリーマンとして働いている。65歳になったばかりの高齢者の方々の時代は，大学進学率が30%代であり，大学は専門知識，技術を学ぶためのところであった。入社して定年まで働いてきた高齢者が多い。１次，２次産業に従事し，地元で働き続けてきた者も多い。現在は就職しても３年以内に退職する者が３分の１を占め，仕事への向き合い方にも差異が生じてきている。

都市部の利便性が高いところに居住する者が増え，共同住宅に住まう者の増加，さらには高層マンションの建築が進んでいる。核家族化が一層進み，高齢者と若い世代の居住のあり様も大きく変化してきている。

このような環境の変化は高齢者の生活にどのような影響を及ぼしてきたのであろう。2019年の国民生活基礎調査によると，世帯数は大きく増加している一方で，65歳以上の人の世帯構造は著しく変化している。34年の間に高齢者の単独世帯が占める割合は13.1%から28.8%へと増大し２倍以上，夫婦のみの世帯は18.2%から32.3%，約1.8倍となった。夫婦，またはひとり親と未婚の子のみの世帯も11.1%から19.9%に増大している。一方で，三世代世帯は44.8%から9.4%へとその割合は５分の１近くまで急激に小さくなっている。

働き方の変化，住まい方の変化により，進学や就職，結婚を機に子どもは親の世帯を離れる場合が多い。これにより世帯の規模は小さくなり，高齢者のみの世帯の増加，家族機能の縮小が生じていると理解できる。

⑶　COVID-19 感染拡大が与えた影響

2020年の春以降 COVID-19 感染の拡大は本格化し，生活に大きな影響を及ぼした。生活への影響を知るために大阪府下の約1500施設（社会福祉法人）が参加し実施している大阪生活困窮者レスキュー事業[2)]において，2020年４月～2022年１月に経済的支援を受けたもののうち，コロナ禍の影響であると判断されたケース205世帯の分析を行った。60歳代以上は36世帯（17.6％）であった。最近数年の状況では高齢者の割合がおよそ30％であることを踏まえると，他の年代よりも COVID-19 感染拡大による生活への直接的影響は少ないと判断できる。

36件の困窮に至った原因をみると，すべてのケースが収入の減少によるものであった。自営業（飲食等）が立ち行かなくなったり，パート勤務していた職（飲食，宿泊等）がなくなったりといった内容であった。高齢者の主な収入源は年金であるが，年金のみで生活できるものは少なく，不足する生活費をパート，内職，アルバイトなどの収入で補っている者が多い。生活が立ち行かなくなった高齢者が生活困窮者レスキュー事業につながったことにより，コロナ禍の制度を知り，公的支援を受けた者も少なくない。中には仕事への復帰が困難

図７－２　COVID-19 感染拡大の影響により支援を受けた者の性・年齢別世帯数の分布

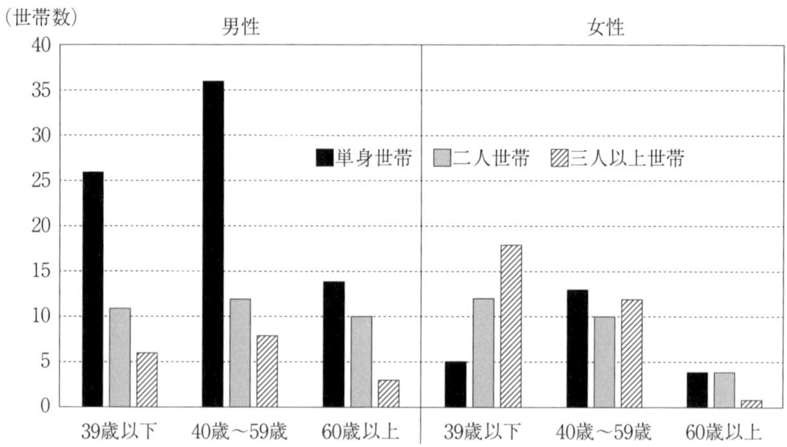

出典：大阪生活困窮者レスキュー事業の相談記録2020年４月～2022年１月208世帯をデータ化して筆者作成

で，生活保護につながった者もいる。

COVID-19感染拡大以前の高齢者の生活困窮の状況をみると，男性では単独世帯の困窮が目立ち，非正規就労，個人事業主で健康課題を抱え困窮に陥るケースが多い。女性では夫婦での生活上の問題や認知症，筋骨格系疾患[3)]をはじめとする健康上の問題が引き金となり生活困窮に陥る場合が多い。

これらから，コロナ禍では何とか継続してきた高齢者の生計が成り立たなくなる事態，そして再度それを立て直す困難がみえる。さらには公的制度に関する情報が高齢者に届いていない現状もあり，誰かにつながらない限り生活を立て直すのは難しいことがうかがえる。コロナ禍においては，高齢者世帯全般への経済的影響は少ないものの，収入がなければ生活が成り立たない高齢者への影響は大きいことが理解できる。

4　高齢期の課題

(1)　女性高齢者の課題

2019年度の年齢階級別男女の人口差をみてみると次のようなことがわかる。生まれるときはやや男性のほうが多い。45歳以上の５歳階級ごとの人口差をみると，50代後半から逆転している。高齢期の女性単身世帯が多い現状につながる。これまでみてきたように，女性は男性に比べ長寿であり，介護を要する期間も長い。健康をどこまで維持できるかが生活に及ぼす影響を左右する。先ほど見た大阪生活困窮者レスキュー事業において，2019年度に経済的支援を受けた高齢者の困窮原因をみると，多くは健康上の課題である。認知症による金銭管理を含む生活管理が困難になる場合，骨折等，女性に多い筋骨格系の疾患で急に入院しなければならなくなる場合など，急速に生活が変化し，入院費などの急な支出により生活が立ち行かなくなっていることがわかる。さらには，日常生活能力の低下により，生活範囲が狭まり，孤立につながることもある。気づかぬうちに進む判断能力の低下は，特殊詐欺の多発にもつながっている。女性の平均健康寿命が約75歳であることを考えると，後期高齢期における健康の保持と一人暮らしの際の健康の損失をどう補うかは大きな課題である。

(2) 男性における社会参加の課題

高齢者の交流の場として多くの機会が用意され，自治体あるいはもう少し小規模の小中学校区での健康体操，昼食会やカラオケといった活動が展開されてきた。ほとんどの地域活動においては，女性の参加がメインであり，男性を引き出す工夫を議論し試行錯誤している自治体は多い。男性の地域活動への参加が低い要因としては退職前の職業が影響していることは指摘されており，外出に関するアンケートなどにおいても，男性では，趣味や教養講座，散歩等は女性よりも参加する傾向にあるが，女性では買い物や友人との交流等を含め外出頻度は高く，男性の高齢期の活動は低下していることがうかがえる。外出頻度が低いほど運動機能が低下することもあり，また，会話の機会も減ることから，健康への影響が大きいと考えられる。

加えて，1985年頃より男性の生涯未婚率（50歳まで一度も結婚しなかった人の割合）は急速に高まり，男女ともに４％程度であったものが，2020年の国勢調査では，女性が16.4％であるのに対し，男性は25.7％であり，女性よりもさらに孤立するリスクは高齢期に高まると考えられる。

(3) 高齢期のリスク

高齢期を何歳からとするのかは，今後も議論は続くであろう。いえることは加齢に伴う健康上の課題を抱えやすい時期に入ったとき，多くの高齢者に生活上の課題が起きやすいということである。低下するセルフマネジメント（日常生活を維持していく上で必要な活動を自分自身で管理すること）の能力を別の手段で補うことで生活の維持が可能となる。しかしながら，この時に陥りやすいのが，「孤立」と「受動的関係性による支配」である。サポートが必要であっても判断できない，または必要であると伝えられないとき「孤立」は起きる。周りに頼ることができる人がいない，自ら連絡できない場合，気づいてもらえず，外部との望まない関係性も拒否できない事態に陥ることもある。孤独死，家庭内暴力（DV），特殊詐欺などが起きる所以である。

これらの特質を鑑みると，高齢期には適切な医療と生活支援が必要であるが，COVID-19 感染拡大の高齢者への影響においては，ギリギリの状況で生活していたとしてもアプローチが難しいことがわかる。先にみたコロナ禍の実態では，健康上に大きな問題はなく，家計を補うための仕事を失っていなければ気づかれない高齢者であった。これまでの研究からは，医療費，食費は収入が減った場合の節約の対象にまず挙がると指摘されており，高齢者で医療費を節約した場合，重度化につながりやすく，結局重大な事態に陥り把握されることは稀ではない。高齢者の外出機会は減っており，長引く中での健康状態の悪化，望まない関係性を拒否できずに困窮に陥っている者が増えていると推察される。

2019年に内閣府がまとめた「満足度・生活の質に関する調査」報告書をみると，総合主観満足度を左右する指標として，健康状態が大きくかかわると同時に，頼る人がいるかどうかが大きな影響を与えていることがわかる。頼る人が多いほど総合主観満足度は上がるが，頼れる人が１人いるかいないかの与える影響が最も大きい。高齢期に信頼できる人とのつながりを維持すること，新たなつながりをつくることがリスクに向き合う上で，さらに生活の質を維持するためにも大切であるといえよう。

⑷　若者が時を経て高齢者に

高齢者を便宜上65歳以上としているが，高齢者であるという自覚には差異がある。高齢期に至る前に中高年期，成年期などと呼ばれる時期を過ごす。高齢期が突然始まるのではない以上，その前の生活が高齢期の生活に影響を与えるのは間違いない。

先ほどみた図７−２ではコロナ禍で生活困窮に陥る者は男性に多い。単身世帯が大変多く，40代，50代で急激に増加している。非正規で働く単身世帯の男性がコロナ禍で仕事を失った影響が大きい。

就職氷河期の1999年にトライアル雇用という名称で非正規雇用が認められるようになり，その後20余年の推移をみると，正規雇用よりも非正規の雇用の伸びが目立つ。総務省統計局の労働力調査によると，2020年の正規雇用者数は3529万人，非正規雇用者数は2090万人である。2011年にはそれぞれ3355万人，1812万人であり，10年間の雇用者数の増加は，正規雇用174万人，非正規雇用278万人となっており，非正規雇用は正規雇用よりも100万人以上多く，増加が認められる。働き方の自由な選択を促す結果としての非正規雇用であればよいが，企業の経営状況による雇用の調整弁としての非正規職員の雇い入れであれば，経営状況の影響を真っ先に受けることになる。さらに，非正規就労でいったんスタートするとその後の正規への転換が非常に難しい実情が存在している。

現在，若者の過半数が大学に進学し社会人になる道を歩んでいる。今後を懸念するデータがある。2014年に初めて発表された大学中退者の割合が1年に2.65%，約8万人であった。この割合はほとんど変わらず推移しており，大学入学者の1割以上が中退していることになる。さらに卒業後の進路においても正規雇用者は75%，進学11%であり，残り14%は非正規雇用，ないしは就職も進学もしていない者である（2019年学校基本調査）。中退者，未就労，非正規就労を合わせると，大学入学者の4分の1近くが，今後の人生を描くことが大変厳しい状況にあることがわかる。中退者の性別内訳は男性が女性よりも多く，卒業時の就職率も女性が上回っている。大阪生活困窮者レスキュー事業の経済的支援を必要とした者の推移をみても若い年代の増加が認められる。特にコロナ禍では男性単独世帯で50代まで年齢が上がるほど困窮者が増加していた。これまでの状況を踏まえても，若い間は非正規の仕事も得やすいが，年齢が上がるほど就労の機会が減り，生活困窮につながることがわかる。現在のわが国の就労の仕組みでは，解決が難しい課題である。超高齢社会の社会保障費の増大が容易に推察される中にあって，高齢期につながる前の世代での生活困窮は防がなければならない。

まとめと展望：世代を超えた多様性を認め合える社会づくり

働き方が半世紀の間に大きく変わり，定年時に退職する者が多数を占め，多くの人は定年後に迎える生活の大きな変化の中で高齢期に向き合うことになる。年金のみで生活できる世帯は少なく，高齢期に特に必要となる医療費が高齢期の生活に大きな影響を及ぼす。

COVID-19感染拡大の生活への影響は，ギリギリの状況で生活してきた高齢者世帯にとって大きなものであった。年金収入を補う収入がなければ，生活が回らず，また高齢になってからの就労は容易ではない。これまでは支援対象として把握されなかった高齢者世帯が経済的支援の必要対象となっている現状が何を示しているのか，しっかり捉える必要がある。

これまでみてきたように，高齢期の生活では心身状態と頼れる人がいるかどうかがそれまでの年齢よりも大きな影響を及ぼすことが理解できた。疾病の重症化リスクは後期高齢期，つまり75歳以上で急激に高まる。それまでの時期，フレイル期間を含めどのように過ごすかが後期高齢者の生活を導く。行動制限が生まれると，人とのつながりを積極的に構築することは困難になる。ゆえに，現在の高齢者を一律に65歳以上の者とみなす制度設計にはひずみが生じてきている。高齢期，特に，後期高齢期にかかりやすい疾患による症状への対応にばかりとらわれていてはエイジズムを廃することは困難である。健康日本21（第2次）[4]の中でも強調されてきたように，健康寿命の延伸のためには高齢期をどう生きるかを考え，人とのつながりや社会参加を促す環境づくりが必要となる。WHO が示す “Healthy aging and functional ability”[5]の中で，人生を全うするために5つのことが達成される環境づくりに触れられている。

①ベーシックニーズが充足されていること

②学び，意思決定ができること

③移動できること

④関係性が維持・構築できること

⑤貢献できること

SDGs は開発途上国だけではなく先進諸国においても広がる格差の是正が必要であることを示している。今回みてきたように，高齢期に避けえない特質として，健康の課題を抱えやすいことがある。しかしながら多くの高齢者は，社会貢献への能力も希望もある。労働力不足が指摘される中，高齢期の格差を縮めるためにも，その機会を充実させる仕組み構築に着手しなければならない。大げさなことではなく，もっている能力の活用，また，何かが起こっても対応できる備えをする，といったことではないかと考える。

とても早いスピードで社会の変容が進み，高齢者を取り囲む環境も変化している。「誰一人取り残さない」と同時に，「変容」というもう一つの考え方に柔軟に寄り添うことが求められている。世界の高齢化が進む中で，先進国として高齢化のトップを行く日本は，人々の加齢を支え，高齢者の生き生きした人生の実現を導く必要がある。高齢期はその前の人生の継続であり，誰にでも訪れる。高齢期を期間として分け隔てるのではなく，加齢という誰にとっても共通の経験の積み重ねとして捉え，高齢化に可能性を見出すパラダイム・シフトが図れるかが問われている。長寿国「日本」の担う使命は大きい。

〈参考文献・資料〉

（日本語文献）

稲葉美由紀，2009，「要介護高齢者のケアプロセスにおける役割――「ケアを受ける側」からの視点の質的データ分析」『社会福祉学』49(4)，pp.131-142。

厚生労働省，2019，「労働経済白書」

―――，2020，「2019年国民生活基礎調査の概況」

国連人口基金（UNFPA）と国際NGOヘルプエイジ・インターナショナル（HelpAge International），2012，「21世紀の高齢化――祝福すべき成果と直面する課題」 https://www.unfpa.org/sites/default/files/pub-pdf/executive%20summary%20%20Aging%20%28JP%29.pdf

佐藤真久・北村友人・馬奈木俊介編著，2020，『SDGs時代のESDと社会的レジリエンス』筑波書房

内閣府，2022，「令和4年版高齢社会白書」 https://www8.cao.go.jp/kourei/whitepaper/w-2022/zenbun/04pdf_index.html

西垣千春，2011，『老後の生活破綻――身近に潜むリスクと解決策』中公論新社。

（外国語文献）

Butler, R. N., 1995, “Ageism”, in G. Maddox, G., ed., *The Encyclopedia of Aging,* 2nd ed., Springer Publishing, pp. 38-39.

Inaba, M., 2016, “Aging and Elder Care in Japan; A Call for Empowerment-Oriented Community Development”, *Journal of Gerontological Social Work*, 59(7/8), pp. 587-603.

Palmore, E. B., 1999, *Ageism : Negative and Positive*, 2nd ed., Springer Publishing.

United Nations （UN), 2023, *Leaving No One Behind In An Ageing World : World Social Report 2023*. https://www.un.org/developmennt/desa/wp-content/uploads/sites/22

World Health Organization （WHO), 2012, “Dementia: A public health priority” https://apps.who.int/iris/bitstream/handle/10665/75263/9789241564458_eng.pdf?sequence=1&isAllowed=y

――― , 2020, “Ageing: Healthy ageing and functional ability” https://www.who.int/westernpacific/news/q-a-detail/ageing-healthy-ageing-and-functional-ability

――― , 2021, “Global Report on Ageism” https://www.who.int/publications/i/item/9789240016866

（ウェブサイト）

WHO, WHO's work on the UN Decade of Healthy Ageing （2021-2030). https://www.who.int/initiatives/decade-of-healthy-ageing （2023年2月7日閲覧）

注

1）　高齢者や老いに対して，孤独，頭の回りが鈍い，無力，依存的，役に立たないなどネガティブなイメージや言葉を用い，ただ死を待つだけのものとみなすこと。

2）生活困窮者レスキュー事業は，2004年に高齢者施設を運営する社会福祉法人が中心となり基金を設立，生活支援員およびコミュニティソーシャルワーカーのアウトリーチ型の経済的支援を可能とする総合相談事業としてスタート。2013年からはすべての種別の施設を運営する社会福祉法人が参加し，翌年「大阪しあわせネットワーク」という名称で活動を展開している。現在は約1500施設が参加。大阪府のすべてのエリアをカバーし，制度の狭間を埋める活動を行っている。

3）筋骨格系の疾患とは，関節痛に代表される筋骨格の異常であり，高齢化により症状に伴う機能的な制限を抱えながら生活する人の数は大幅に増えている。骨粗鬆症や関節リュウマチなどの有病者は女性に多い。

4）健康日本21（第２次）とは，1978年に始まった第１次国民健康づくり対策からの流れを引き継ぐ，第４次国民健康づくり対策にあたる。2000年に始まった「健康日本21」の評価を受け，国民の健康の増進の推進に関する基本的な方向と目標についてまとめられており，「健康寿命の延伸と健康格差の縮小」「生活習慣病の発症予防と重症化予防の徹底」などに取り組んできた。2022年10月に最終評価報告が公表された。

5）“Healthy Aging and Functional ability” は，2015年から2030年までを期間とした WHO が示した年齢を重ねる際にどの国においても，長く健康に生活できる機会を創り出し，誰もが抱える身体機能の低下による影響が少ない環境構築を目指す考え方である。

第 *8* 章
障害者と SDGs――取り残されてもなお生き延びるマイノリティ

森　壮也

〔キーワード〕 障害，開発のプレーヤー，フィリピン，権利条約

〔要旨〕 持続可能な開発目標（SDGs）の17の目標には，女性や子どもといった国連が従来取り組んできた脆弱な人たちが明示的に含まれている。しかし，このSDGs の目標の中に障害者は明示的には含まれていない。障害者も，国際開発の中の重要な開発のプレーヤーであり，非障害者と同様の権利をもつ存在であることを私たちは再度，確認し，彼らが開発の担い手になれるような社会を構築する必要がある。本章では，SDGs における障害者の役割と問題について，新型コロナウイルス感染症（COVID-19）蔓延下の世界で，浮かび上がった問題を取り上げる。日本や国際機関での対応などを紹介したあと，世界の英字メディアにおけるCOVID-19 下の障害者関連報道を分析する。最後に途上国の中から比較的早くから障害者法制の整備をしたことで知られるフィリピンの事例を取り上げ，同国における COVID-19 下における障害者の実情と政府の政策の問題について紹介する。障害者を最後の貧困者にしないためにどうしたら良いのか，私たち一人ひとりの問題意識が問われている。

はじめに：障害者を最後の貧困者にしないために

持続可能な開発目標，SDGs の17の目標には，女性や子どもといった国連が従来取り組んできた脆弱な人たちが明示的に含まれている。実は SDGs に先駆けて取り組まれていた世界の貧困を半分にしようというミレニアム開発目標（MDGs）では，その８つの目標の中にそれら脆弱な人たちのうち，障害者が含まれていないことが問題視されていた。世界の貧困削減で障害者を最後の貧困者にしない[1)]ために，MDGs を補完する役割も含めて，国連障害者の権利条約（Convention on the Rights of Persons with Disabilities[2)]：CRPD. 以下「権利条約」とす

る場合もある）が国連総会でのメキシコ大統領の一般演説で開発という文脈で提案された（長瀬 2008：100-102）。しかし，SDGsではまたもや17の目標の中に障害者は明示的には含まれていない。

この背景には，国連において障害を担当するフォーカルポイントがそれまでなかったという制度的な問題も関係しているが，明示的に含まれていなかったからといって，障害の問題がSDGsで軽視されて良いことにはならないし，国連の取組みとしても障害の問題は今や無視できないことは強調しすぎてもしすぎることはない（17の目標の中に明示的に含まれていないためか，多くの既存のSDGsの解説書では，残念ながら障害についての記述がみられない）。SDGsの17の目標の下位に位置付けられている実現すべき169のターゲットでは，脆弱な人たちという言葉が9回登場し，障害という言葉はターゲットの中で10回，ターゲットの実現を測る指標の中では，6回登場する（表8-1）。このように目標の中ではなく，ターゲットや指標の中で登場する障害者は，国際開発の中で彼らも重要な開発のプレーヤーであり，非障害者と同様の権利をもつ存在であることを私たちは再度，確認し，彼らが開発の担い手になれるような社会を構築する必要がある。

ところで，2020年の初めに中国の武漢での集団感染で世界の注目を集めることになったCOVID-19は，途上国を含む世界の様相を一変させ，その被害は今日も，なお続いている。最初の100日でみると世界全体の感染者数が100万人を超えたのは2020年4月3日で，途上国でのロックダウン・レベルをみるとタイは比較的早い2020年1月，南アフリカが1月下旬中国は4月，ブラジルが5月，ペルーが5月中旬という時期になっている。そうしたCOVID-19の広がりは単に疾病の広がりという意味のみでなく，世界経済・社会にも大きな影響を及ぼしていることはいうまでもない。

本章では，こうしたSDGsにおける障害者の役割と彼らの抱える問題について，COVID-19が蔓延した世界の状況の中で，浮かび上がってきた障害者の問題から説き起こしていくことにする。日本での実例と国際機関での対応などを紹介したあと，世界の英字メディアにおけるCOVID-19下の障害者についての報道を分析し，最後に途上国の中から比較的早くから障害者法制の整備に取り組んできたことで知られるフィリピンを取り上げ，同国におけるCOVID-19下における障害者の実情と政府の政策の問題についての研究を紹介し，本

表8－1　SDGsのターゲット（下位目標）に登場する障害関連の内容

障害（Disability）			
下位目標	①	4.5	2030年までに，教育におけるジェンダー格差を無くし，**障害者**，先住民及び脆弱な立場にある子供など，脆弱層があらゆるレベルの教育や職業訓練に平等にアクセスできるようにする。
	②	8.5	2030年までに，若者や**障害者**を含むすべての男性及び女性の，完全かつ生産的な雇用及び働きがいのある人間らしい仕事，ならびに同一価値の労働についての同一賃金を達成する。
	③	11.2	2030年までに，脆弱な立場にある人々，女性，子供，**障害者**及び高齢者のニーズに特に配慮し，公共交通機関の拡大などを通じた交通の安全性改善により，すべての人々に，安全かつ安価で容易に利用できる，持続可能な輸送システムへのアクセスを提供する。
	④	11.7	2030年までに，女性，子供，高齢者及び**障害者**を含め，人々に安全で包摂的かつ利用が容易な緑地や公共スペースへの普遍的アクセスを提供する。
指標	①	1.3.1	社会保障制度によって保護されている人口の割合（性別，子供，失業者，年配者，**障害**者，妊婦，新生児，労務災害被害者，貧困層，脆弱層別）
	②	8.5.1	労働者の平均時給（性別，年齢，職業，**障害**者別）
	③	8.5.2	失業率（性別，年齢，**障害者**別）
	④	10.2.1	中位所得の半分未満で生活する人口の割合（年齢，性別，**障害者**別）
	⑤	11.2.1	公共交通機関へ容易にアクセスできる人口の割合（性別，年齢，**障害者**別）
	⑥	16.7.1	国全体における分布と比較した，国・地方の公的機関（(a)議会，(b)公共サービス及び(c)司法を含む。）における性別，年齢別，**障害者**別，人口グループ別の役職の割合
脆弱な人たち（Vulnerable People）			
下位目標	①	1.3	各国において最低限の基準を含む適切な社会保護制度及び対策を実施し，2030年までに貧困層及び脆弱層に対し十分な保護を達成する。
	②	1.4	2030年までに，貧困層及び脆弱層をはじめ，全ての男性及び女性が，基礎的サービスへのアクセス，土地及びその他の形態の財産に対する所有権と管理権限，相続財産，天然資源，適切な新技術，マイクロファイナンスを含む金融サービスに加え，経済的資源についても平等な権利を持つことができるように確保する。
	③	1.5	2030年までに，貧困層や脆弱な状況にある人々の強靱性（レジリエンス）を構築し，気候変動に関連する極端な気象現象やその他の経済，社会，環境的ショックや災害に暴露や脆弱性を軽減する。
	④	2.1	2030年までに，飢餓を撲滅し，全ての人々，特に貧困層及び幼児を含む脆弱な立場にある人々が一年中安全かつ栄養のある食料を十分得られるようにする。
	⑤	4.5	2030年までに，教育におけるジェンダー格差を無くし，障害者，先住民及び脆弱な立場にある子供など，脆弱層があらゆるレベルの教育や職業訓練に平等にアクセスできるようにする。

	⑥	6.2	2030年までに，全ての人々の，適切かつ平等な下水施設・衛生施設へのアクセスを達成し，野外での排泄をなくす。女性及び女子，並びに脆弱な立場にある人々のニーズに特に注意を向ける。
	⑦	11.2	2030年までに，脆弱な立場にある人々，女性，子供，障害者及び高齢者のニーズに特に配慮し，公共交通機関の拡大などを通じた交通の安全性改善により，全ての人々に，安全かつ安価で容易に利用できる，持続可能な輸送システムへのアクセスを提供する。
	⑧	11.5	2030年までに，貧困層及び脆弱な立場にある人々の保護に焦点をあてながら，水関連災害などの災害による死者や被災者数を大幅に削減し，世界の国内総生産比で直接的経済損失を大幅に減らす。
指標	①	1.3.1	社会保障制度によって保護されている人口の割合（性別，子供，失業者，年配者，**障害者**，妊婦，新生児，労務災害被害者，貧困層，脆弱層別）

出典：外務省訳，外務省 HP（https://www.mofa.go.jp/mofaj/gaiko/oda/sdgs/statistics/index.html）

章をまとめていく。

1　貧困拡大，COVID-19，障害者

⑴　COVID-19と貧困拡大

世界銀行（世銀）はCOVID-19下での貧困拡大予測について，2020年10月の世銀の「世界経済見通し（GEP）」６月版の成長予測を用いた試算で，2020年に世界全体で8800万人から１億1500万人が極度の貧困に陥るとしている。GEPの2021年１月版の予測を用いた試算では，１億1900万人から１億2400万人に増加すると予測されており，COVID-19による貧困の拡大が危惧されている（Publication I. A. E. M. E. 2021; Huq 2022; World Bank 2022など）。COVID-19による貧困の拡大は今，開発分野における喫緊の課題として登場してきている。それでは，こうした貧困者の拡大の恐れがある中，貧困の悪循環に陥りやすい脆弱な人たちとされる障害者についてはどうだろうか。少し考察を深めてみる。

⑵　COVID-19と障害者

すると次のような障害者が新型コロナ禍（以下，コロナ禍）で直面するリスクの姿が浮かび上がってくる。日本の厚生労働省の新型コロナウイルス感染症対策分科会で出された資料によると，感染リスクが高まるとされる５つの場面と

は，

①飲酒を伴う懇親会等

②大人数や長時間におよぶ飲食

③マスクなしでの会話

④狭い空間での共同生活

⑤居場所の切り替わり

の5つであり，このうち，障害者の日常にとって大きく影響しそうなのは特に下線を付けた②，③，④であろうと思われる。それは施設に居住する障害者が直面しやすいリスク，あるいは介助者との接触が多い障害者という状況からである。

(3)　障害者の抱える6つのリスク

一方，より一般的に障害者の抱えるリスクを整理すると，以下の6つが挙げられると考えられる。

まず第1に知的障害や精神障害とのコミュニケーションである。知的障害・精神障害者の場合のみでなく，通常の介助者による介助がつくケースでも，メッセージが適確に伝わらなければ，COVID-19によるニュー・ノーマルの指示に従ってもらえないリスクは非常に高い。個人でのコミュニケーションの工夫の違いの散らばり度も非常に高く，少なくとも一括しての指示は行えないと思った方が良い。

2番目が人が近接しての介助支援の問題である。日常生活を送る上で介助者の支援のニーズが高い障害者については，介助者から障害者へのCOVID-19の感染リスクが高いのみならず，障害者から介助者への感染リスクも高いという相互にリスクが高い状況のことである。このため，十分な介助が得られず，たとえばそれ以前の介助者の利用状況次第では自立生活が送れていたものが制約のある自立生活に追い込まれるリスクが存在する。

3番目は，施設収容型の障害者対応については，収容される人数が多くなるほどリスクが大きくなるという問題があるということである。日本のような施設型の障害者介助，つまり施設に基盤を置いたリハビリテーション（Institution-Based Rehabilitation：IBR）は，開発途上国では施設の数も少ないことを考えると，施設ゆえの新型コロナ感染リスクは低いのだろうか。開発途上国で進められているコミュニティに根ざしたリハビリテーション（Community-Based Rehabilitation：CBR）の下ではCOVID-19感染リスクは小さいのだろうかという問題が提起される。

4番目は，施設でなくてもスクォッターなどでの密集したコミュニティ生活があるとリスクが高まるという問題である。この状況は先の3番目のものが途上国では少ない一方で，苦慮される問題である。つまり途上国の多くの地域では，施設はないものの，コミュニティというとき，たとえば，農村の各家屋が離れて点在しているような状況ならともかく，途上国の都市部には，スクォッターと呼ばれる人々が密集して居住するコミュニティも存在する。日本にもかつてあった長屋を考えてみれば良い。そうしたところでは，施設とは違う意味で，人同士の濃厚な接触を日常的とする生活が営まれており，COVID-19の感染リスクは当然のことながら大きい。盲ろう者のように触手話と呼ばれる接触を前提とした通訳やコミュニケーション手段を利用している人たちにとっては，接触が制限されることは，これらの通訳やコミュニケーション手段の利用で制約を課されることになり，生活上のバリアが増えるという問題にもなる。

5番目は，マスク着用がCOVID-19下で感染拡大予防のためには必須であることからくる問題である。マスクの使用によって感染を防ぐことができることに異論はないが，マスクの使用は口元がみえなくなるため，コミュニケーションの上でバリアを感じる人たちがいる。それは耳が聞こえる聴者と唇を読むことでコミュニケーションをしていた人たちである。彼らはマスクによって，コミュニケーションの唯一の手がかりとなる唇が隠されてみえなくなってしまうために，コミュニケーションがしにくくなる。たとえば，ろう・難聴児教育での口話教育の読唇はそもそも口がみえないため機能しないだけでなく，日本の一部で普及したような透明マスクが途上国では入手が困難であるため彼ら／彼女らの学びの機会が制限されてしまうという問題がある。

最後の6番目は，経済活動の落ち込みによる一時解雇や中小事業が立ちゆかなくなることによる生計の喪失がある。つまり，一般的な一時解雇増がある中で，障害者は特に解雇対象となるリスクが高い。経済活動の落ち込みによる一時解雇や中小事業が立ちゆかなくなることによる生計の喪失の問題である。障害者は，一般に通常の一時解雇の増加の中で，特に解雇対象となりやすいリスクを抱えている。またそれのみならず，いったん解雇されると次の雇用にありつけないリスクも大きい。また他者雇用でない自営業者の場合にも，中小企業が多いため，事業閉鎖の可能性も高い中で方策を探ることになる。障害者がそもそも雇用にありつけないリスクも大きい，他者雇用には頼れないために，自営業の障害当事者も多いが，その多くは中小企業であるため，COVID-19下で，事業閉鎖の可能性も高まっている

(4)　COVID-19の中，障害者が取り残されないために

障害者とCOVID-19については，国連も日常ですら医療サービスで制約を受けている障害者の状況が悪化することを懸念している。国連人権高等弁務官事務所（OHCHR）の障害者の権利に関する最初の国連特別報告者カタリナ・デバンダス（コスタリカ出身，任期2014～2020年）は国連のCOVID-19に関する諸声明の中で次のように述べた（Catalina Devandas, “COVID-19: Who is protecting the people with disabilities? - UN rights expert”）。

「障害者たちは自分たちが取り残されている。……社会的な距離を取ることや自主隔離といった封じ込め手段は，衣食や入浴で他人の支援を必要とする人たちには不可能であるといえる。……こうした支援は彼らが生き残るための基本であり，国は危機に瀕している彼らに，安全な方法で支援の継続を保証するため，追加的な保護手段をとる必要がある。……パンデミックに対処するため，コロナウイルスを防ぎ，封じ込めるための方法についての情報を誰にとってもアクセシブルにすることが肝要である。……保健当局から大衆に向けた（新型コロナに関する）アドバイスのキャンペーンや情報は手話でもみられるようにしなければならないし，これらは，デジタル技術，文字，中継サービス，テキスト・メッセージ，読みやすく・平易に書かれたことば，モード，フォーマットといったアクセシブルな方法によって利用可能でなければならない。……障害当事者団体は新型コロナ対応のすべての段階で諮問を受け，政策策定にかかわるべきである。」

障害者がCOVID-19への対応や政策策定から取り残されないために必要な内容の本質をこれらの声明は伝えている。

2　英字メディアと新型コロナ禍の下での障害者報道

(1)　Twitter上に現れたCOVID-19と障害者関連の報道

こうした障害者のコロナ禍の中での状況については実は世銀などでも具体的

なデータが得られていない。では次に私たちが手に入れられる障害者の状況についてのデータがないか，少し検討してみることにしよう。

筆者は2005年から障害と開発のメーリング・リストという英文で発信されるこの分野の記事の紹介メーリング・リストを運営している。2017年以降は，英文 Twitter に移行し，元見出しと URL のみを Twitter 上で紹介している。この Twitter でみてみると，先進国の障害者の COVID-19 に関して，各国の主要メディアはよく伝えているのにもかかわらず，途上国の障害者の COVID-19 下での状況をメディアが報じていないことがわかった。ウェブを含めた英字新聞における掲載の範囲内という限られたニュース・ソースではあるが，少ないながらもこのデータ・ソースで状況を少しでも把握しようと試みた。ポイントとなるのは，コロナ禍での途上国の障害者の状況については，①先進国の障害者と共通した問題としての COVID-19 の影響と②途上国の障害者ならではの問題としての COVID-19 の影響の 2 つに分けられるということである。

⑵　障害に医学的にアプローチしているジャーナルの分析

たとえば，Twitter でみつかった中で，医学的な立場から障害の問題にアプローチしている論文を掲載しているジャーナルは，その最新号（Volume 13, Issue 3July 2020）において COVID-19 and Disability 特集として掲載している。この特集に掲載されている論文の多くは施設にいる障害者が施設空間で感染リスクを高めている問題を分析している。ここで，同特集の冒頭論文の Lebrasseur et al.（2021）は，既存論文のサーベイによって障害者と COVID-19 との関係について議論をまとめているため，これをここで簡単に紹介しておこう。

Lebrasseur et al.（2021）で採用されている障害枠組みは，世界保健機関（WHO）の最も新しい障害の社会モデルを取り入れた国際生活機能分類（ICF）である[3)]。ICF は障害分類については，医学的な分類である身体機能の障害に基づいた分類という枠組みを保持しながら，それのみでなく，社会生活を送る上で困難に直面する程度の障害をもっていれば障害者という一歩，進んだ枠組みとなっている。こうした障害枠組みの前提の上で，全部で144の論文等について検証してみた結果，いくつかの論文は，保健ケアでのアクセスのみについて論じており，COVID-19 下で診察を受けることへの懸念や医療サービスやリハビリテーション・サービスを受けられないことへの長期的な影響への懸念が，特に脳卒中後の患者について指摘されている。現在，社会的障害を経験している人たちに脳卒中を経験した人たちが多いということが背景にあると思われる。

その次に課題としてでてきているのが，ワクチン問題である。COVID-19ワクチンの副作用が，脳卒中，ALS，多発性硬化症[4)]の人たちについてよくわかっていない。慢性神経疾患がさらに起きるリスクも否定できてないという不安もある。切断者や視覚・聴覚障害者については，これらの人たちよりは医療的合併症のリスクは小さい。つまり，非神経疾患的状況に関する研究は相対的に少ないことになる。医学論文がメインとなったためであろうが，いわゆる，ろう，盲，肢体不自由といった古典的障害については，COVID-19との関係についての論文はまだ少ない。

そしてこのレビューから，COVID-19下で障害者の諸サービスへのアクセスが困難になってきていることがわかり，危機下におけるリハビリテーションへのアクセス問題が浮かび上がってくる。こうした問題も政府の諸決定過程の中では忘れられがちであり，今後は諸政策にしっかりと反映させられるべきであろう。

⑶　新型コロナ禍の下での障害者についての報道を分析する

ところで，途上国発のコロナ禍の下の障害者に関するニュース発信が少ないことはすでに述べた。障害者の状況への社会的関心がこのように低いという問題については，SDGsで「誰一人取り残さない」といわれていたことと矛盾する。世銀においても先に述べたようにデータが得られていないことは，世銀が契約しているコンサルタントでも障害の調査が専門ではない，あるいはそうした調査が少ない状況を反映していると思われる。そうした制約はあるものの，このニュース発信から得られた情報を最後に整理しておきたい。

図８-１は，2020年１月１日以降，2021年２月28日までの１年と少しの間に筆者が集めたものであるが，英字ニュースでみられた障害とCOVID-19関連のニュースでの出現語彙のワードクラウドである。これは，頻出語彙はより大きい語として表示され，頻出度が同程度の場合は，同じ濃さで表示されるインフォグラフィック表示である。

これを分析することで，頻出する語句として，不安や待機，またワクチン接

図 8－1　障害と開発に関わる Twitter のワードクラウド

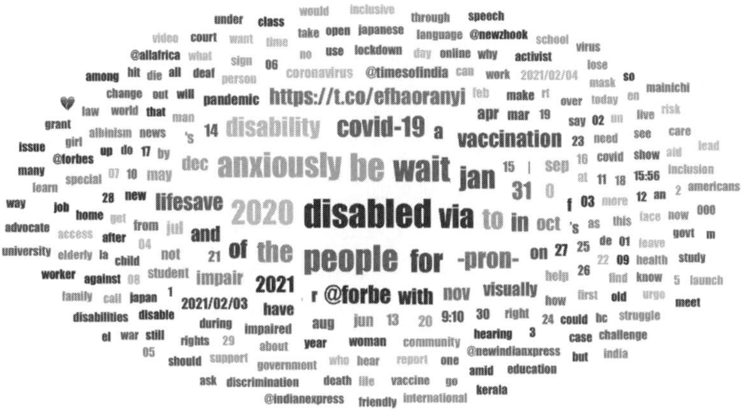

出典：筆者作成

種などが代表的なものとして挙げられ，英文で発信されるニュースということで国でいえばインドからのものが多いことなどがわかる。COVID-19 は途上国の障害者の間に不安を引き起こしており，たとえばワクチン接種や診察では彼らが待機を強いられていることもわかる。

さらにいくつかの代表的な記事を拾い出すことで，次の 6 つの問題が明らかになった。

第 1 に COVID-19 で影響を受けているとされる知的障害，視覚障害を中心にした報道が多いことがある。先に述べたように彼らに外出禁止や在宅命令といった COVID-19 対策の指示が届きにくい問題を抜きにしては考えられないだろう。

第 2 に南アフリカで政府予算が COVID-19 に回されることによる，南ア社会福祉事務局（South African Social Security Agency：SASSA）が担当する障害給付金の支給遅延や詐取問題が改めて焦点化されていることがある。これは，政府予算の中で COVID-19 関連予算が急膨張することで，これまでの障害者支援にしわ寄せが来ているという問題である。COVID-19 以前からあった問題が COVID-19 によってさらに浮き彫りになってきたという言い方もできよう。

第 3 にワクチン接種が障害者にも割り当てられるかどうかの不安が増大していることがある。ワクチンが届き始めた国々での課題である。高齢者への接種を優先する動きはすでに先進国で始まっているが，障害者について優先的接種を政策として決定した国や地域はまだ少ない。途上国では，それどころか政権中枢やその取り巻き（クローニー）への優先接種などが汚職の問題として取り上げられているほどである（「権力者の優先接種，中南米で発覚相次ぐ　社会のひずみ露呈 閣僚辞職も」（日本経済新聞，2021年3月1日））。

第4に施設型の対応が少ない分，施設でのクラスター発生は少ないが，コミュニティ自体が密集していることによるリスクは依然として高いこと，第5に障害インクルーシブなCOVID-19対策が不在であること，第6に窮乏家計支援のための食料支援が，その中の障害者のいる家計に届かない問題があることなどが明らかとなっている。開発途上国の都市部にみられるスクォッターな密集地域のCOVID-19のクラスター化リスクの問題である。スクォッター自体はすでにもう存在しており所与のものなので，そこでどう感染拡大を防ぐのかという難しい問題に直面することになる。

第5は政策決定の際に障害者が政策の影響を受ける人たちであることが念頭におかれていないことや，政策決定過程に障害当事者たちが参画していない問題である。これがCOVID-19対策についても全く同じことがいえる。これは，COVID-19による在宅生活のため仕事にも行けず，食料などの生活必需品を買いに行くこともできなくなった窮乏する家計一般に対し，各政府が支援を試みているものの，障害者のいる家計に対するこの支援が行き届かないという問題につながっている。

たとえば，支援が必要なことを地域コミュニティの政治代表がどれだけ認識しているか，届けるための支援をどれだけ用意しているかという問題がある。これに関しては，たとえば，フィリピンのマニラ首都圏17自治体について，各自治体の障害者のいる家計への支援の問題として次のようなことが，インタビューで明らかになっている（2021年3月，フィリピンの障害当事者リーダーを対象としたオンライン・インタビュー）。17自治体のうち，次の8自治体（市）に，同国の障害基本法である障害者のマグナカルタで定められたPDAO（Persons with Disability Affairs Office）という地域障害問題担当事務所が設けられている（ヴェレンズエラ市，カロオカン市，マンダルーヨン市，ケソン市，パシグ市，タキッグ市，モンテンルパ市，マラボン市）。これらの自治体内の障害者に対しては，きちんと食料支援などがPDAOを通じて届けられているが，それ以外の地域では障害者への支援が届いていない状況にあるという。それを補完しているのが当事者たちの運動であることも併せて指摘しておきたい。

では，これら途上国の中からフィリピンを取り上げ，COVID-19が同国の障害者に及ぼした影響を現地の研究者などがまとめた論文からみてみよう。

3　フィリピンにおけるCOVID-19と障害者

⑴　フィリピンの障害者とCOVID-19からの影響

フィリピンの障害者人口はおよそ144万人，全人口の1.57％といわれている（フィリピンにおける最新のセンサス（2010年））。東南アジア諸国の中でフィリピンでのCOVID-19感染状況は感染者（陽性者）数でみれば，インドネシアに次いで２番目に悪く，累計陽性者数272万7286人，2021年10月18日現在での陽性者数６万8832人，死者数４万761人となっている（フィリピン保健省の公式発表，日本は2021年10月19日現在で，厚労省の公式発表でそれぞれ171万644人，171万5017人，１万8113人）。Velasso et al.（2021）は，フィリピンの２大学とロンドン大学衛生熱帯医学大学院の研究者３名による最新のフィリピンの障害者とCOVID-19に関する論文である。またRotas & Cahapay（2021）は，共にフィリピンの研究者による論文であるが，COVID-19下の同国の精神障害者の現状に焦点をあてたもので，Velasso et al.（2021）を補うものとして，本節ではこれら２つの論文での議論を紹介する。

障害者の多くは仕事をもっていないか，もっていたとしてもそれはインフォーマル・セクターでの雇用である。このことが経済的な保障という意味で彼らを脆弱な存在にし，COVID-19下でさらなる重荷を彼らに背負わせる状況をもたらしている。国連機関間常設委員会（IASC[5]）は，政府や人道支援部門のリーダーたちに対し，COVID-19下で障害者たちが直面する可能性のあるバリアに対処することで，障害者のエンパワーメントに積極的に参加するべきとしている。こうした対障害者対応については，COVID-19以前から同委員会でも議論がされており，障害の多様性という観点から，こうした支援での差別を起こさないために必要な情報は当事者から集めるようにと推奨されている。バンコクの国連アジア太平洋経済社会委員会からはESCAP（2020），Humanity and Inclusion[6]からはHumanity & Inclusion（2020）が障害インクルーシブなCOVID-19下での支援について書かれた文書として出されている。また ILO（2020）はILOによる雇用の面でCOVID-19対策における障害インクルージョンについての文書である。このように多くの国際機関がCOVID-19対応における障害インクルージョンを求めていることがわかる。

(2)　フィリピンにおけるロックダウンと障害者

フィリピンでは2020年3月にCOVID-19感染状況が急激に悪化したことにより，政府がロックダウンを開始した（たとえば，Darryl John Esguerra, Duterte: 'This is not martial law', Inquier. net. By: Darryl John Esguerra - Daily Inquirer, 08 :41 PM March 16, 2020）。これにより一般の人たちは在宅を強いられることになった（日本ではこのようなロックダウンは実施されていない）。外出は本質的な日々の財とサービスの購入のみに制限され，ほぼすべての公共の交通機関はストップした。その後，事態の状況に応じて制限は緩和されることがあったが，15歳未満，65歳以上の人たち，妊婦，免疫不全症，また複数の病気が併存している人たち，その他の健康上のリスクを抱えている人たちは，必要な用事があっても自宅外に出ることを禁じられた。労働・雇用省の緊急調査（Department of Labor and Employment 2020）によれば，障害者の7割が自宅での仕事への転換や職を失いかねない等，このパンデミックで影響を受けたという。こうしたロックダウンは，それ自体，Fegert et al.（2020）が論じているように心理社会的な環境変化をもたらしている。このことは，国際的な医学ジャーナル *Lancet* でも報告（Santomauro et al. 2021）が出ているように世界的に鬱状況を引き起こしている。このことは，精神障害当事者たちにとっては，特に厳しい状況であることも忘れてはならない（Goldmann & Galea 2014）。

こうした事態に対して，フィリピン政府は「障害者のマグナカルタ」（共和国法第7277号），「フィリピン手話法」（共和国法第11106号）といった法律を活用して対策を行った。前者の法律では，具体的には，雇用，公共の交通機関，公共諸施設・サービスでの障害者差別を禁じている（障害者のマグナカルタについては，森 2010；2012；2015；2019）。またフィリピン手話法では，メディアでの報道や政府とのやりとりでフィリピン手話の利用を義務づけるもので，これにより情報提供を聞こえない人たちについて，不十分な部分があったにせよ，よりアクセシブルにすることができたという。

障害者対応について，フィリピン政府は，CRPDに基づいた人権アプローチを用いているが，さらにこれらの国内法の活用を通じて果たされたという側面は指摘しておいて良い。一方でヘルスケアの問題は障害者たちにとって最重要課題であるが，障害に併存する疾患のために彼らは感染やCOVID-19による合併症のリスクがより高い状況におかれることとなった。また彼らが利用できる健康保険制度が整っていないために，万一，感染したときには障害者は自費で治療を受けなければならず，そのことが彼らの経済的な立場を一層苦しいものにしている。フィリピンの障害者に対する優遇策は，地方政府レベルで発行される障害者IDカードの提示を原則としている。しかし，ガバナンスに多くの問題を抱える途上国の常で障害者IDカードの発行のための手続は整備されているとはいえず，悪意ある人たちによる不正取得といった問題も付きまとう。また政府の貧困者支援のための通常の枠組みも，中央政府が指示を出してから地方政府で実施される段階で多くの遺漏が発生し，障害者に支援が行き渡らないケースは，今回のCOVID-19による現金給付でも起きている（Rambo Talabong, 06/15, 2020, 'Talabong R. Forgotten priority: PWDs still waiting for cash aid from Duterte gov't', Rappler）。フィリピン内務地方政府省は，ロックダウンにより自宅隔離となった人たちのために食料パック，ビタミン剤や医薬品を配付するということを行ったが，これについても障害者に限ったことではないが，配付が行き届いた地域とそうではない地域との間の格差問題が生じた。

まとめと展望：COVID-19対策でも取り残される障害者

最後にコロナ禍であぶり出されたSDGsの課題と途上国の障害者という本章のテーマに即して議論をまとめておこう。まず，各種のCOVID-19下の諸政策や対応で，途上国の障害児・者について触れているケースは，ほとんどないということに，私たちはより危機感を抱くべきであろう。それは，SDGsでは「誰も取り残さない」といわれているものの，すでに障害者は各国のCOVID-19対策の中で取り残され，忘れられているからである。それは特にワクチン接種の問題で障害者への接種の優先化が議論に上っていないことでもわかる。加えて，世銀でもほとんどデータが取れていない状況において，女性などのように世銀がすでに取り組んでいる政策の中では，障害者の問題が周縁的な問題として存在しているのみの状況であることも分かる。このため，コロナ禍での障害者についてのデータがないために，対策もきちんと講じられていないし，議論もされていない上，取り上げられもしないという，権利条約以前の状況がCOVID-19で再現してしまっているということである。このことにより，各国の予算配分で障害年金のような彼らの生活を支える制度がある国でも，政府予算がCOVID-19対応やワクチンに向けられることによる減額・支給遅延の問題も生じている。

コロナ禍の下での障害者対策，また対コロナ禍の諸政策はSDGsにおいて障害者を最後の貧困者にしてしまわないために，また彼らを忘れられた脆弱者にしてしまわないためのさらなる努力の必要がある。COVID-19のための諸政策を今すぐにでも障害インクルーシブにするべき危機的な状況が今，すぐそこにあることを私たちは認識すべきである。COVID-19から3年以上を経てようやく少し障害者対応についても触れた文書が出てくるようになったが，なぜこのようにいつも後回しになってしまうのかというのが変わらぬ疑問であり，問題提起である。後回しになればなるほど，すでにできあがった枠組みなどを修正することになるため，コスト増となり，それが障害対応をさらに遅らせるという悪循環を招く。COVID-19への対応でも人類はそうした悪循環を依然として繰り返して，それでも後から出てくるだけ良いということで，本来のニーズからはほど遠い対応のみにとどまらざるをえないという恥ずべき状況から抜け出せないままでいる。かつてMDGsに障害者のことが含まれなかった反省を踏まえ，障害当事者たちの強い推進力により障害者権利条約が採択されたのはその中で唯一の良いニュースであるが，それでもSDGsでは再び事態は後退している。そのことの意味を私たちは今一度，振り返る必要があると言い続けるしかない。

〈参考文献・資料〉

（日本語文献）

IASC，2007，『災害・紛争等緊急時における精神保健・心理社会的支援に関するIASCガイドライン』IASC 。

長瀬修，2008，「障害者の権利条約における障害と開発・国際協力」森壮也編『障害と開発——途上国の障害当事者と社会』アジア経済研究所，pp. 97-138。

森壮也，2010，「障害者差別と当事者運動——フィリピンを事例に」小林昌之編『アジア諸国の障害者法――法的権利の確立と課題』アジア経済研究所，pp. 183-223。

―――，2012，「フィリピンにおける障害者雇用法制」小林昌之編『アジアの障害者雇用法制――差別禁止と雇用促進』アジア経済研究所，pp. 157-186。

―――，2015，「フィリピンにおける障害者教育法」小林昌之編『アジアの障害者教育法制――インクルーシブ教育実現の課題』アジア経済研究所，pp. 111-144。

―――，2019，「フィリピンにおける障害者のアクセシビリティ法制」小林昌之編『アジアの障害者のアクセシビリティ法制――バリアフリー化の現状と課題』アジア経済研究所，pp. 147-172。

（外国語文献）

Department of Labor and Employment, 2020, *Moving towards disability-inclusive recovery in employment and livelihood in the time of COVID-19.*

ESCAP, 2020, *ESCAP Disability Inclusion Policy, Economic and Social Commission for Asia and the Pacific*, ESCAP.

Fegert, J. M., Vitiello, B., Plener, P. L. & Clemens, V., 2020, "Challenges and burden of the Coronavirus 2019 (COVID-19) pandemic for child and adolescent mental health: A narrative review to highlight clinical and research needs in the acute phase and the long return to normality", *Child and Adolescent Psychiatry and Mental Health*, vol. 14 (1), pp. 1-11.

Goldmann, E. & Galea, S., 2014, Mental health consequences of disasters, *Annual Review of Public Health*, vol. 35, pp. 169-183.

Humanity & Inclusion, 2020, A Principled and Inclusive Response to COVID-19, Focused on the Most Vulnerable Main Concerns, Humanity & Inclusion.

Huq, A., 2022, Social Protection During Covid Times: Research for Building Forward Better, CLEAR Research Briefing, Brighton: Institute of Development Studies DOI: 10.19088/CLEAR. 2022.002

International Labor Organization (ILO), 2020, Policy Brief, *COVID-19 and the World of Work : Ensuring the inclusion of persons with disabilities at all stages of the response.*

Lebrasseur, Audrey, Fortin-Bédard, Noémie, Lettre, Josiane, Bussières, Eve-Line, Best, Krista, Boucher, Hotton, Mathieu, Beaulieu-Bonneau, Simon, Mercier, Catherine, Lamontagne, Marie-Eve, & Routhier, François, 2021, "Impact of COVID-19 on people with physical disabilities: A rapid review", *Disability and Health Journal*, vol. 14, Issue 1

Publication, I. A. E. M. E., 2021, DEPTH OF GLOBAL POVERTY AND THE ECONOMY OF LOCKDOWN. IAEME PUBLICATION https://doi.org/10.34218/IJM.12.1.2021.041

Rotas, E. E. & Cahapay, M., 2021, "Managing the Mental Health of Persons with Disabilities amid the COVID-19 Pandemic in the Philippines : Specific Factors and Key Actions", *European Journal of Environment and Public Health*, vol. 5(2), em0077.

Sakellariou, D., Malfitano, A. P. S. & Rotarou, E. S., 2020, Disability inclusiveness of government responses to COVID-19 in South America: a framework analysis study, *International Journal of Equity Health*, vol. 19(1), p. 131.

Santomauro, Damian F. et al., 2021, "Global prevalence and burden of depressive and anxiety disorders in 204 countries and territories in 2020 due to the COVID-19 pandemic", *The Lancet.*

Velasco, Jacqueline Veronica, Obnialm, Joseph Christian, Pastrana, Adriel, Ang, Hillary Kay, Viacrusis, Paulene Miriel & Lucero-Prisno, Don Eliseo Ⅲ , 2021, "COVID-19 and persons with disabilities in the Philippines: A policy analysis", *Health Promotion Perspectives*, vol. 11(3), pp. 299-306.

World Bank, 2022, *Poverty and Shared Prosperity 2022 : Correcting Course,* World Bank https://openknowledge.worldbank.org/bitstream/handle/10986/37739/9781464818936.pdf

注

1）「障害者を最後の貧困者にしない」というのは，SDGsの貧困削減の取組みの成果がインドや中国といった人口も貧困率も高かった国々で2000年代に入ってから成果を挙げてきていると報告があり，MDGsの主要目標となっていた女性や子どもで成果が上がっているのに対し，障害者の状況の改善についての報告はほぼなく，統計すら整備されず，MDGsが「誰一人として取り残さない」という状況の中で取り残される存在となっている中で危惧されている問題である。

2）障害者権利条約（CRPD）は，国連総会で2006年全会一致で採択された国際条約であり，こうした国際条約としてはきわめて早い2008年に必要な加盟国数を得て発効している。同条約はMDGsに先立つMDGsで障害者についての言及がほとんどなされなかった反省から，MDGsを保管する役割を当初から期待されており，加盟国における障害者の権利を非障害者と同様に保障することがその主たる内容である。当然のことながら権利保障がされないままでは，障害者は福祉の対象でしかなく，社会の側がインクルーシブに変わらなければならないという「障害の社会モデル」の考え方がその基本にある条約である。2022年11月現在で国連全加盟国193か国のうち，185か国が加盟している（https://www.un.org/development/desa/disabilities/convention-on-the-rights-of-persons-with-disabilities.html）。

3）ICFはそれまでのWHOの障害分類ICDHが医学的に判断される機能の働きの様子のみで分類していたのに対し，同じ機能の欠損があっても社会的な状況や支援機器（たとえば，手話通訳や車椅子が利用可能な道路など）があれば，その機能障害が社会生活を送る上では障害とならないという社会の側にこそ障害があるという「障害の社会モデル」を取り入れたものになっている。

4）ALS（筋萎縮性側索硬化症）は，近年，著名人もこれにかかったことを公表することで知られるようになった疾病で，手足・のど・舌の筋肉や呼吸に必要な筋肉がだんだんやせて力がなくなっていくという特徴をもつ。原因はまだよくわかっておらず，厚労省の指定難病の一つである。

　多発性硬化症もやはり指定難病であるが，起きる症状は，視力障害，複視，小脳失調，四肢の麻痺（単麻痺，対麻痺，片麻痺），感覚障害，膀胱直腸障害，歩行障害，有痛性強直性痙攣等多岐にわたっており，病変部位によって異なる。やはり原因がまだよくわかっていない。

5）Inter-Agency Standing Committee（機関間常設委員会，IASC）は，人道支援を強化す

るために1991年に設立された国連と非国連人道パートナーの機関間フォーラム。FAO（国連食糧農業機関），OCHA（United Nations Office for Coordination of Humanitarian Affairs，国連人道問題調整事務所），UNDP（国連開発計画），UNFPA（United Nations Population Fund，国連人口基金），UN-HABITAT（United Nations Human Settlements Programme，国連人間居住計画），UNHCR（国連難民高等弁務官事務所），UNICEF（国連児童基金），WFP（国連世界食糧計画），WHOが参加し，その他，ICRC（International Committee of the Red Cross，赤十字国際委員会），ICVA（International Council of Voluntary Agencies，国際ボランティア機関協議会），IFRC（International Federation of Red Cross and Red Crescent Societies，国際赤十字赤新月社連盟），Inter Action（米国海外支援ネットワーク），IOM（International Organization for Migration，国際移住機関），OHCHR，世銀など国内外の人道支援関連機関が参加しており，緊急援助調整官（人道問題担当国連事務次長）が議長を務めている。

6）Humanity and Inclusionは，フランスのNGOで旧称，Handicap International。障害分野での国際的な活動はよく知られている。1997年にノーベル平和賞を受賞した地雷禁止国際キャンペーン（International Campaign to Ban Landmines：ICBL）をHuman Rights Watchなどと一緒に構成している。

第 2 部
ポスト／ウィズ・コロナと SDGs

第9章
グローバルヘルスとSDGs
——ワクチン・ナショナリズムの克服に向けて

神馬征峰

〔キーワード〕 COVID-19，健康格差，ワクチン・ナショナリズム，健康と人間の安全保障，平等と公平

〔要旨〕 新型コロナウイルス感染症（COVID-19）は，2020年以来，グローバルヘルスの最大課題となっている。2023年1月末までに世界で約6億8000万人が感染し676万人が死亡したと報告されており，経済・社会・福祉にも多大な影響をもたらしている。本章ではグローバルヘルス課題としてのCOVID-19を，「あらゆる年齢のすべての人々のために，健康的な生活を確実にし，良好な生活（ウェルビーイング）を促進する」という持続可能な開発目標（SDGs）の目標3との関係において論じる。まず，グローバルヘルスとは，「容認し難い不公平な健康格差の是正」を目指す諸活動のことであり，社会正義の実現をも目指している。次に，目標3には13のターゲットが含まれており，COVID-19による影響としては，特に母子保健指標の悪化と交通外傷指標の改善が系統レビューによって示されている。最後に，13のターゲットの中にはワクチンに関するものが2つある。COVID-19のゲームチェンジャーといわれるこのワクチンには光と闇がある。光として，ワクチンはこれまで多くの命を救ってきた。一方，闇として，自国民優先のワクチン・ナショナリズムが「容認し難い不公平な健康格差」を世界にもたらしてきた。「誰一人取り残さない」ためのSDGs達成の障害ともなってきた。光が闇に打ち勝つために，科学的に，そして倫理的に，いかにワクチン対策を講じていけるかが肝心でありそのあり方は，今後やってくるであろう新たなグローバルヘルス課題に取り組む上で重要な教訓となる。

はじめに：グローバルヘルスの挑戦

2019年12月に中国の武漢市から始まったとされるCOVID-19は，2020年3月11日，世界保健機関（WHO）によってパンデミックと表明された。パンデ

ミックとして世界規模で爆発的に拡がる感染症としては新型インフルエンザ，エイズなどがよく知られている。しかし過去一世紀において，COVID-19ほどの規模をもったパンデミックは，第一次世界大戦中に流行した，いわゆるスペイン風邪のみである。グローバルヘルスは，マラリア，結核，エイズなどの主要感染症対策に大きな成功を収めてきた。しかし，その成功から得られた教訓は今回十分にはいかされず，2023年1月末までに世界で約6億8000万人がCOVID-19に感染し，676万人もの死者をもたらした（https://www.worldometers.info/coronavirus/worldwide-graghs/）。加えて，世界各国で経済・社会・福祉分野における被害が増大し，人間の安全保障が唱える「恐怖からの自由」，「欠乏からの自由」，「尊厳をもって生きる自由」が世界各地で損なわれた。パンデミックであるからには世界は一つとなって取り組むべきであり，ワクチン開発においては一定の効果は示された。ところが，ワクチン・ナショナリズムといった国家レベルでのエゴが顕在化し，世界は十分には協調できずにきてしまっている。SDGsで強調されてきた「誰一人取り残さない」という理念に基づいた行動を取るためにも，グローバルヘルスは新たな一歩を踏みしめる段階にきている。

1　グローバルヘルスとは何か

(1)　グローバルヘルスへの注目

21世紀には，いくつもの新興感染症が地球規模で広がった[1)]。2003年の重症急性呼吸器症候群（SARS），2009年のH5N1鳥インフルエンザ，2014年のエボラウイルス病などである。これらは，日本を含む多くの国に直接被害はもたらさなかった。しかし，ニュースは国境を越えて世界に広がり，いつ自国にも影響がでるのではないかと，多くの人々に恐怖感を抱かせた。グローバルヘルスという言葉は知らないにしても，国境を越えてグローバルに広がる感染症への関心は一般市民の間でも高まってきている。COVID-19は今世紀最大のパンデミックを引き起こした新興感染症であり，日本では2023年1月末までに約3300万人の感染と6万8000人の死亡が報告されている（https://corona.go.jp/en/dashboard/）。

2000年以降，世界的にグローバルヘルスが注目されるようになり，学術界では，ジェフリー・P・コプランらによる以下の共通定義が2009年に提唱された。

「グローバルヘルスとは，世界のすべての人々の健康が改善し，不公平な健康格差の是正（achieving health equity）に主眼をおいた，学問，研究，実践活動のことである」（Koplan et al. 2009：1993-1995）

日本ではどうかというと，2001年，日本国際保健医療学会の島尾忠男元理事長が，学会テキスト「国際保健医療学」初版の中で，日本独自のグローバルヘルスの定義を示していた。要点は以下の3点に集約できる。

①容認し難い（健康）格差の特定

②生じた格差の要因解明

③格差是正のための手段についての研究の推進

健康格差の是正という点においてはコプランらの定義と同じである。しかし島尾は「容認し難い」というキーワードを入れている。これはグローバルヘルスの原点ともいえるプライマリヘルスケアのためのアルマ・アタ宣言[2)]にもでてくる用語であり，見逃せない。

2つの定義をあわせれば，グローバルヘルスとは，端的に「容認し難い不公平な健康格差の是正」を目指す諸活動といってよい。

その対象地域はながらく，アジア，アフリカ，中東，中南米等における資源の乏しい低・中所得国や地域とされてきた。しかしながら，種々の感染症の国境を越えた拡大，さらにはCOVID-19が当初から欧米諸国で拡大した頃から，グローバルヘルスの対象は，富める国をも含む世界すべての国である，という論調が高まってきている。

⑵　平等か公平か

コプランらの定義における「achieving health equity」を本章では「不公平な健康格差の是正」と意訳した。キーワードはequityであり，日本語では公平と訳される。一方，グローバルヘルスにおいてはequalityという言葉もよく使われる。こちらは平等と訳される。この2つの違いについては“equality vs equity”というキーワードをウェブサイトで入れると，さまざまなイラストレーションをみることができる。

まず，平等とは，個人差を配慮することなく誰にでも同じものを提供するということである。急を要する対策をする際は有効な場合もある。たとえば，マスクを手に入れにくかった2000年初期，タイミングよく同じサイズ（平等なサイズ）のマスクが幅広く配布されていれば，それなりの効果はあったはずである。しかし，同じものを提供しただけでは人によっては使えない，あるいは使い勝手が悪いという事態は十分に生じうる。

次に，公平とは個人差に配慮した対応策を取ることである。グローバルヘルスの定義においては平等ではなく公平をキーワードとしており，ここに力点をおいている。ただし，公平実現のために，たとえばアフリカやインドの奥地にワクチンを届けようとすると，かなりの人件費と運搬費を要する。高くつく。そのため実現性に欠けることがある。平等と公平。2つの違いをよく理解することは，後半で述べるCOVID-19ワクチン配布対策の際に役に立ってくる。

⑶　グローバルヘルスの成果と課題

グローバルヘルスの成果を知るための最もわかりやすい指標は死亡率の改善である。とりわけ，子どもと母親の死亡率改善はMDGs時代以前からの主要な指標であり，ほとんどの地域で改善してきた[3)]。たとえば，科学的なオンライン出版物である“Our World in Data”によれば，5歳未満児死亡率は，世界平均として1990年に1000人出生あたり93.2人であったのが2020年には36.6人へと減少している（https://ourworldindata.org/grapher/child-mortality-mdgs）。

ところが，ジェリー・Z・ミュラーが指摘しているように，測定への執着にはリスクが伴う。定量的な社会指標が社会的意思決定に使われれば使われるほど，汚職の圧力にさらされやすくなる。本来監視するはずの社会プロセスをねじまげ，腐敗させやすくもする（ミュラー 2019：2-14）。グローバルヘルスの現場も例外ではない。たとえば，国際協力機関からの資金が欲しいがために，アフリカ諸国の保健医療機関担当者から母子の死亡率データの改ざんやマラリア罹患者数の改ざんを要求されたといった声は，そこで働いた青年海外協力隊員からのエピソードとして聞くことができる。

⑷　正義を伴うグローバルヘルス

数字測定への執着から脱皮しようという動きはグローバルヘルスの定義にも反映されてきている。2009年から2019年の間，グローバルヘルスの定義は新たに33種類も提案された（Salm et al. 2021：e005292）。その中には，数字で測定し難い，社会正義を定義の中に取り込もうという動きもある。

日本では，東京大学・国際地域保健学教授であった若井晋が2001年，「ドクターの肖像：若井晋」（*Doctor's Magazine,* No. 16 February, 2001, pp. 16-21.）というインタビューの中で，社会正義について以下のように語っている。

> 「グローバルヘルスとは『公正』と『社会正義』の実現を目指す『学』であり，従ってグローバルヘルスの終焉こそグローバルヘルスの目的に他ならないのではないか！」

世界では，2009年以降，特に，エリック・A・フリードマンらが，「正義を伴うグローバルヘルス」（Global Health with Justice）を旗印として掲げ，「グローバルヘルスに関する枠組み条約」（Framework Convention on Global Health：FCGH）実現のための FCGH Alliance を2017年に設立している（https://fcghalliance.org/）。

「正義を伴うグローバルヘルス」において注目すべきは，数字の改善を超えた人々の健康・福祉の改善を目指しているということである。具体例としてローレンス・O・ゴスティンは貧困に苦しむ８人の若者の声を載せている（Gostin 2014：3-9）。以下は，その中の一人，ウガンダに住む18歳の女性ナムビルの声である。

> 「私はひどいところで暮らしています。安心して飲める水はないし，きれいなトイレもありません。夜になるとひどいもので，電気もありません。蚊がブンブンうるさく飛び回り，ゴキブリが近くを動き回ります。お母さんは薬を買ってくれますが，エイズで今にも死にそうです。暴力沙汰は日常茶飯事です。生きるのがつらいです。学校を終えたら仕事を探します。新しい生活を始め，お母さんの面倒をみてあげられるようにするためです」

グローバルヘルスはこの事態解決のためにどれだけの成果を示してきたであろうか。測定しにくいということを理由に，後回しにしてきたのではないか。

長年，公衆衛生と社会正義の課題に取り組んできたバリー・S・レヴィーは，「社会不正義（social injustice）」の定義として以下の２点を挙げている（Levy 2019：3-4）。

①ある社会で，より大きな権力をもち影響力のある者が，そこに住む特定集

団やグループに属する人々に対し，自分たちよりも彼らが劣っているという誤った認識をもつことによって，その人々の人権を否定し侵害すること。

②人々が健康に暮らすことができる社会的条件を妨げる効果をもたらす政策や行為。たとえば戦争，紛争，気候変動，医療・教育へのアクセスを阻害するような政策や行為のこと。

さまざまなレベルの権力関係や，人権を妨げる政策や行為を数値化することは容易ではない。とりわけ資源の乏しい国や地域には，すぐには死に至らなくとも，取り残されがちな人々が多く住んでいる。彼ら／彼女らの暮らしの向上を数字で表現するのはたやすいことではない。数字を超えた対策が必要となる。

ヘルスプロモーション分野では，こうした取り残されがちな人々のことを脆弱集団（vulnerable population）と称している。疾病リスクが高いというだけではない。疾病リスクが高くなるリスクが高い集団のことである。仕事がなかったり，教育レベルが低いことが多く，脆弱集団は健康以外の課題をも多く抱えている。克服のための数字を超えた対策としては，健康だけに特化しない他分野を巻き込んだ包括的アプローチ，さらに専門家だけに依存しない住民参加アプローチが有効であることが知られている。

(5)　健康と人間の安全保障

社会正義の実現のためには，人権の確保を目指すとともに，人間の安全保障アプローチをとるべきだという主張がある。その際，健康の位置づけは特殊である。2012年から2017年まで国際連合事務次長を務めた高須幸雄によれば，人間の安全保障にとって，健康に注目する理由は３つある。

「第１に『健康』に関する活動は先延ばしにできない。先延ばしにするということは『死』を意味する場合がある。第２に命を救うことによって，福祉とその他の開発活動に強いインパクトをもたらしうる。第３に『健康』に関する活動は短期間で目に見える成果を示すことができる。平和構築などに比べると，健康の分野には状況改善につながるエビデンスの蓄積があり，半年とか１年で介入効果をだしやすい」（高須氏からの個人的助言による）

人間の安全保障の推進において留意すべきは，「国家ではなく人々を中心としている」という点である。しかも，脆弱な立場におかれた人々をおきざりにしない。さらに，脅威から個人や社会を守るだけでなく，人々が自らのために立ち上がるための能力強化を目指している。

「国家ではなく人々を中心としている」という視点は，後に示すワクチン政策の実施においても生きてくる。グローバルヘルスにおいて，健康をエントリーポイントとして人間の安全保障の実現を目指すということは，さまざまな条件におかれた人々の「公正」と「社会正義」の実現を目指すということでもある。そこに住む人々と社会に手を差し伸べられるからである。

2　COVID-19とSDGs目標3

SDGsにおける健康目標はたったの一つ（目標3）に過ぎない。「あらゆる年齢のすべての人々のために，健康的な生活を確実にし，良好な生活（ウェルビーイング）を促進する」というものである。しかもその中に含まれるターゲットとしての感染症対策とワクチン対策の遅れが，17の目標と169のターゲット全体に大きな脅威をもたらしている。COVID-19によってである。以下，この目標3に注目していきたい。

2020年，COVID-19のパンデミック宣言まで，SDGs目標3に含まれるターゲット達成への歩みは遅れながらも，それなりに前進していた。ところが，その後の約2年間弱で多くのターゲット達成のための進捗は遅れてきている。これまでエビデンスの蓄積がみられるのは，ターゲット3.2の母子保健，ターゲット3.6の交通外傷である。まず母子保健に関する影響としては，2020年1月から2021年1月までに出版された関連論文が系統的にレビューされ，妊産婦死亡，死産，子宮外妊娠破裂と母親のうつ病が増加したと報告されている（Chmielewska et al. 2021：e759772）。交通外傷に関しては，2020年1月から2021年6月までの文献がレビューされ，まずは全体として交通量が減り，交通事故，交通外傷は概ね減少したと報告されている。一方，国によっては，交通量の減少をいいことに超過スピードで走る車が増え，重症の交通外傷や死亡が増えたとの報告もなされている（Yasin et al. 2021：51）。この2つ以外については，まとまった系統レビュー論文はまだみあたらない。いずれ数年のうちにすべての分野における系統レビュー論文が入手でき，COVID-19による健康ターゲットへの影響がより詳細に示されるであろう。

表9－1　COVID-19と関連の強いSDGs目標3のターゲット

3.8	すべての人々に対する財政リスクからの保護，質の高い基礎的な保健サービスへのアクセスおよび安全で効果的かつ質が高く安価な必須医薬品とワクチンへのアクセスを含む，ユニバーサル・ヘルス・カバレッジ（UHC）を達成する。
3.b	主に低・中所得国に影響を及ぼす感染性および非感染性疾患に対するワクチンや医薬品の研究開発を支援する。また，知的所有権の貿易関連の側面に関する協定（TRIPS協定）および公衆の健康に関するドーハ宣言に従い，安価な必須医薬品およびワクチンへのアクセスを提供する。同宣言は公衆衛生保護および，特にすべての人々への医薬品のアクセス提供にかかわる「知的所有権の貿易関連の側面に関する協定（TRIPS協定)」の柔軟性に関する規定を最大限に行使できる開発途上国の権利を確約したものである。
3.c	低・中所得国の中でも，通称後発開発途上国および小島嶼開発途上国において保健財政および保健人材の採用，能力開発・訓練および定着を大幅に拡大させる。
3.d	すべての国々，特に低・中所得国において世界規模でみられる健康危険因子の早期警告，危険因子緩和および危険因子管理のための能力を強化する。

出典：Nhamo et al. 2021：319-339

SDGs目標3に含まれる13のターゲットのうち，COVID-19と直接関連の強いターゲットは表9－1に示すように，3.8，3.b，3.c，3.dといわれている（Nhamo et al. 2021：319-339）。すべてが重要なターゲットではあるが，最も注目を浴びているのはワクチンに関するターゲット3.8と3.bである。とりわけ，3.8にあるユニバーサル・ヘルス・カバレッジ（UHC）とは，すべての人が，経済的な困難を伴うことなくその国の経済レベルに見合った質の高い保健医療サービスを享受できることを目的としている。日本では国民皆保険制度がUHCに相当し，多くの高所得国や中所得国では独自の制度を有している。ただし低所得国ではまだこの制度が整っていない国が多い。そのためCOVID-19による被害はより深刻な事態となっている。

3　COVID-19ワクチンの光と闇

(1)　光：COVID-19ワクチン開発の成功

新たなワクチンの開発・製造には通常5～10年の年月，数十億円の費用を要する。ところがCOVID-19ワクチンはこの常識を打ち破り，2020年3月11日のパンデミック宣言後，1年以内に23種類のワクチンが開発され，実用化されてきた。

COVID-19ワクチンの主な対象者は2020年当初は主に成人であり，その中で誰から先に接種すべきか，という問題が生じていた。この課題に取り組むべく，米国医学アカデミーは2020年，COVID-19ワクチンの公平配分フレームワークに関する基本テキストを出版した（Gayle et al. eds. 2020：1-21）。世界にも応用しうるテキストである。

このフレームワークの目標は，「COVID-19の感染によってもたらされる重篤患者，死亡者，社会へのマイナス影響を軽減すること」である。

そしてワクチンを配分する際の優先度判定基準を以下の4つとした。

①感染のリスクが高いこと

②重篤例，死亡例が増えるリスクが高いこと

③社会へのマイナスインパクトが増えるリスクが高いこと

④他者に感染させるリスクが高いこと

この4つの基準をもとに，同テキストは4つのフェーズに分けて優先順位を示した。

フェーズ1：医療従事者，基礎疾患を有する者，過密な環境に在住の高齢者等

フェーズ2：幼稚園から初等・中等教育に従事する学校スタッフ，感染リスクの高い職場のスタッフ，ホームレス，囚人，障害者等

フェーズ3：若者，子ども，リスクが中程度の職場のスタッフ等

フェーズ4：上記以外のすべての者

日本では，厚生労働省による「新型コロナウイルス感染症に係る予防接種の実施に関する手引き」の初版が2020年12月17日に発出され，2023年1月11日には第9版が発出された。当初は4段階の接種順位が示されており，①医療従事者，②高齢者，③基礎疾患を有するもの・高齢者施設の従事者，④上記以外の者，の順となっていた。

世界各国は，同様の手引きに基づいてワクチン接種を進めてきた。途中段階における科学的データとして，2021年12月時点での世界のワクチン接種状況については，Nature誌のまとめ（Mallapaty et al. 2021：580-583）が参考になる。特筆すべきは，高所得国では，平均して83％の対象人口が少なくとも1回のワクチン接種を受けていたのに対し，低所得国では21％にとどまっていたという

まとめである。その後改善はみられてきているものの，高所得国と低所得国の格差は依然として存在する。

(2) 闇：ワクチン・ナショナリズム

COVID-19ワクチンの効果はイスラエル，英国，米国などで早い時期から示された。しかし，度重なる変異株の登場によって，効果は下がり，2021年12月，イスラエルは4回目のブースター接種を行った。日本でも3回目のブースターが2021年末から始まり，2022年9月からはオミクロン対応改良型ワクチンの接種も始まった。5回目の接種も始まっているが2023年2月1日時点で接種率は約23%にとどまっている（https://info.vrs.digital.go.jp/dashboard/）。

高所得国では，このようにワクチン接種を繰り返し，死亡者数が減ってきている。ところが，上に述べたように，低所得国で少なくとも一回接種を受けた人は対象人口の21%である。グローバルヘルスが目指す「容認し難い不公平な健康格差」が生じ，「正義を目指すグローバルヘルス」への途も閉ざされてきた。

この不公平をもたらしている大きな要因の一つがワクチン・ナショナリズムである。ワクチン・ナショナリズムとは「ワクチン確保のための自国民優先主義」のことである。「ある国家が自国の国民を守るために，他国に先んじてワクチンを自国民に提供する行為」であるという定義もある（Gruszczynski & Wu 2021：711-719）。

COVID-19ワクチン・ナショナリズムについての批判は多いものの，バイオエシックスの分野からは，以下のように，倫理的に許容できる要素もあることが指摘されている（Schuklenk 2021：99）。

> 「COVID-19ワクチン・ナショナリズムとは，COVID-19ワクチンの供給とその全面展開（ロールアウト）において，高所得国が，低・中所得国の市民よりも自国の市民を優先させることを倫理的に正当化できるということである」（高所得国は原文にあるGlobal Northの意訳，低・中所得国とは同Global Southの意訳である）。

COVID-19がパンデミックとなった当初，ワクチン・ナショナリズムがさらに正当化された理由としては以下の2点がある（Schuklenk 2021：99）。

第1に，高所得国に属するイタリアや米国において最大の感染が起こった。

最もワクチンを必要としていたのは，これらの国々であった。

第2に，これら民主主義国家の市民に自分たちのお金（税金）で購入したワクチンを貧しい国の市民に分け与えるほどの親切心はなく，ワクチンを世界に分け与えるという意思決定をした政治家は次の選挙で再選されない危険があった。

1番目の理由に関しては，米国，英国，欧州連合（EU），カナダ，日本が製薬会社と交渉し，大量のワクチンを2021年1月半ばまでに確保した。これらの国々の総人口は世界人口の14%，それが70億回分販売されたワクチンのうちの60%を確保した。これらの行為は，2021年末までに低所得国に住む90%の人々にワクチンがいきわたらないということでもあった（Gruszczynski & Wu 2021：711-719）。

米国，英国，EUでは確かに感染者も多く，死亡者も多かった。第1の理由は成立しうる。しかしカナダと日本はどうか？　感染者数，死亡者数ともに比較的少なく，前者ほど逼迫してはいなかった。となると，2番目の理由だけが，カナダや日本がまだ感染が広がる前から先がけてワクチンを入手した理由となる。つまり，国というよりは民主主義国家の市民が自国民優先主義を望んだ，という力学が強く働いたということになる。

低・中所得国でのCOVID-19による健康被害が大きくなるにつれ，ワクチン・ナショナリズムへの批判の声は倫理的視点からだけでなく科学的視点からも高まってきている。

この科学的視点についてはScience誌に掲載された論文が参考になる（Wagner et al. 2021：eabj7364）。

ワクチン・ナショナリズムによってワクチンの分配に偏りが生じるとどうなるか？　キャロライン・E・ウァグナーらは2つの数理モデル地域を作り上げた。一つはワクチンへのアクセスが良好な地域，もう一つはアクセスが乏しい地域である。当然ながらアクセスの乏しい国の感染率は高まり，それに伴う医療破綻も生じやすくなる。同時に新たな変異株も出現しやすくなる。その両者間で移住による人々の交流が起こるとどうなるか？　変異株はワクチンへのアクセスが良好な地域にも広がってしまう。実際，ブラジルからはガンマ株，インドからはデルタ株，南アフリカからはベータ株とオミクロン株が確認され，いずれも高所得国における感染再発のきっかけとなった。この論文は，科学的にその流れを説明しているという点において優れている。

「すべての人が安全となるまでは誰一人として安全ではない」(No one is safe until everyone is safe) という名言がある。COVID-19にぴったりのこの文言は，科学的にも正しいと指摘されているのである。

4　ワクチンの平等な配分・公平な配分

(1)　平等な配分のためのCOVAXファシリティ

不公平な健康格差がこのようにして生じうるということはパンデミック宣言当時から想定されていた。そして具体策として，国際的な取組みとしての新型コロナウイルス感染症ワクチングローバルアクセス（COVAX）ファシリティが2020年から注目を浴びてきた。2020年４月24日，WHO，欧州委員会，フランス，ビル＆メリンダ・ゲイツ財団が，ACT-Acceleratorアライアンスを設立し，世界戦略を作り上げた。ACTとは「The Access to COVID-19 Tools」の略で，COVID-19対策手段へのアクセスという意味である。これは大きく３つの柱からなる。診断，治療，ワクチンである。ACT-Acceleratorはこれらの新しいツールの開発，生産，公平なアクセスを加速化させるための協働の仕組みであり，COVAXファシリティはワクチン部門の実践フレームワークである。2020年９月９日にはその最終版が作成された。文書のタイトルは「WHO concept for fair access and equitable allocation of COVID-19 health products」である。先に述べた平等と公平の違いの議論を思い出してほしい。ここではfair accessとequitable allocationという言葉が使われている。Fairは公正という意味でありequityとほぼ同義である。ところがWHOはこの文書の中で，世界各国に人口の20％に相当するワクチンを平等に配分するといっている。この20％に相当する主たる対象者は前述のアメリカ医学アカデミーが提示したフェーズ１の人たち（医療従事者，基礎疾患を有する者，過密な環境に在住の高齢者等）である。人口や感染の規模が同じであれば，このやり方でもよい。しかし現実にはそうもいかない場合が生じた（Emanuel 2021a：371-373）。

2021年の１月半ば人口3300万人のペルーでは約100万人が感染し，３万8399人が死亡した。ほぼ同じ時期，人口3200万人のマレーシアでは14万7855人が感染し，578人が死亡した。ペルーの方が７倍も感染者がいた。死亡者数も66倍であった。それなのに，このCOVAXのスキームでは同じ量のワクチンを「平等」に供給するということになってしまう（Emanuel 2021a：371-373）。

政治的思惑を意識してのWHOのやり方なのであろう。しかし，「人間の安全保障」の立場からは，これでは「人々のための安全保障」とはいえない。公平なやり方ではない。

WHOの同文書27ページ目にはフェーズ２として，まず20％の人々にいきわたったら，その後，感染被害の規模に応じてワクチン供給量を増やすといっている。しかしながらその詳細についての記載はない。

⑵　公平な配分のための優先モデル

そこで，COVAXの発想や初期活動としての重要性を評価しつつも，国家よりもそこに住む人々に注目したワクチン提供を重要視し，エゼキエル・J・エマニュエルらは新たなフレームワークを提案した。公平なワクチン配分のための「公正なる優先モデル」（Fair Priority Model）である。

このモデルは３つの基本的価値観に基づいて作られている（Emanuel 2021a：371-373）。

①個人の利益第一であり，個人への害を避けること

②不利な立場にある人を優先させること

③世界を視野に入れて公平なワクチン配分の確保を図ること

実践にあたっては以下のフェーズで進められる（Emanuel 2021a：371-373）。

フェーズ１：予測できるCOVID-19による早死（premature death）の軽減

フェーズ２：COVID-19による健康被害と経済・社会的負担の軽減

フェーズ３：COVID-19の市内感染の終結と正常な日常への復帰

ここまではよい。しかしながらこれをどのように実現させるかについては詳細に述べられていない。そこで，エマニュエルらはこのフレームワークを一歩前進させ，「人々」の間の格差是正を目指して，以下に示す「住民のための公正な優先フレームワーク」（Fair Priority for Residents Framework）を提案した（Emanuel 2021b：543-562）。

「各国政府による自国民向けのCOVID-19ワクチンの保持は許される。ただしそれは，国として危機的状態を脱する死亡率レベルを維持するだけの量としてである。またワクチンの保持と同時に，感染を減らすための適正な公衆衛生

対策は続けて実施していなくてはならない」というものである。

では危機的状態の死亡率とは何か。エマニュエルらは，その基準をインフルエンザによる年間死亡率としている。ただし適用国は保健システムが整っており，毎年のインフルエンザ死亡率がほぼ安定している高所得国が望ましいとしている。各種資源が不足しており，インフラ設備も不備な低所得国では，インフルエンザの死亡率が年によって不安定であり，このフレームワークの適用が難しいからである。

高所得国でこのフレームワークを用いる場合は，国家間の合意も必要である。第1に合意によって，基本原理に基づく社会規範が示されることになり，国家間の勝手な振る舞いを制御できるようになる。第2にこのフレームワークを示すことによって，「死亡率がパンデミック前の状態になっているのだから，他の国々にワクチンを送ってもよいのだ」という理由づけを住民に対して行うことができる。第3にこの合意によって，ある種の強制力が働き，各国が自主的に対策をとるよりも優れた効果がでるものと期待できる（Emanuel 2021b：543-562）。

しかしながら，インフルエンザ死亡率は基準として適切か？　高所得国はどのようにワクチンを他国に配るのか？　COVAX ファシリティのようなまだ不安定な機関にリーダーシップを取らせて良いのか？　いくつかの疑問は残る。このような課題は残るものの，地球規模で公平なワクチン提供を行うためのフレームワークとしては大いに参考になる。国の枠を超え，人々に注目した活動は人間の安全保障の理念にも適っている。

まとめと展望：目標3達成に向けて私たちができること

グローバルヘルスの目的は「容認し難い不公平な健康格差の是正」である。COVID-19の際に生じたワクチン・ナショナリズムはこの「不公平な健康格差」を是正するのではなく，増悪させてきた。

この事態に対して，日本に住む私たちがなすべきことは2つある。第1に国内における健康格差是正の活動の一つとして，グローバルヘルスのテーマでもある在留外国人の健康対策を充実させることである。第2にワクチン・ナショナリズムを超えて，世界に貢献するための活動を実施することである。

国内では，COVID-19が始まって以来，「last hired, first fired」（最後に雇用され，最初に解雇される）という事態が，特に観光関連産業で働く在留外国人にみられるようになった。COVID-19に伴う公的差別（排除）も生じている。

しかしながら，在留外国人のうち何％が感染し，どれだけの人が死亡したのかという統計データはない。事例研究はあるものの，包括的に現状を捉える仕組みの構築がまずは必要となる。それによって，在留外国人への不必要な差別が一般市民の間で生じる可能性はあるものの，全体像を知ることによって得られるメリットの方が大きい。

国の政策としては，2019年以来，外国人受け入れのための国としての統合政策が進められており，その問題点も指摘されている（近藤 2021：267-280）。ところが，言語，教育などについて詳しい記載がある一方で，健康に関しては公共サービスの一環としてわずかに述べられているに過ぎない。このような統合政策の中に健康の視点をより強く反映させていくべきである。

第2にワクチン・ナショナリズムを超えるべく，外務省は安全性，有効性，品質が保証されたワクチンを公平に世界に届けるための支援を行ってきた。まずCOVAXファシリティへの財政支援として低・中所得国向けに約220億円を拠出し，その後は2021年6月2日にオンラインで開催された「COVAXワクチン・サミット」で，各国に資金の動因を働きかけた。結果として，低・中所得国の人口30％分のワクチン確保に必要な資金約9100億円を超える約1兆円の資金確保に貢献した。COVAXファシリティを介さないワクチンの対外的現物供与もベトナム，インドネシア，台湾等に対して合計約2000万回分行っている。2021年3月以降は，国連児童基金（UNICEF。以下，ユニセフ）や独立行政法人国際協力機構（JICA）を介し，ワクチンを接種現場まで届けるためのコールドチェーン体制設備などの支援を世界59か国・地域で行っている。平等にワクチンをばらまくだけではなく，ワクチンを公平に届けるための総額137億円の事業である。

日本人はこれをどう評価するであろうか？　自らが失業し，倒産し，自殺する家族がいる場合もあるというのに，加えてCOVID-19に罹患して，後遺症に苦しんでいる患者が多くいるというのに，在留外国人やアフリカ，アジアなどの国々の人々に対して，なぜ何百億円もの支援をしなくてはならないのか？

一つには日本にはインフルエンザを含む過剰死亡が比較的少なく（Onozuka

et al. 2021：dyab216)，「住民のための公正な優先フレームワーク」を適用しうるからである。もう一つ，COVID-19は，世界のどこかで流行が続く限り，世界の誰もが安心できない感染症であるがゆえに，私たちは，自分自身のことだけでなく世界のことをも意識して行動すべきだからである。

それでもなお，この問いに窮した時は，1995年1月17日に起こった阪神・淡路大震災を思い起こして欲しい。2011年3月11日の東日本大震災を思い起こしてほしい。あの時，経済的に貧しい状態におかれていたアジアやアフリカの国々の人々がどれだけ日本の災害を憂い，心を砕いて祈ってくれたか？　数字や金額として数えられない世界の友人からの想いがどれだけ窮地にあった日本人を励ましてくれたか。

COVID-19は，人とウイルスとの共生を目指せといっている。同時に，小さなコミュニティにおいて，また地球規模でも，人と人とが助け合い，共に生きていくために何をなすべきか，それを考えよ，そのために行動せよ，とも語りかけている。私たちはその声に耳を傾け，次の一歩を踏み出すべきである。

最後に，『農民芸術概論綱要』に残された宮澤賢治の言葉を贈りたい。

「世界がぜんたい幸福にならないうちは個人の幸福はあり得ない」(宮澤 1997：9)

〈参考文献・資料〉

(日本語文献)

近藤敦，2021，「コロナから考える統合政策」鈴木江理子編『アンダーコロナの移民たち』明石書店，pp. 267-280。

宮澤賢治，1997，「農民芸術概論綱要」新校本『宮沢賢治全集第13巻（上)』筑摩書房，p. 9。

ジェリー・Z・ミュラー（松本裕訳)，2019，『測りすぎ――なぜパフォーマンス評価は失敗するのか？』みすず書房。pp. 2-14。

(外国語文献)

Chmielewska, B. et al., 2021, "Effects of the COVID-19 pandemic on maternal and perinatal outcomes: a systematic review and meta-analysis", *The Lancet Global Health*, vol. 9, e759772.

Emanuel, E. J. et al., 2021a "Enhancing the WHO's Proposed Framework for Distributing COVID-19 Vaccines Among Countries", *American Journal of Public Health*, vol. 111 (3), pp. 371-373.

———, 2021b, "On the Ethics of Vaccine Nationalism: The Case for the Fair Priority for Residents Framework", *Ethics in International Affairs*, vol. 35(4), pp. 543-562.

Gayle, H. et al., eds., 2020, *Framwwork for equitable allocation of COVID-19 Vaccine,* The National Academy Press, pp. 1-21.

Gostin, L. O., 2014, *Global Health Law,* Harvard University Press, pp. 3-9.

Gruszczynski L. & Wu, C-h., 2021, "Between the high ideals and reality: Managing COVID-19 vaccine nationalism", *European Journal of Risk Regulation*, vol. 12(3), pp. 711-719.

Koplan, J. P. et al., 2009, "Towards a common definition of global health", *The Lancet*, vol. 373 (9679), pp. 1993-1995.

Levy, B. S., 2019, "The impact of social injustice on public health", in Levy B. S. ed., *Social Injustice and Public Health, 3rd ed.,* Oxford University Press, pp. 3-4.

Mallapaty, S. et al., 2021, "How COVID vaccines shaped 2021 in eight powerful charts", *Nature*, vol. 600 (7890), pp. 580-583.

Nhamo, G. et al., 2021, "COVID-19 vaccines and treatments nationalism: Challenges for low-income countries and the attainment of the SDGs", *Global Public Health*, vol. 16 (3), pp. 319-339.

Onozuka, D. et al., 2021, "Reduced mortality during the COVID-19 outbreak in Japan, 2020: a two-stage interrupted time-series design", *International Journal of Epidemiology*, dyab216.

Salm, M. et al., 2021, "Defining global health: findings from a systematic review and thematic analysis of the literature", *BMJ Global Health*, vol. 6, e005292.

Schuklenk, U., 2021, "Vaccine nationalism-at this point in the COVID-19 pandemic: unjustiable", *Developing World Bioethics*, vol. 21, p. 99.

Wagner, C. E. et al., 2021, "Vaccine nationalism and the dynamics and control of SARS-Cov-2", *Science*, vol. 373, eabj7364.

Yasin, Y. J. et al., 2021, "Global impact of COVID-19 pandemic on road traffic collisions", *World Journal of Emergent Surgery*, vol. 16(1), p. 51.

注

1）　新興感染症：過去20年間の間に知られてなかった新しいタイプの感染症，かつ公衆衛生上の問題となるものである。その多くはまずは動物から人，次いで人から人に感染する。SARSは，2002年11月，中国・広東省で始まり，32の地域と国に広がった。同年7月に終息するまで，約8000人が罹患した。鳥インフルエンザはトリからヒトへの感染症，エボラウイルス病はコウモリや霊長類からの感染症として知られている。SARS，鳥インフルエンザやエボラウイルス病が比較的伝染性が低いのに対してCOVID-19は空気感染するといわれていることからも，きわめて高い伝染性があり，そのことが大規模なパンデミックの原因の一つとなった。

2）　アルマ・アタ宣言：1978年9月，旧ソビエト連邦のアルマ・アタ市（現在カザフスタン共和国）で「すべての人々に健康を」というスローガンの下，アルマ・アタ宣言が採択された。推進機関はWHOとユニセフである。一般診療のみならず，安全な水の確保や栄養対策を含んだプライマリヘルスケアを世界に広げるための推進力となった。公平，分野間協力，住民参加を活動推進の3本柱とし，保健医療サービスだけでなく，人権としての健康確保のための包括的アプローチに重きをおいている。

3）　MDGsからSDGSへ：MDGsの時代，健康関連の目標は8つの目標全体のうち3つもあった。子どもの死亡，母親の健康，主要感染症対策の3つである。いずれも，介入における質の高いエビデンスがあり，具体的対策がとりやすく，評価もしやすいゴール設定であった。SDGsの時代となると目標は17のうちの一つとなった。その中の13のターゲット設定においては，MDGs時代からの引き継ぎターゲットに加えて，新たなターゲットが加わった。保健システム強化のためのUHCの制度確立や非感染性疾患（日本では生活習慣病）対策などである。評価しやすい疾病対策に加えて，その基盤となる保健システム強化にも重きをおいている。その点からも，SDGsは評価し難い健康課題に対しても挑戦している。

第 *10* 章
教育と SDGs——教育のあり方を問い直す

北村友人／劉　靖／芦田明美

〔キーワード〕　教育支出，学校閉鎖，教育における ICT 活用，オンライン学習，家庭間格差

〔要旨〕　すべての人々にとって公平かつ質の高い教育へのアクセスは，持続可能な開発目標（SDGs）を達成するにあたって必要不可欠である。また，「誰一人取り残さない」教育は，「人間の安全保障」においても欠かせない。新型コロナウイルス感染症（COVID-19）によるパンデミックの影響は，すべての教育段階における学校閉鎖を招き，世界における学生人口の94%に影響をもたらした。本章では，アジア地域と日本の学校教育現場に着目し，COVID-19 の感染拡大による影響や，教育機関レベルで取られた実践を概観する。特に，感染拡大防止のための学校閉鎖によって顕在化した学習機会の喪失やオンライン教育実施にあたっての課題に対して，国際機関や日本政府がどのような対策を打ち出してきたのかを明らかにする。また，中国の山間部に位置する小規模な農村の小学校においてみられた，教員による地域を巻き込んだ学習継続のための取組みを紹介する。最後に，教育のあり方をも変容させた新型コロナ禍（以下，コロナ禍）において，長期的に検討していくべき課題と今後の展望について述べる。

はじめに：COVID-19 感染拡大と教育の現場

(1)　COVID-19 感染拡大が世界の人々の生活にもたらした影響

2020年から生じた COVID-19 のパンデミックは，世界において社会と人々の健康状態に深刻な問題を引き起こした。2021年 7 月までに全世界で 1 億9000万人もの感染が確認され，とりわけアジア太平洋地域では4000万人以上の感染者数が報告されている（UNESCO 2021：8）。また，COVID-19 のパンデミックによる影響は個人の健康問題にとどまらず，世界経済にも悪影響を及ぼした。

2020年には３％の減少幅で世界経済が縮小し，その結果，国民所得の減少や失業が生じた。このパンデミックによる影響は国ごとに違いもみられるが，パンデミック前からのさらなる貧困と不平等の拡大につながっている。

さらに，このパンデミックは健康に不安を抱える高齢者や，市場経済を支える現役の労働世代だけでなく，世界中の子どもたちや若者に対しても大きな影響を及ぼし，特に，各国における教育のあり方を変容させている。本章では，COVID-19 感染拡大が教育にもたらした影響について検討する。特にアジア地域に着目し，日本の学校教育現場や中国の農村部において，COVID-19 の感染拡大がどのような影響を及ぼし，学校や大学においていかなる対応が取られてきたのかを概観する。未だその渦中にあるコロナ禍において，どのような問題が生じ，それらに対して国際機関や日本政府がどのような政策を打ち出してきているのか，政策レベルにも着目し，明らかにすることを試みる。

⑵　COVID-19 パンデミック直後の日本の教育現場における対応

COVID-19 感染拡大に伴い，パンデミック発生直後に世界の教育現場において共通して取られた対策は，すべての教育段階における教育施設の物理的な閉鎖であった。190か国以上において16億人近くの学習者がこの影響を受け（UN 2020：2），特に教育機関の閉鎖は世界の学生人口のうち94％に影響を与えた。国連教育科学文化機関（United Nations Educational, Scientific and Cultural Organization：UNESCO. 以下，ユネスコ）の報告によれば，2020年４月時点において93％の国が学校を部分的，または全面的に閉鎖した。とりわけ，アジア太平洋地域では，2021年６月１日までに52％の学校が部分的，あるいは完全に閉鎖となった（UNESCO 2021：9）。また，授業日数でみると，2020年３月11日から2021年２月２日までの間に，世界全体で平均して95日間，学校が完全に閉鎖となった（UNICEF 2021）。

日本の初等・中等教育現場においては，COVID-19 の感染拡大を受けて，2020年２月27日，当時の安倍晋三首相により，「子どもたちの健康・安全を第一に考え，多くの子どもたちや教職員が，日常的に長時間集まることによる感染リスクにあらかじめ備える観点から，全国全ての小学校，中学校，高等学校，特別支援学校について，来週３月２日から春休みまで，臨時休業を行うよう要請します」との宣言が出された（首相官邸 2021）。

この臨時休業の要請を受けて，日本国内における99％の学校が休校となり，1か月余り残っていた2019年度の学事暦は縮小され，実質的に終了となった[1)]。その後，4月からの新しい学校年度の開始にあたっては，緊急事態宣言が発出されていた東京や大阪を含む7都府県の公立学校において全面的な臨時休業措置が取られたが，これら以外の地域においても地域の感染拡大状況に応じて，臨時休業措置の対応がなされた。日本全体では約4割の学校が2020年度の新学期を予定通り開始したが，翌週の4月7日には，すべての都道府県に対して緊急事態宣言が発出され，多くの学校が再び休業措置を取ることとなった。

2020年4月中旬に文部科学省が実施した調査によれば，4月22日の時点で，臨時休業を実施していた，あるいは実施を決定した全国の学校の割合は94％に上る（文部科学省 2021a）。ちなみに，この時点で臨時休業を実施していた学校の内訳は，国立98％，公立93％，私立82％である。学校種別では，幼稚園74％，小学校95％，中学校95％，義務教育学校95％，高校97％，中等教育学校100％，特別支援学校96％，専修学校高等課程93％である。その後，感染状況が落ち着いてきたことを受けて，政府による緊急事態宣言は5月25日に解除された。各自治体の教育委員会は臨時休業の終了を決定し，6月1日までには98％の学校が2020年度の新学期を開始した。

(3)　感染拡大防止に伴う学校閉鎖がもたらした学習の機会への影響

COVID-19の感染拡大防止に伴う学校閉鎖は，児童生徒，教員，保護者，地域社会といった教育にかかわるさまざまなレベルの関係者に影響をもたらしている。たとえば，学校閉鎖の措置が取られたことにより，学習者が教員から直接指導を受ける機会が大幅に失われた。108か国を対象にしたユネスコの報告によると，2020年7月までに学校閉鎖によって通年の学校年度の約4分の1が失われた。とりわけ，アジア太平洋地域では，2020年9月までに平均101日以上の授業日数が失われている（UNESCO 2021）。学校の開校日数が削減されることで，近い将来，児童生徒の学業達成には負の影響がでることが指摘される。また，約1億人の児童生徒が，読解力と算数・数学の科目において最低限の習熟度に到達できないであろうとの予測がなされている。さらには，学校の閉鎖によって，より不利な環境にある児童生徒が学校教育から離れ，退学に至る可能性も指摘される。2020年には，就学前教育から高等教育のすべての教育段階において，学校に復学しない可能性のある学習者は約2400万人に上ると見積もられた（UN 2020; UNESCO et al. 2020）。

経済的損失による国家財源の圧迫を受けて，各国予算における教育分野への公的支出は保健分野や経済分野に振り替えられている（Schleicher 2020）。公的予算における教育への優先順位が下がり，結果として教育支出の減少傾向は高所得国，低所得国の両方でみられた。とりわけ，公的支出全体に占める教育の優先順位の低下は，低所得国でより顕著であった（IBRD, World Bank & UNESCO 2022）。

また，栄養価の高い食物へのアクセスが妨げられ，子どもや女性への暴力のリスクが増加するなど，児童生徒やコミュニティへの基本的なサービスの提供においても，感染拡大防止による学校閉鎖がもたらした影響は多岐にわたる。たとえば，アジア太平洋地域における何百万もの児童生徒が，望ましい身体的な成長に欠かせない，日々の主要な栄養源である学校給食にアクセスすることができなくなった（Borkowski et al. 2021; UNESCO 2021）。さらに，学校は疾病予防や健康状態の診断，カウンセリングのためのプラットフォームとしての役割も担っている。これを踏まえると，そのような場所へのアクセス自体を阻む学校閉鎖は，児童生徒の身体的かつ心理社会的な健康にも悪影響を及ぼしたといえる（UN 2020）。このことは，脆弱な立場にいる人々が保護を受けるにあたって必要な，社会保障や保護などのシステムの機能不全を引き起こす可能性にもつながった。

1　学校閉鎖下における学習継続にあたっての試み

(1)　国際機関や各国政府による世界レベルでの取組み

世界各国の政府は，コロナ禍における学習機会の喪失を軽減するため，学習の継続を目指してさまざまな対策を講じている。特に，各国政府は遠隔で教育を提供するためのさまざまなアプローチを試みた（UNESCO et al. 2021）。ユネスコの報告書によれば，アジア太平洋地域の46か国のうち，約３分の２にあたる国々がオンラインでの教育・学習プログラムの開発を行っている（UNESCO 2021）。これまで，突然の学校閉鎖に対応する形でさまざまなタイプの教育プログラムやアプローチが開発，実施され，その中にはオンラインでの双方向を実現した授業，テレビやラジオでの非同期型の遠隔学習などが含まれる。テレビやラジオが最もよく採用されている遠隔教育の方法であるが，高所得国においてはオンライン学習のためのプラットフォームが最も広く活用された（UNESCO et al. 2020）。

また，オンラインでの教育による学習効果の保証を目的に，61%の国々では遠隔教育に関する特別なトレーニングの機会が，教育委員会や学校から教員に対して提供された。その内容は，教授法やICT技術の効果的な使用に関するものである（UNESCO 2021）。平均して，2020年には10か国中3か国，2021年には10か国中4か国において，学校再開後の授業をサポートするために，教員の追加採用の措置が取られているが（UNESCO et al. 2021），高所得国および低中所得国間では，教員の新規採用や授業のサポートスタッフのための特別なトレーニングに大きな差がみられる。たとえば，高所得国の45%が学校再開支援のために教員以外のスタッフを採用したのに対し，低中所得国に至ってはわずか12%であった（UNESCO et al. 2020）。

さらに，学校の閉鎖に伴い，各家庭では質の高い学習環境が求められるようになった。このことは，親，特に脆弱な環境にある世帯に新たな負担をもたらすこととなった。世界各国の政府は，在宅学習に関する保護者へのガイダンス，食事や心理的・社会的な支援，保育などの取組みを行っているが，高所得世帯と低所得世帯の間にはそれらのサービスを享受するにあたって大きな差が見られる（Brossard et al. 2020; UNESCO et al. 2020）。

また，一国内の地域においても，教育にかかわるサービスを受けるにあたっては差が見られ，特に都市部と比較して教育設備等の環境が十分でない地域においては，その差が顕著にみられた。その具体的な事例として，次項で本章の著者の一人（劉）が研究対象とする，中国の中部地方に位置する湖北省農村地域を取り上げ，小規模校の実態とその取組みを紹介する（Liu 2021）[2]。

⑵　途上国における新型コロナ禍の教育への影響：中国農村Ａ小学校の事例

COVID-19によるパンデミックの発生は，2020年初頭，前例のない世界的な公衆衛生にかかわる危機をもたらした。また，学校閉鎖は，特に途上国や社会的に不利な立場にある層に対して大きな影響を与えた。本項では，質の高い教育資源の配分や教育インフラにかかわる整備などが十分でない中国農村地域の学校に着目し，COVID-19の蔓延による子どもたちの学習への影響，それに対して学校や地域社会によって実際に行われた取組みを紹介する。

世界の中でもCOVID-19の発生を初めに経験した国として，中国政府は未曾有の教育危機に取り組むことを目的に一連の政策を発表した。たとえば2020年1月下旬，全国的に学校教育を継続させるための重要な原則として，「授業は中断しても学習は継続する」というスローガンを打ち出した。春学期の開始を遅らせるほか，中国教育部は公立の公開大学による無料のMOOC2Uプラットフォーム[3)]，教育資源国家公共サービスプラットフォーム，中国教育網テレビなど，オンライン学習と教育のための豊富な教育資源を含むさまざまな国レベルのプラットフォームを提供した。また，政府は大学，地方教育行政機関，そして地域に，質の高い教育を提供している学校間の協力を促し，教育のためのリソースの共有を奨励した。さらに，パンデミックとその後の学校閉鎖によって，より脆弱かつ不利な学習環境に陥ることとなった，恵まれない状況にある子どもたちへの支援を重視した。

本節では，中国湖北省の山間部にあるA小学校を事例に，コロナ禍における教育への影響について紹介する。A校は小規模な農村小学校（児童数が100人以下の小学校）として，中国政府から公式に認定されている。湖北省の貧困地域にこのA校は位置していることから，近隣の都市部への移住が増え，人口の3分の1程度は村外で働いている。現在，A校では1年生から4年生までの41名が在籍し，12人は未就学児クラスに在籍している。校長によると，児童の78％はいわゆる「留守児童」である。「留守児童」とは，両親のどちらかが都市部に働きに出ている間，中国の農村部に残っている子どもたちのことを指す。一般的に，「留守児童」は祖父母や親戚と一緒に農村で暮らしている。A校では片方の父母と同居する「留守児童」は5人であり，残りの38人は祖父母との同居であった。また，A校では20代の男性教員1名と女性教員4名が勤務している。一昔前の世代の農村学校の教員とは異なり，これらの若い世代の農村学校の教員は大卒であり，コンピュータやインターネットの使い方に精通している。

中国，武漢でCOVID-19が発生したとき，A校は冬休みの最中であった。新学期の開始は2020年2月の春節明けまで延期されたが，A校の教員は「授業は中断しても学習は継続する」との政府の原則に従って，授業をオンラインに移行することとした。近年の中国の農村部では，インターネットサービスの普及が拡大しつつある一方で，過疎地でのアクセスは未だ限られる。特にA校の位置する地域では，インターネットへのアクセスは保護者のスマートフォンを用いたものがほとんどである。つまり，各家庭の住居にインターネット接続のためのWi-Fiなどの設備が整っているわけではなく，個人所有のスマートフォンがインターネットへのアクセスポイントとしての役割を果たしている。そのような中，2020年4月8日の武漢の閉鎖解除後，保護者は出稼ぎのため，スマートフォンをもって農村部から都市部へ移動した。その結果，子どもたちは保護者のスマートフォンを介したインターネットへのアクセスの手段を失うことになり，オンラインで提供される授業に出席することができなくなった。校長によると，2020年4月上旬には51％の児童がインターネットにアクセスできない状態に陥った。子どもたちのインターネットへのアクセスの問題は，学習機会へのアクセスの問題と直結し，子どもたちを取り巻く教育環境はさらに深刻化することとなった。

休校期間中の子どもたちを学習の機会から取り残さないため，A校の教員はあらゆる方法を試みた。たとえば，教材を準備し，オンラインで授業を行うだけでなく，オンライン学習や活動の時間割を新たに作成し，児童が学習と日常生活をバランスよく維持できるようにした。また，各教科の基礎知識だけでなく，COVID-19の予防に関する知識や心理的な指導，児童や保護者向けの活動などを盛り込んだ。さらに，知識学習だけでなく，オンライン授業の休憩時間には，目のマッサージをするよう促し，保護者に対しては，子どもたちの日々の運動量を増やすよう呼びかけた。

また，中国で利用者の多いメッセンジャーアプリであるWeChatを用いて，児童から宿題を集め，フィードバックを毎日返した。その他，週に一度，教員が児童の家庭を訪問し児童の状態を確認することで，保護者との情報交換を積極的に実施した。インターネットやテレビが使えない家庭には，必要に応じて教員が児童の自宅まで教材を届けた。さらには，インターネットへの接続環境がない家庭の子どもたちにインターネットへのアクセスを確保するため，近隣の人々の協力を得られるよう交渉した。毎日の授業の時間割にあわせて，近所の協力者のスマートフォンを一時的に借り受け，子どもたちがオンライン授業に参加できるように調整をしたのである。加えて，家庭訪問ではCOVID-19

予防のための知識を伝え，安全面について注意喚起を行った。保護者に対しては，宿題の提出などに必要な WeChat の使い方を教えるなど，サポートも実施した。

このような地道な取組みがなされたにもかかわらず，実際には A 校の教員らによる努力がすべての児童のニーズに対応できたわけではない。たとえば，保護者が日中の農作業に出かけている間，児童の安全な環境は脅かされやすい。村全体で子どもたちを見守る必要があるが，地域による連携には不足がみられた。また，すべての児童に対してインターネットへの自由なアクセスを保証することは容易ではなかった。先述した通り，教員は自らのできる範囲で，率先して近隣の人々に協力を求め，インターネットへのアクセスができない子どもたちに，スマートフォンを借りてオンライン授業を受けることができるように調整を行った。しかし，本来はこのような教員個人のレベルでの努力ではなく，地域のレベルですべての子どもたちがアクセス可能な，安定した質の高い教育へのアクセスやリソースを提供できるような持続可能な体制を構築する必要がある。さらに，農村部の学校の教員が，心理カウンセリングやメンタルケアに関する知識，ノウハウを得るための専門的なトレーニングやサポートが必要であった。このような今回明らかになった課題を踏まえると，大学や学校以外の関係者による専門的な支援や指導が，今後さらに必要となるといえる。また，COVID-19 の蔓延を抑制できた後も，貧困世帯が質の高い教育を受けられるよう，弾力的な支援の仕組みを継続的に確立させることが，きわめて重要であろう。

今回取り上げた A 校の取組みは，困難を抱える子どもたちの学習の継続性を確保するための，ハイブリッドな実践としての一例を示している。この取組みには，トップダウンによる政策の方向性の提示と，教員によるボトムアップの対応が含まれていた。今回のような世界的な感染症によるパンデミックの事態において，社会的に不利な立場にある層の学習機会を継続させるためには，A 校が取り組んだような，地域を巻き込んだアプローチは今後も有効性が高いといえよう。

2　COVID-19感染拡大が顕在化させた日本の学校教育現場における課題

今般のCOVID-19の感染拡大は，日本の学校教育が抱えていた諸課題を顕在化させることにつながった。とりわけ深刻と考えられる課題は，教育における情報コミュニケーション技術（ICT）の活用，子どもの家庭間格差の顕在化，そして子どもの安全にかかわる問題の3点である。

(1)　教育におけるICTの活用

変化の激しい今日の社会において，学校教育におけるICTの活用は必須である。にもかかわらず，日本の学校教育の現場ではその対応が遅れていることが明白であった。休校期間中には多くの学校において，オンライン学習のためのサポートが児童生徒に対して提供されたが，必ずしも十分な学習環境が整備されていたとは言い難い。授業のオンライン化，オンラインでの児童生徒に対するガイダンスの実施，オンラインでのホームルームをはじめとするクラス活動等が行われたが，それらは通常の学習活動や学級活動と比べるとかなり限定的なものであったといえる。他方で，小学校，中学校，高等学校を含む多くの私立学校においては，学習のオンライン化が積極的に進められた点は特筆に値する。

感染拡大が始まる前年の2019年12月の時点において，学校における高速大容量のネットワーク環境の整備，つまり校内LAN環境の設置を政府は推進していた[4)]。また，義務教育段階である小学校および中学校において，2023年度までにすべての児童生徒がそれぞれノートパソコンあるいはタブレット端末等の情報通信機器をもち，十分に活用できる環境の実現を目指すことが閣議決定されていた。そのため，政府としては継続的に財源を確保し，地方公共団体に対する必要な支援を講ずるとともに，人材の育成や教育内容の充実といったソフト面での対応も進めることを明言していた。この決定を受けて，文部科学省では「GIGAスクール構想[5)]」プロジェクトが立ち上げられたが，今回のCOVID-19感染拡大防止の学校閉鎖において，学校教育におけるICT活用が十分に進んでいない実態がさらに顕著になった。これを踏まえて，「GIGAスクール構想」

の前倒しでの実施となり，2020年度の補正予算として2292億円に上る追加の支出が行われることとなった。

2022年２月には，文部科学省より「義務教育段階における１人１台端末の整備状況（令和３年度末見込み）」について報告がなされている（文部科学省2021b）。それによれば，全自治体のうち98.5％において整備が完了されたが，残る1.5％が未完了の状態にある。整備の完了が間に合っていない主な理由として，国庫補助対象外分は当初から翌年の令和４年（2022年）度以降の整備計画で進められていたことや，令和３年（2021年）度に整備を予定していたものの，半導体不足等により，端末などの製品の納品が遅れていることが挙げられる。主に小学校の低学年において整備が未完了であることが指摘されるが，既存の端末を用いて発達段階に応じた利活用の場面の調整が行われる等，現場レベルでの工夫がなされている。こうした政策の効果は，本章の執筆時点においては限定的にしか現れていないが，今後，オンラインを活用した学習環境のさらなる改善が見込まれる。

⑵　子どもたちの家庭間格差の顕在化

学校教育のオンライン化の必要性に迫られた中で，家庭間における格差が顕在化した。自宅で過ごす児童生徒に対してオンラインでの学習が促されたが，インターネットへの接続環境やパソコンなどの情報通信機器の所有状況については家庭の経済状況が大きく影響していた。また，休業期間中の家庭学習では，低学年の子どもほど保護者による学習へのサポートの必要が生じ，家庭学習における保護者の負担が問題視されることとなった。

このような状況に加えて，COVID-19の感染拡大は，他のアジア地域同様，日本の経済や雇用にも深刻な影響を与えている。たとえば，COVID-19感染拡大の影響によって，収入そのものが減少した世帯が多い。また，もともと低所得であった世帯ほど減収の幅が大きく，家庭レベルでの経済状況が急激に悪化した。特に，年収400万円以下の子育て世帯のうち，減収した世帯は７割に上り，年収200万円未満世帯に限定すれば，３割の世帯で収入の５割以上の減収がみられる。それに対して，年収600万円以上の世帯における５割以上の減収は2.5％にとどまり，６割が「変わらない・増えた」と回答している（小林2020：7）。

こうした世帯の中でも，母親のみのひとり親世帯の子どもたちの生活はCOVID-19感染拡大の前からとりわけ厳しい状況にあったが，コロナ禍によりさらに経済的に厳しいものとなっている。また，居住地のある地方自治体によってICT環境の整備状況には差がみられた。先述したように，私立学校においてはスムーズにオンラインによる指導体制へと移行できた一方で，公立学校ではその取組みが遅れる事態が生じた（小林 2020）。

⑶　子どもの安全にかかわる問題

近年，家庭内で親から暴力やネグレクトによる虐待を受ける子どもたちの存在が，問題として認識されている。たとえば，全国の児童相談所での児童虐待に関する相談対応件数は，児童虐待防止法施行前の1999年は1万1631件であったのに対して，2018年には15万9850件であった。

この間，毎年の相談件数は増加の一途をたどってきた（厚生労働省 2021）[6]。これまで，家庭内での虐待を受ける子どもたちにとって，学校は一つの逃げ場として機能してきた。しかしながら，学校が休業となったことにより，子どもたちは逃げ場を失ってしまったと考えられる。また，こうした虐待の兆候をみつける貴重な機会として機能してきたのが，毎年4月の新年度が始まる時期に行われる，各学校での健康診断である。健康診断を担当する校医が洋服の下を診察することで，虐待痕の有無を確認することができる。しかしながら，2020年度はその健康診断の時期に臨時休業となったことで，健康診断の実施機会が失われ，見逃された虐待もあった可能性が推測される。

また，先述の経済格差の問題とも関連するが，経済的に厳しい環境にある子どもたちの中には，家庭で十分な食事や栄養を取ることができない子どもたちもいる。そのような児童生徒にとって，学校での給食が栄養摂取の観点からも重要な意味をもつ。しかしながら，休業措置が取られたことにより，子どもたちは給食を得る機会を失った。そのような子どもたちの健康にかかわる問題も見過ごすことができない。

文部科学省や地方自治体の教育委員会からこれらの問題に対して注意喚起が行われたが，そのような困難な状況にある子どもたちへの支援が必ずしも十分に行われたとは言い難い。学校レベルで考えると，臨時休業期間中のオンライン学習にかかる環境の整備や，家庭で過ごすすべての子どもたちへのケアの実施に，教員はもっぱら対応せざるをえない。そのため，一部の児童生徒の特別な状況に対して，教員が個々に対応をすることは現実的に難しかったと考えられる。このことは，文部科学省による委託調査として2020年に株式会社浜銀総合研究所により実施された，「新型コロナウイルス感染症と学校等における学びの保障のための取り組み等による児童生徒の学習面，心理面等への影響に関する調査研究」の結果からもうかがえる。本調査によれば，2020年度の臨時休業期間中に課題として認識されていたのは，学校・家庭間および児童生徒間のコミュニケーションであったが，休業明け以降，新たに教師の多忙化が深刻な課題として捉えられるようになった（多喜ほか 2021）。

今後の日本の教育行政にかかわる政策立案のエビデンスのために，多喜ら（2021）は全国規模の調査に基づいた継続的な実態把握，またそれに応じた政策的支援の必要性について指摘している。加えて，文部科学省により2020年には全国の学校を対象とする総合 ID「学校コード」が作成されたことから，これまで別々に行われてきた学校基本調査等の調査や既存の行政調査を，この総合 ID「学校コード」と紐付けし，効率的なデータ運用を目指すことが，ゆくゆくは調査を受ける側の現場の負担軽減にも繋がると提言している。このように，今後は子どもの安全にかかわる COVID-19 のパンデミックのもたらした影響についての調査がなされるだけでなく，既存のデータとの紐付けにより効率的な活用がなされ，調査結果が広く共有されることにより，さらなる対策が取られていくことが期待される。

まとめと展望：新型コロナ禍の学習実態についての継続的な調査の必要性

本章では，COVID-19 による感染拡大が教育現場に対してもたらした影響に着目し，特にアジア地域と日本の学校教育現場に対して，COVID-19 の感染拡大がどのような影響を及ぼし，学校や大学レベルにおいていかなる対応が取られてきたのかを概観した。コロナ禍におけるアジア地域と日本の教育において，どのような問題が生じ，それらに対して国際機関や政府がいかなる政策を打ち出してきているのか，ユネスコ等の国連機関による報告書や文部科学省の公式文書から明らかにすることを試みた。

その結果，国際機関が実施した複数の報告において，コロナ禍における教育への対応は，富裕国および貧困国間，国内の富裕世帯および貧困世帯間における教育の不平等を拡大させるとの強い懸念が共通して示されていた。また，中途退学のリスクの高まりや，教育の質の低下についても強く懸念されることから，学校再開にあたっては学習やカリキュラム，評価方法の検討が提起され，議論がさまざまになされてきた。

日本においては，2020年6月5日，「学びの保障」に関する基本的な考え方とそのための支援施策を示した「新型コロナウイルス感染症対策に伴う児童生徒の『学びの保障』総合対策パッケージ」が，文部科学省により発表された（文部科学省 2021c）。この学びの保障総合対策パッケージは，①やむをえず臨時休業を行わなければならない場合であっても，学校が課す家庭学習と，教員によるきめ細かな指導・状況把握により，子どもたちの学習の継続等を徹底すること，②感染防止に配慮しつつ，時間割編成の工夫，長期休業期間の見直し，土曜日の活用，学校行事の重点化などのあらゆる手段を用いて学習の遅れを取り戻すこと，③特例的措置も活用した教育課程の見直しやICT環境整備などを含め，学校ならではの学びを最大限に確保すること，を基本的な考え方としている。

これまで，感染者数の増加や病床の逼迫状況に応じる形で，2021年10月までに計4回緊急事態宣言が発出されてきた。この期間においても，基本的な学校における対策は，この「『学びの保障』総合対策パッケージ」に基づいて行われてきた。緊急事態宣言発出中は，部活動や修学旅行，文化祭などの特別な行事については中止や延期の措置を取った学校も多くみられたが，2021年9月30日をもって緊急事態宣言が終了した後は，大学を含む学校現場では一斉休業の措置ではなく，オンラインと対面を組み合わせ，登校者数を制限して密を回避するなど，感染症対策の強化と並行して教育の提供を継続することが求められている。また，希望する教職員や受験生のワクチン接種への配慮や，感染防止策や追試験等による受験機会の確保に万全を期した上での入試の実施について，通知がなされている。

COVID-19による感染拡大が始まった2020年当初と比較して，現在は試行錯誤を経て感染防止にあたって有効な対策方法が少しずつ明らかになり，学校現場において実践されている。また，必要に迫られての形ではあったが，学校教育現場におけるICTの活用が急速に進んだ点は，今後の教育において有用であることが期待される。他方で，長期的な視点から考慮した場合には，突発的なオンラインでの学習および遠隔教育への移行によってさまざまな影響を受けた児童生徒の学業達成には，今後負の影響が生じる可能性が懸念される。また，コロナ禍において，学校教育から完全に離れた可能性のある学習者の存在も，「誰一人取り残さない」とするSDGs目標4および人間の安全保障の理念から見逃すことはできない。本章で指摘したように，学校閉鎖は個人の学習機会の喪失にとどまらず，児童生徒の身体的かつ心理社会的な健康にも影響を及ぼした。これは，脆弱な立場にいる人々が保護を受けるにあたって必要な社会保障などのシステムの機能不全を引き起こすだけでなく，子どもたちの家庭間格差，そして子どもの安全に関わる問題にもつながる。これらの顕在化した問題への対処は，人間一人ひとりに着目し，保護と能力強化を通じて持続可能な個人の自立と社会づくりを促す，人間の安全保障を実現する上でも欠かせない。さらに，急速な変化のみられる日本社会の中で，予測不可能な状況下において柔軟に対応することのできる教員を育成することが求められる。加えて，新しい知識・技能を学び続ける教員の能力を向上させることや，多様な知識・経験を有する外部人材やコミュニティと，学校現場との連携の強化等に取り組むことも必要となろう（苅谷 2020）。

これらを踏まえると，今後は世界各国を対象に，コロナ禍における学習の実態についての調査が継続的になされ，その調査結果をもとにしたエビデンスベースドの対策が，国レベルおよび世界レベルにおいて積極的に取られていくことが必須であることを指摘して，本章の結びとしたい。

〈参考文献・資料〉

（日本語文献）

苅谷剛彦，2020『コロナ後の教育へ――オックスフォードからの提唱』中央公論新社。

厚生労働省，2021，「子ども虐待による死亡事例等の検証結果等について」 https://www.mhlw.go.jp/stf/houdou/0000190801_00001.html

小林美津江，2020，「学びの保障と教育格差――新型コロナウイルス感染症をめぐる取組」『立法と調査』No. 428, pp. 3-15。

首相官邸，2021，「新型コロナウイルス感染症対策本部（第15回）」 https://www.kantei.go.jp/jp/98_abe/actions/202002/27corona.html

多喜弘文・中村高康・香川めい・松岡亮二・相澤真一・有海拓巳・苅谷剛彦，2021，「コロナ禍のもとで学校が直面した課題：文部科学省委託調査の概要と小中学校調査の基礎分析」『理論と方法』36巻2号，pp. 226-243。

文部科学省，2021a，「新型コロナウイルス感染症対策のための学校における臨時休業の実施状況について」 https://www.mext.go.jp/content/20200424-mxt_kouhou01-000006590_1.pdf

———，2021b，「義務教育段階における1人1台端末の整備状況（令和3年度末見込み）」 https://www.mext.go.jp/content/20220204-mxt_shuukyo01-000009827_001.pdf

———，2021c，「新型コロナウイルス感染症対策に伴う児童生徒の『学びの保障』総合対策パッケージ」，令和2年6月11日第9回特別部会資料1－2 https://www.mext.go.jp/content/20200611-mext_syoto02-000007827_3.pdf

（外国語文献）

Borkowski, A. et al., 2021, "COVID-19: Missing More Than a Classroom. The impact of school closures on children's nutrition" https://www.unicef-irc.org/publications/pdf/COVID-19_Missing_More_Than_a_Classroom_The_impact_of_school_closures_on_childrens_nutrition.pdf

Brossard, M., Cardoso, M., Kamei, A., Mishra, S., Mizunoya, S. & Reuge, N., 2020, "Parental Engagement in Children's Learning", Florence: UNECEF Office of Research-Innocenti https://www.unicef-irc.org/publications/pdf/IRB%202020-09%20CL.pdf

International Bank for Reconstruction and Development (IBRD), The World Bank & UNESCO, 2022, "The Eduaction Finance Watch 2022" https://thedocs.worldbank.org/en/doc/e52f55322528903b27f1b7e61238e416-0200022022/related/EFW-2022-Jul1.pdf

Liu, J., 2021, "Building Educational Community for Left-Behind Children in Rural China: A Case Study of a Small Rural School in Hubei Province", in Peddie, F. & Liu J. eds., *Education and Migration in an Asian Context*, Springer, pp. 15-40.

Schleicher, A., 2020, "The Impact of COVID-19 on Education: Insights from education at a glance 2020" https://www.oecd.org/education/the-impact-of-covid-19-on-education-insights-education-at-a-glance-2020.pdf

United Nations (UN), 2020, "Policy Brief: Education during COVID-19 and beyond", The United Nations.

UNESCO, 2021, "School Closure and Regional Policies to Mitigate Learning Loss due to COVID-19: A Focus on the Asia-Pacific", UNESCO Asia and Pacific Regional Bureau for Education.

UNESCO, UNICEF & The World Bank, 2020, "What have we learnt? Overview of findings from a survey of ministries of education on national responses to COVID-19", UNESCO, UNICEF & The World Bank.

UNESCO, UNICEF, The World Bank & OECD, 2021, "What's Next? Lessons on Education Recovery: Findings from a Survey of Ministries of Education amid the COVID-19 Pandemic", UNESCO, UNICEF, The World Bank & OECD.

UNICEF, 2021, "COVID-19 and School Closures: One Year of Education Disruption", UNICEF.

注

1） 他方，全国で１％ほどの学校は，学校を管轄する地方自治体による独自の決定によって臨時休業を行わないことを決定した。詳細については，文部科学省のホームページにある「学校の臨時休業の終了状況等」（https://www.mext.go.jp/content/20200318-mxt_kouhou01-000005919_1.pdf）を参照のこと。（2022年12月21日閲覧）

2） 中国農村地域における学校教育では，未だ質の高い教育資源の配分や教育インフラにかかわる整備等が十分でないところが多い。そのような教育資源やインフラに限りのある地域においては，COVID-19による公衆衛生上の問題により，子どもの学習機会が中断される事態に陥った。本事例はこのような学習継続の危機に対する学習支援の取組みの一例として考えられることから，本章において取り上げた。また，本事例は中国にとどまらず，オンラインでの教育が十分に普及できていない他の途上国における，山間部での学習支援や児童のウェルビーイング保障のための手段として，その適用可能性を示唆できるものである。

3） 大規模公開オンライン講座（Massive Open Online Course: MOOC）とは，インターネットを利用したオンラインによる無償で大規模なオンライン講座のことを指す。

4） 詳細については，『安心と成長の未来を拓く総合経済対策』（2019年12月５日閣議決定）首相官邸ホームページ（http://www.kantei.go.jp/jp/singi/keizaisaisei/dai30/siryou1.pdf）を参照のこと。（2022年12月21日閲覧）

5） GIGAスクール構想とは，「１人１台端末と，高速大容量の通信ネットワークを一体的に整備することで，特別な支援を必要とする子供を含め，多様な子供たちを誰一人取り残すことなく，公正に個別最適化され，資質・能力が一層確実に育成できる教育ICT環境を実現する」ことを目指した，学校教育におけるICT活用促進のための取組みである（文部科学省，「GIGAスクール構想の実現へ」 https://www.mext.go.jp/content/20200625-mxt_syoto01-000003278_1.pdf）。（2022年12月21日閲覧）

6） 詳細については，厚生労働省ホームページ「子ども虐待による死亡事例等の検証結果等について」（https://www.mhlw.go.jp/stf/houdou/0000190801_00001.html）を参照のこと。（2022年12月21日閲覧）

第 *11* 章
資本主義経済と SDGs——豊かさの意味を問い直す

大門（佐藤）毅

〔キーワード〕 インフォデミック，コロナ脳，プラットフォーム資本主義，ジェネレーション・レフト（ビハインド），創造的破壊

〔要旨〕 2020年初頭から数年にわたりまん延した世界経済恐慌はパンデミック由来というよりインフォデミックによる都市封鎖，国境封鎖，情報統制，人権弾圧に起因する人災である。弱毒化し，風邪とほぼ同程度の重篤化率・致死率であることがわかっても，日本では経済活動の制限がなかなか解かれなかった。福祉国家として知られるスウェーデンがとったCOVID-19 政策には脱成長学派をはじめとして市場至上主義に対峙する欧州の理想主義が色濃く反映されている。COVID-19 に有効な処方箋を提供することができなかった持続可能な開発目標（SDGs）は創造的に破壊し再構築されなければならない。国家や国際機関では，意見の集約に時間がかかり，総花的な政策しか打ち出せない。企業・投資家はそれらの弱点を克服できる点で新開発パラダイムの担い手として中心的役割を果たすことが期待されている。

はじめに：パンデミックからインフォデミックへ

2020年初頭から数年にわたりまん延した世界経済恐慌はパンデミック由来というよりインフォデミック（デマ情報の氾濫）による都市封鎖，国境封鎖，情報統制，人権弾圧に起因する人災である。なぜ世界は誤った情報に洗脳されてしまったのか。競うようにしてワクチンを接種しなければならなかったのか。その裏には個人情報というビッグ・データを独占する欧米資本と中華系資本が情報の「万里の長城」（第 3 節参照）の双方向で利益衝突してしまったことと関連している。リベラル資本主義はプラットフォーム資本主義に変貌しつつある。SDGs が想定していなかった事態に直面する中で，次に致死性の高いパンデ

ミックが襲来した時にどう備えるべきか。よりレジリエントな目標に向けて提言を行う。

1　COVID-19経済危機の本質

(1)　インフォデミックによる国民総洗脳化

新型コロナウイルス感染症（COVID-19）が中国・武漢から世界にまん延した2020年初頭から数年にわたり，世界各地でロックダウン（都市封鎖）や国境封鎖が行われ，経済活動はストップした。サプライ・チェーンが遮断され，平時であれば普通に手に入るはずのマスクやトイレット・ペーパーが不足し，通常価格の数倍から数十倍の価格で取引きされるなど消費パニックを引き起こした。2020年3月から全国一律の一斉休校が決まり授業はオンラインで行われる未曾有の事態となった。デパートやレストランは閉鎖され，通常は買い物客でにぎわう都心の繁華街は一瞬にしてゴーストタウンと化した。

欧米での感染拡大を受けて，国内でも「42万人が死亡」するという説が専門家から主要メディアを通じて全国に発表され[1)]，国民を恐怖のどん底に陥れ，「人との接触機会8割削減」すべきという非現実的な政策をもたらした。このような仮説や虚説が主要メディアから連日垂れ流された。インフォデミックにより，日本国民は一瞬にして「コロナ脳」（小林・宮沢 2021）という集団洗脳に陥ったのである。2020年4月末時点では，アメリカでは4万人以上，イタリア，スペイン，フランスでも2万人以上のCOVID-19関連死者数が発生した一方，東アジアでは発生地の中国ですら5000人以下，日本・韓国でも2桁台にとどまったにもかかわらず，「二週間後はニューヨーク並みの数万人規模の死者が発生する」などと恐怖心を煽ったのである。

中世から近世まで多くの人命を奪ったペストや，アフリカ中西部で発生したエボラ出血熱，さらには40年前に撲滅したはずの天然痘になぞらえて，人々は「経済よりも人命」が大切であるとして取られた一連の初期対応は，COVID-19の正体が十分に解明されない段階では合理的選択であった。しかし，ロックダウンなどに踏み切った欧米諸国と異なり，2021年初頭に沖縄で感染爆発が発生し医療資源のひっ迫が全国規模で拡大しても行政側の対応は後手に回ってしまった。2020年末までには，ファイザー，モデルナ，アストラゼネカをはじめとする製薬会社でワクチンの開発が驚くべきスピードで進み，2021年に入り，欧米諸国で本格的なワクチン接種が始まった。COVID-19の震源地であり，これまでにもアジア発祥のウイルスに見舞われた中国ないしインド，ロシアさらにはキューバなどでもワクチン開発が進み，特に中国産は不活化ワクチンで保存がしやすいとのことから新型コロナウイルス感染症ワクチングローバルアクセス（COVAX）の枠組みを通じて途上国を中心に広く普及した。一方で，ワクチンの摂取率や普及率は医療の基礎インフラが整っている国と未整備の国では格差が広がった。

欧米諸国がコロナ前の経済活動を取り戻そうとする一方で，日本では経済活動の正常化が遅れた。結果責任を問われることを恐れる日本では経済活動の制限がなかなか解かれなかったからである。日本全国には人口一人あたりでは世界一の約160万床の病床があったにもかかわらず，コロナ病床はわずか3万床にも満たなかった。指定感染症（2類）の認定中は，COVID-19は全国の保健所の管轄となり，無症状・軽症であってもかかりつけ医で治療することができないことから現場の医療従事者の過度な負担がかかるといういびつな状況が続いた。

2022年に入り，世界経済はCOVID-19と共存する政策に転換していったが，先進国の中で日本だけは2022年秋頃まで海外からの訪問客を入れない，事実上の「鎖国政策」をとり続け，国民の多くは自主的にマスクをしたまま，経済的な疲弊はますます深まり，経済の立ち直りが遅れた。

(2)　ウィズ・コロナ時代における豊かさの意味を問う

COVID-19がもたらした経済活動へのダメージは計り知れない。日本ではワクチン接種の普及も進み健康被害としての新型コロナ禍（以下，コロナ禍）は国際比較でみれば人口あたり重症化率・死亡率とも欧米と比較して低い水準にとどまっていたが，経済被害としてのコロナ禍は営業自粛の標的にされた飲食・観光業を中心に，失業，倒産など多くの二次被害をもたらした。ロックダウンをして経済活動を止めていた欧米も，2021年半ば頃から徐々に正常化していったが，当初からロックダウンをしなかったスウェーデンなど対応が分かれた。ロックダウンや人流抑制による私権制限が社会福祉国家スウェーデンでは受け入れられなかったことは注目に値する。日本と異なり，医療サービス供給側都合の延命治療ではなく，末期緩和医療が高度化した福祉国家社会の成熟度の違いのあらわれではないだろうか。フランスやイタリアではワクチン接種の義務化に対して異を唱える人々がデモ行進を行い，一部は暴徒化した。2022年秋には世界で唯一「ゼロコロナ」政策を取り続けた中国でも反ゼロコロナを掲げる民衆が全国各地で反政府活動を展開し，習近平体制（2013年～）も2023年初頭には人流抑制策をやめるなど徐々に緩和策を取らざるをえなくなっていった。

2020～2022年のデータは健康被害としてはアジア・アフリカ諸国では，世界的な比較ではCOVID-19の発症数，重篤化率，致死率とも桁違いに低かったことを示している。それでも，国境封鎖やロックダウンによる経済的被害は2008年のリーマンショックとは桁違いの規模に及んだ。2021年夏頃を境に，経済活動を再開する動きが欧米各国で進んだ。そうした中，データに基づく正しい知識がSNS等を通じて普及するにつれ，専門家やメディア，ワクチン利権者らが描いた「ゼロコロナ」（藤井・木村 2021）というマインド・セットから良識ある人々が徐々に覚醒するようになり，「ウィズ・コロナ」（コロナとともに生きる）という思考で経済社会の日常を取り戻していこうという考え方が日本でも徐々に広がっていった。

ウィズ・コロナのプラスの側面として「コロナ脳」で自縛していた精神を創造的に破壊し，リモートワーク等の働き方改革，脱ハンコ化等の組織改革，インターネットビジネスの多様化など，新たなビジネスチャンスの到来をもたらしたことが挙げられる。一方で，新たな働き方から取りこぼされた非正規ワーカーを中心に職を失い困窮する人々が増え経済格差が広がった。不平等の拡大はコロナ禍によって一層拡大し，可視化したのである。

COVID-19をめぐる対応は，これまでの自由取引と経済成長を基軸とした資本主義モデルでは多少の修正を行っただけでは解決できないのではないかという疑問を呈した。COVID-19に対処することができなかったウェスタン・デモクラシーと，COVID-19を克服した非ウェスタン・デモクラシーが対立軸として捉えられ，中国が推進したゼロコロナ政策の方が成功しているようにも思えた。国家資本主義ともいえるこのモデルは従来の自由資本主義がもたらした諸問題を乗り越えることができるのか。言論統制と人権弾圧を行う統治モデルに対して西側社会が非難する中で，ワクチンの副作用やCOVID-19対策についての批判動画がグーグル社の方針によって削除されたユーチューバーか

表11－1　データでみる新型コロナ禍

	経済成長率(%)		死者数/百万人			接種完了率(%)	緊縮指数（%）		
	2020	2021	2020.4	2021.1	2021.10	2021.10	2020.3	2020.12	2021.9
日本	-4.6	2.4	0.06	0.52	0.23	66.37	40.74	48.15	50.46
中国	2.3	8.0	0.00	0.00	0.00	na	79.17	78.21	76.39
米国	-3.4	6.0	6.39	10.29	4.79	55.98	55.09	71.76	61.57
英国	-9.8	6.8	13.51	15.58	1.68	65.73	31.48	79.63	41.20
フランス	-8.0	6.3	13.35	5.22	0.70	67.05	87.96	63.89	66.67
韓国	-0.9	4.3	0.09	0.41	0.20	62.54	55.56	68.98	47.22
スウェーデン	-2.8	4.0	7.00	12.22	0.52	66.73	41.67	69.44	37.04
インド	-7.3	9.5	0.02	0.14	0.18	19.82	50.00	68.98	65.28
インドネシア	-2.1	3.2	0.09	0.86	0.25	21.86	42.59	68.06	68.98

出典：IMF（経済成長率），ジョンズ・ホプキンズ大（その他）から筆者作成

らは言論統制・人権弾圧との批判が相次いだ。COVID-19対策として経済活動の自由に対する規制を甘受してきた人々からも言論統制やマスク着用，ワクチン義務化まで甘受する必要があるのかという声が相次いだ。

資本主義パラダイムに異を唱える立場も一層の光を浴びることになった（ラトゥーシュ 2020）。言うならば，自由資本主義は不平等の拡大と環境破壊をもたらし，その陰にひそむ巨大資本を潤すことにしかならないとして，SDGsをまっこうから否定するものである。脱成長学派[2)]とも称される経済思想は，気候変動や経済格差を問題としており，本来であればSDGsが目指す目標には異論はないはずである。にもかかわらず，なぜSDGsを否定しようとするのか。そして何を目指すのか。

本章ではこれらの問いにできるだけ客観的なデータを用いながら答えていくことにより，「誰一人取り残さない」（No One Left Behind）というタテマエを掲げるSDGsの理念を根本から洗い直し，ウィズ・コロナ時代のSDGsの再構築の可能性と方向性についてあるべき議論の方向性を提示したい。

2　COVID-19対策のふり返り

(1)　パンデミックへの対応は正しかったのか

コロナ禍は健康災害であると同時に経済災害である。2020年にロックダウン

により徹底的な人流抑制を行った英国やフランスでは，マイナス10％弱もの落ち込みがあった一方，緩やかな規制にとどまったスウェーデンや日本ではマイナス５％以内にとどまることができた。公権力を動員し，国境封鎖，外出禁止，集会禁止，マスク着用の義務化が徹底された私権制限の高い国の経済は総じて縮小することは予見された通りであった。英国は2020年３月時点では，スウェーデンと同様，緩和策をとっていたが，コロナ禍による死者数が急増したため，一時的ながらロックダウンに転じざるをえなかった。

G20 加盟国がマイナス成長に苦しむ中で，唯一プラス成長を達成したのが中国（プラス2.3%）である。中国は死者数が公称ゼロ人を達成した後でも，2023年１月までは入国後の強制隔離を課し，集会や移動の自由を制約した。

人流を抑制しても，COVID-19 による健康被害は収まらず，結局ワクチンの開発と普及を待たざるをえず，2021年10月頃には G7 主要国ではようやく健康被害と経済被害を抑え込むことに成功した。もっとも，インドやインドネシアなど，ワクチン完了率が20％に満たない国も，国民の多くが感染することにより集団免疫を獲得したとされる。こうした状況を受け，2022年春先から全世界でウィズ・コロナ政策が取られるようになった。

COVID-19 は変異を繰り返し，やがて普通の風邪ウイルスになると考えられている。もっとも，風邪や季節性インフルエンザでも毎年１千万人規模で罹患し，高齢者などのハイリスク層を中心に１万人規模で毎年亡くなっている事実からすれば，風邪だからといって軽視するものではない。しかし経済被害を放置することの代償はあまりにも大きい。

⑵　ワクチンを打つ者・打たざる者の不公平感の拡大

2020年末から2021年初にかけて人口あたり死者数が急増したアメリカでは，ワクチンによる感染抑制が急務であった。同年夏にかけていったんは収まったかにみえた欧米でも「デルタ株」の出現により状況は悪化し，ロックダウンによる経済活動の停止とワクチンの開発・普及が待たれた。欧米諸国がワクチンの開発に莫大な投資を行い，開発に成功すると醜いワクチンの買い占めに走った。結果として，ワクチンの普及に成功した欧米諸国と乗り遅れた途上国という二極化が進んだ。日本は2021年２月にはモデルナやファイザー両社と契約を結び，菅総理自らが率先して国民に十分なワクチンを確保することに成功した。

しかし，その後日本ではさまざまな規制や既得権益の壁に阻まれて一般国民への接種が欧米諸国と比較して２か月程度遅れてスタートし，ワクチン接種率では韓国などと並び当初は全世界の下位グループに甘んじた。2021年４月頃のアメリカではドラッグストアや駅ターミナルで誰でも接種できることが報じられると，日本や接種が進まない国から「ワクチン接種ツアー」なるものに参加し，１回の接種で完了するジョンソン・エンド・ジョンソン社のワクチンを接種してトンボ返りする珍現象が発生した。その後，菅政権は自衛隊まで動員した「１日100万人」接種の改革案を打ち出し，医師・看護師以外の職種でも注射ができる特例措置を取るなどして，東京五輪終了までには欧米並みの接種率を達成した。韓国も日本と競うようにして，ワクチン接種を進め，2021年10月には欧米諸国並みの接種率を達成した。欧米諸国に比べ死者数が極端に少なかった日韓両国がワクチン普及を急ぐ積極的な理由はないようにも思えたが，経済を一刻も早く正常化したいという思い，そのためにワクチンを普及させたいという思いはどの国も一緒だった。

その間，中国は自国のワクチンを開発し，ワクチンを「持たざる国」への供給を通じて大々的な「ワクチン外交」を展開した。一方，中国製ワクチンの受け入れを拒んだ台湾のワクチン不足を解消するため，日本がアストラゼネカのワクチンを贈与した。まさに日本流の「ワクチン外交」であった。

コロナ禍は「持つもの持たざるもの」の不平等感を人々に植え付けた。ワクチンを持つ国・持たない国，ワクチンを打てる世代・打てない世代，仕事をリモートで行える業種・行えない業種，医療サービスを受けられる人・受けられない人，などそれまで見えなかった国内外の不平等が一挙に可視化された。国民皆保険が未整備のアメリカでは特に医療を受けられない低所得層の健康被害が途上国並みに悪いことは知られていたが，その傾向に拍車がかかった。

世代間ギャップに関連して，気候変動に対して有効な手立てを取らず，次の世代につけを回そうとしているとして，世界のリーダーを前に大人を叱責したスウェーデンの少女グレタ・トゥーンベリさんや，タリバン勢力による女子教育弾圧を公然と非難したパキスタンの少女（2014年に17歳でノーベル平和賞を受賞したマララ・ユスフザイさん）など10代の活躍が目立っている。気候変動・女子教育ともSDGsの重要な目標である。

⑶「ジェネレーション・レフト」の台頭

SDGsに熱心なZ世代を資金面で応援するのがゴア財団，ジョージ・ソロスやビル・ゲイツといったリベラル色の強い財団とされる。それが中国共産党とつながり，米中対立の伏線になっているという都市伝説がネット世界ではまことしやかにささやかれている。真偽のほどは定かではないがネット世論が2011年のチュニジア革命に始まる一連の「アラブの春」をもたらしたことに鑑みれば，不都合な真実の一側面なのかもしれない。

歴史的にみれば若者が中心となった改革運動は世界史上さまざまな場面でマグマのように噴き出している。フランス革命，明治維新，文化大革命，天安門事件，アラブの春，など枚挙にいとまがない。2020年代の若者が対峙するシニア世代も1960年代，1970年代には学生運動を大々的に繰り広げていた。特に1968年5月にパリのソルボンヌ・キャンパスで発生した学生運動は，ベトナム戦争反対デモ，プラハの春や全学連運動など全世界に飛び火した。

かつて学生運動を繰り広げたベビーブーマーたちがシニア層となり，高度成長時代の蓄えと豊かな年金・医療制度によって多くの国で富裕層を形成している。若者の中にもたとえばユーチューバーとして一攫千金を手に入れた一部の富裕層がまるでバブル時代のような生活スタイルを大多数のニート・フリーター世代にみせつけている。格差は可視化し，かつ広がっている。そういう認識が「ジェネレーション・レフト」（ミルバーン 2021）という若者の左傾化現象，たとえばアメリカのサンダース支持現象などを生んでいるようにも思える。

日本の場合，1990年初頭から30年以上経済が停滞した結果，40代以上のミドル世代でもニート・フリーター化が拡大した。1960～1970年前後生まれのいわゆるバブル世代がリストラのターゲットとなり，所得の底辺階層に甘んずる者が多発した。現状には不満だが，現状を解決する能力もないので，ネットの世界で過激な言動を他者に浴びせ，社会の中では完全に「レフト・ビハインド」（取り残された）底辺層を形成している。「レフト・ビハインド」中高年層は，アメリカのトランプ政権や英国のブレグジット（EU離脱）政策，ジョンソン政権の誕生にも貢献しており，日本に限らず世界的規模の現象といえるかもしれない。

コロナ禍は「ジェネレーション・レフト」と「レフト・ビハインド」現象をさらに加速化したともいえるだろう。No One Left Behind（誰一人取り残さない）という掛け声だけでは現実の不公平は何も変わらないのである。

3　ウィズ・コロナ時代の到来と新しい資本主義

(1)　消費者意識の高まりとエシカル・ビジネスへの移行

COVID-19を唯一プラス成長で乗り切った中国経済に活路を見出そうとするビジネス界に対して，欧米諸国はエシカル・ビジネス[3)]に留意し，人権が抑圧されている国との取引を行う企業に対して輸入規制などの制裁措置を取り始めている。日本企業の一部は，少数民族の強制労働を背景とした取引を行っているのではないかとの疑惑をかけられ米国の輸入規制にあって焦りを高めている。フランスでは「人道に対する罪」で刑事告発された企業のリストにも入っている企業もある。

これに対して，ナイキのホームページは以下のような声明を発表している。

> 「ナイキは問題視された地域の如何なる繊維や原材料も使用していない。我々の行動規範は民族的な背景や出身地による差別や，強制労働，移動の自由の制限を禁じている。」「全米ファッション産業組合などと連携しながら，法制度化や，人権，サプライ・チェーン倫理の向上に向けて幅広い提言を行っていく所存である。」

21世紀の企業のあり方を象徴する出来事ではないだろうか。安くて良質の服を着るというこれまで当たり前とされた消費行動を取るたびに，ウイグルでの強制労働や環境破壊に加担していると同視する消費者が増えてきている。すなわち，消費者や投資家は安くて良質の製品を提供する企業ではなく，社会的責任を果たすべきだと考えている。大量消費・大量生産による経済効率化を目指した20世紀の資本主義モデルでは説明がつかないパラダイム・シフトが起こっていることの証である。COVID-19はその動きをさらに加速化させた。

(2)　リベラル資本主義の崩壊と新たな資本主義への模索

COVID-19は自由市場モデルがパンデミック感染症に直面した人類が依拠すべき持続的なモデルとなりえたのか疑問を呈している。また，リベラルを自認する政党やメディアまでが，従来否定していたはずの国家による個人の権利制限を積極的に求めるような態度を示すようになった。思想的に対局にあるはずの保守層の方が，むしろ政府による介入を望まない，ワクチンも打たない自由がある，というような「リベラル」な主張を繰り広げるようになり，リベラルと保守の「ねじれ現象」が生じた。

こうした社会的な既存概念への疑念・問い直しが行われる中で，マルクス主義への関心が高まっている。ニュー・レフトへの関心を高めたピケティ(2014)の『21世紀の資本』を皮切りに，「脱成長」を主張する論調が展開されて先に述べたＺ世代からの支持を得ている（斎藤 2020；ラトゥーシュ 2020)。脱成長論者はSDGsに対しても懐疑的である。SDGsは資源を保護するといいながらその実，特定の欧米企業を潤わせ，かえって環境破壊につながるまやかしに過ぎないのだという主張である。SDGsは特定利益を保護・隠蔽するための隠れみのに過ぎないというのである。

アメリカのトランプ政権（2017～2021年）が「アメリカ・ファースト」主義をとり，英ジョンソン政権（2019～2022年）もブレグジット政策で国際協調体制から離れ，自国利益を追求していく中で，中国はSDGsや気候変動を含めた国際開発目標について，リーダーシップを発揮したいという考え方を表明してきた。中国開発援助庁（China International Development Cooperation Agency：CIDCA）を設立してこうした国際開発目標の推進ないしは旗振り役を果たしたいとしている。中国はこれまで欧米諸国が築いた旧来のルールに反発してきたが，開発分野ではむしろ国連を中心とする協調主義をアピールしている。中国の習近平政権としては「南南協力[4)]」や「一帯一路[5)]」政策を通じて米国を中心とする西側勢力に対抗しうる中華勢力をアジア・アフリカ地域に膨張・拡大している。コロナ禍による「ワクチン外交」を展開し，勢力の拡大にさらに拍車がかかり，リベラル資本主義モデルが揺らいでいる。

自由主義自由貿易を旨とする国際協調体制は，第二次世界大戦の戦勝国，特に英米２か国が中心となって構築された国際通貨基金（IMF）・世界銀行の創設，関税及び貿易に関する一般協定（General Agreement on Tariffs and Trade：GATT）（世界貿易機関（WTO）の前身）いわゆる「ブレトンウッズ体制」に象徴される。1970年代以降は日本や旧西ドイツを含む敗戦国も含めて自由主義体制の主要アクターとなり，特にドイツ，フランス，イギリス，日本とアメリカで発足した「先進国首脳会議」（後にイタリア，カナダを加え，G7サミットとして継続中）がけん引役となった。一方，中国，韓国などの新興国が高度経済成長を遂げ，世界経済で重要な位置を占めていく中で，1997年にはアジア通貨危機が勃発しIMF勧告を遵守していたインドネシア，韓国などが経済的な打撃を受け，ブレトンウッズ体制は事実上崩壊した。

(3)　プラットフォーム資本主義とは何か

自由貿易体制の礎を築いた欧米諸国の一部が国際協調主義から脱落していく中で，旧来の国際ルールに異議を申し立ててきた新興国がルール設定者として従来の自由資本主義体制に大きな揺さぶりをかけている。その表れが国際機関のトップへの就任である。2006年には世界保健機関（WHO）の事務局長に香港出身者が日本政府推薦の候補を破って選出された。近年では，国連食糧農業機関（FAO），国連工業開発機関（United Nations Industrial Development Organization：UNIDO），国際民間航空機関（International Civil Aviation Organization：ICAO），国際電気通信連合（International Telecommunication Union：ITU）など国際機関のトップを新興国出身者が占めている。

また，2021年にはこれまでアメリカがリードしてきた世界銀行でも，民間投資環境の国別ランキング策定過程で不正が発生し特定国のランキングを意図的に上げたことが明るみになり役職者が辞任する事態にまで発展した。統計指標は投資行動に影響するため，信頼性が重要である。もっとも，投資家の中にはコロナ禍をプラス成長で乗り切った経済モデルを評価する向きもある。政治的自由よりも経済的自由を求めて，シンガポールやドバイに投資家・富裕層が移住する動きもCOVID-19の中で加速化した。

先述の「ジェネレーション・レフト（ビハインド）」の中にも，財産・大企業の国有化やビジネスへの国家の介入を是認する中国型モデルを支持する者もいる。国家資本主義モデルは，国益や社会秩序を守るためであれば，営業の自由やプライバシーの権利などは制限されるべきという考え方である。COVID-19への対応では，多くの国で事実上このモデルが採用された。

市場と国家機関との調整ないしは市民社会の連帯を基本理念とするレギュラシオン学派のボワイエ教授は「プラットフォーム資本主義」という概念を用いて，コロナ禍が加速化した資本主義モデルの変貌を説得的に説明している。（ボワイエ 2021）ここでいうプラットフォームとは，一義的にGAFAM（Google，Apple，Facebook，Amazon，Microsoft）の欧米系ないしは，Tiktok，

Weibo，WeChatなど非欧米系のインターネット上の領域を意味する。ロシアや中国ではGAFAMへのアクセスが制限され，西側ネット情報から「万里の長城」ともいわれる固い城壁で守られている。新冷戦時代を象徴する現代版「ベルリンの壁」ではないだろうか。

21世紀の資本主義にとって，情報は価値であり資産である。米中対立が激化した背景にもプラットフォームとそのオーナーである，企業や巨大資本の対立軸としてみることができる。ある国では市中でCOVID-19陽性者が発生した場合，陽性者の属性や位置，銀行残高を含めて当局に把握されている。そのため，陽性者が発生した建物や地域は一斉封鎖される。こうした個人情報の監視が，全国で行われているというのである。

もちろん，GAFAM側でもオーナーにとって都合の悪い情報は人工知能（AI）により把握されるや削除になる。ワクチン接種による副作用に警告を発する動画やつぶやきが一斉削除されるという事態が多発したのも，その一例である。GAFAMの資金源がワクチン利権と密接に関連していることを示唆している。「万里の長城」の向こう側でもこちら側でもそれぞれの体制に不都合な情報は統制されている。

ヨーロッパの一部の国で，ワクチン接種については積極的に応じていた市民も，ワクチンパスポートの義務化に対しては激しい反対活動やデモ・暴動が発生したことは記憶に新しい。ワクチン接種は個人やコミュニティの安全にとって重要だと認識しつつ，個人の健康に関する情報が当局により把握されることに根強い抵抗を示している。ヨーロッパの理想主義者にはビッグ・データは市民が管理する公共財であるという考え（ボワイエ 2021：191）がその背景にある。福祉国家として知られるスウェーデンが取ったCOVID-19政策にはレギュラシオン学派をはじめとして市場至上主義に対峙するヨーロッパの理想主義が色濃く反映されている。

4　ウィズ・コロナ時代のSDGs：開発パラダイムの創造的破壊

(1)　SDGsパラダイムの虚と実

SDGsはミレニアム開発目標（MDGs）を拡大したもので，17の目標と169個に上る達成数値目標からなる。SDGsはMDGsの完成年である2015年9月に国連総会で採択され，2030年までの目標達成に向かって先進国や民間企業を含めてあらゆるステークホルダーがまい進するという「シュールなSDGsフェスタ」（お祭り）（浅沼・小浜 2017：150）と揶揄される。MDGsについて寄せられた批判など，全世界から7万人以上の声なき声が集約された，オープンなプロセスで策定されたというのである。

オープンで参加型の政策決定では，それぞれのロビー・グループの声の大きさが決定的な影響力をもち，ポピュリスト的な政策が採用されがちである。（浅沼・小浜 2017）MDGsが具体的な政策手段や責任主体を明らかにしない単なる願望的目標と批判されたが，SDGsもMDGsの構造的欠陥を何ら克服していないというのである。

MDGsで掲げられた8つの目標の第1目標にして最大の目標が「貧困撲滅」であり，東アジア，東南アジア等を中心に達成を収めたが，それはMDGsで軽視された成長戦略によるものであった。世界銀行や欧米のドナーがMDGsに同調し，インフラ投資から撤退するのと呼応するように，中国を中心とするアジアインフラ投資銀行（AIIB）の設立や中国からの融資受入れという形で，アジア・アフリカ・中南米諸国が中国資本の受入れを支持した。

国連中心のMDGsパラダイムに巻き込まれた世界銀行やアジア開発銀行（ADB）も，SDGsフェスタにはリップサービスを払いつつも，中国資本や新興ドナーとの援助競争にしのぎを削っている。特にADBはAIIBや中国の動きに警戒しつつ，インフラ部門への投資を行い，SDGsに書かれていない事業展開をしつつ，最終的にSDGsとの帳尻を合わせようというスタンスを取っていることは明らかである。

COVID-19により，短期的には各国の政府部門の福祉への大幅支出をもたらし，成長より分配の対策が図られた。日本でも，一律一人10万円の現金給付を行い，個人事業主や中小企業に対して100万円以上の持続化給付金が支給され，緊急事態宣言による現金給付による休業補償も実施された。政府開発援助（ODA）による途上国支援も2020年～2021年にかけてインフラ工事が凍結されるなどコロナ禍の影響を受ける一方，ワクチン供給や医療支援等を中心とする分野での支援が急増し「SDGs特需」ともいえる活況を呈している模様であった。

しかし，成長より分配を重視する政策は緊急時の特例とみなすべきであり，ウィズ・コロナの経済復興を行っていくためには，途上国が経済成長を達成していくための資金ギャップを補填するという開発金融のあるべき姿に戻っていかざるをえない。

(2)　新たな国際開発目標の構築のための創造的破壊

反資本主義論者にとっては，SDGs は処方箋を提供しないどころか，拡大している不公平感をさらに助長することにしかならないと考える。新しい環境ビジネスとして注目される電気自動車を例にとっても，GAFAM 系資本が主導している点も SDGs に乗じた利益拡大策にしかみえない点であろう。

筆者は GAFAM/Tiktok の台頭に象徴される「プラットフォーム資本主義」を必ずしも是認する立場ではなく，個人が国家や特定企業の利益から自由であるべきとの立場を支持している。一方で，従来のリベラル資本主義が変貌を遂げている現実を受け入れた上で，可能な次善策を取るべきとも考える。そのリベラル・リアリズムの観点から，現状の SDGs は創造的に破壊し再構築されるべきであると考える。

COVID-19 がもたらした経済被害を克服するためには，従来の SDGs を単なる願い事リストではなく，文字通り持続的な処方箋として再構築していく必要がある。現状の SDGs の最大の問題は，指標収集と報告作業は途上国にとって行政負荷の割にメリットがみえないことである。指標を達成しなかった場合の罰則もなく，達成した場合のメリットもなく，形骸化しているという点である。パラダイム・シフトの方向性として具体的に 5 点ほど提案したい。

①目標数や指標を簡略化し，総花的な目標を羅列するのではなく，少数の目標と必要ならば数値目標を最小化し，相互の関連性を明らかにすべきである。

②目標達成にとっての促進要因・阻害要因（リスク）についてより明示的に掲載し，数値目標を掲げるだけでなく達成できなかった場合のペナルティについても言及すべきである。

③将来起こりうる感染症の予防と緊急医療体制について国際公共財として協調していくべきことを議論を深めて目標として追加すべきである。

④加盟国の法制度や文化的背景に配慮しつつ民族・ジェンダー等のアイデン

ティティーの多様性への配慮を項目として追加すべきである。

⑤新国際開発目標の主な担い手はエシカル・ビジネスを行う企業・投資家であることを明記すべきである。

まとめと展望：国家・国際機関に代わる企業・投資家の役割の重要性

COVID-19対策の失敗は，「専門家」によるさまざまな仮説や虚説をあたかも真実であるが如く影響力のある主要メディア番組で連日垂れ流したことで，国民の恐怖を煽ったインフォデミックによるものといえ，自由主義経済モデルの限界を露呈した。その結果，GAFAM/Tiktokに象徴されるプラットフォーム資本主義が加速化した。

しかし，本当の恐怖はエボラ熱に匹敵する毒性の強いパンデミックが近い将来に発生した場合，国際社会が協調して対応できるような確固たる仕組みがないということである。COVID-19対策ではスウェーデンや英国を除き大半が極端な経済封鎖を行った。SDGs各目標はこの危機に対して，残念ながら有効な処方箋になりえなかったことを裏付けてしまった。

日本では，法的効力のない緊急事態宣言の濫発で，政府や「専門家」への信頼が失墜してしまった。一方で，既得権益という内なる「万里の長城」を創造的に破壊し，医療を国民に取り戻すための市民運動や熟議も欠如していると誰も責任を取りたがらないのである。

再構築されたSDGsに代わる国際協調レジームでは，次にパンデミックが襲来した場合に，鎖国と情報統制・人権弾圧という誤った選択を取らないよう，エシカル・ビジネスが主流になっていることが望ましい。

この際，COVID-19に有効な処方箋を提供することができなかったSDGsは前節で示したように根本から見直さなければならない。加えて，従来は見落とされがちであった企業・投資家に対してより大きな役割を担わせることが必要である。個々の市民活動ではスケールが小さすぎてインパクトが足りない。国家や国際機関では，意見の集約に時間がかかり，総花的な政策しか打ち出せない。企業・投資家はそれらの弱点を克服し，創造的破壊を実現する主な担い手になるであろう。

〔付記〕 本章は拙稿「パンデミック経済の克服とプラットフォーム資本主義――「コロナ禍」恐慌を振り返る」日仏経済学会 BULLETIN 第34号（2022年９月，pp. 63-73）に加筆修正したものである。

〈参考文献・資料〉

（日本語文献）

浅沼信爾・小浜裕久，2017，『ODA の終焉』勁草書房。

大林啓吾編，2021，『コロナの憲法学』弘文堂。

小林よしのり・宮沢孝幸，2021，『コロナ脳――日本人はデマに殺される』小学館。

斎藤幸平，2020，『人新世の「資本論」』集英社。

藤井聡・木村盛世，2021，『ゼロコロナという病』産経新聞出版。

キア・ミルバーン（斎藤幸平・岩橋誠・萩田翔太郎訳），2021，『ジェネレーション・レフト』堀之内出版。

トマ・ピケティ（山形浩生・守岡桜・森本正史訳），2014，『21世紀の資本』みすず書房。

ロベール・ボワイエ（山田鋭夫・平野泰朗訳），2021，『パンデミックは資本主義をどう変えるか』藤原書店。

セルジュ・ラトゥーシュ（中野佳裕訳），2020，『脱成長』白水社。

注

1）　朝日新聞，2020年４月15日。

2）　脱成長（degrowth）学派の代表的論者であるセルジュ・ラトゥーシュによれば，経済成長至上主義によってもたらされた「際限のない消費」の結果として，自然等の「際限のない収奪」により，環境破壊等の問題が生じているとされる。これに対し，脱成長は「自己制御，分かち合い，贈与の精神，自立共生を基礎とする『節度ある豊かな社会』」を志向するものである。

3）　エシカル・ビジネス（ethical business）とは，企業の倫理に裏打ちされ，地域経済の活性化や雇用創出なども含む，人や社会・環境に配慮したサスティナブルな価値創造を志向する企業行動といえる。

4）　南南協力（South-South cooperation）とは，南北間つまり先進国と途上国の縦の関係による政府開発援助（ODA）等ではなく，途上国間の水平的な相互協力であり，その起源は第１回アジア・アフリカ会議における「バンドン10原則」に由来する。

5）　一帯一路（BRI）とは，「シルクロード経済ベルト」（一帯）とインド洋経由の海路「21世紀海上シルクロード」（一路）で，インフラ整備を通じて中国とヨーロッパを結ぶ構想で，2013年に中国の習近平国家主席が打ち出した。

第 *12* 章
環境と SDGs
――気候変動や生物多様性問題からみる社会変革の必要性

蟹江憲史／森田香菜子

〔キーワード〕 環境，気候変動，生物多様性，グリーンリカバリー，人獣共通感染症

〔要旨〕 持続可能な開発目標（SDGs）の要素の一つの「環境」に関して，新型コロナウイルス感染症（COVID-19）をきっかけに，注目された気候変動と生物多様性問題に関連した 2 つの方向性の議論をまとめた。一つは，COVID-19 からの経済復興と気候変動対策を含む環境対策を両立するグリーンリカバリーの議論についてで，そのグリーンリカバリーのためには，誰一人取り残さない「公正な移行」の観点が重要であり，その取組みが始まっている。2 つ目は，COVID-19 のような人獣共通感染症の発生の抑制の観点から，人・動物・環境の衛生を統合的に実現するワンヘルスの議論についてで，ワンヘルスに関しては，COVID-19 発生後，国連環境計画が議論に公式に参加するなど，生物多様性などの環境の側面を強化する議論が行われている。最後には，日本でも今後 SDGs との関連で新型コロナ禍（以下，コロナ禍）からの復興で，「グリーン（環境対策）」と「多様性」を力に変えることが，持続可能に成長を続ける上での鍵となることを示した。

はじめに：環境をめぐる国際論議と新型コロナ禍からの復興における社会変革

SDGs が含む環境・経済・社会の 3 つの要素の中でも「環境」は，COVID-19 をきっかけに，2 つの側面で特に注目されている。一つは，COVID-19 からの経済復興と気候変動対策などの環境対策を両立するグリーンリカバリーの議論が高まっていること，もう一つは，COVID-19 が人獣共通感染症[1]であることから，人獣共通感染症の発生の抑制という観点から，生態系保全や，人・動物・環境の衛生を統合的に実現するワンヘルス・アプローチの重要性が高

表12－1　SDGsへ至る節目の会議

開催年	会議名	主な成果
1992	国連環境開発会議（地球サミット）（ブラジル・リオデジャネイロ）	「環境と開発に関するリオ宣言」やそれを実現するための行動計画である「アジェンダ21」が採択され，現在に至る地球環境保全や持続可能な開発の考え方の基礎が作られた。 国連気候変動枠組条約（UNFCCC）や生物多様性条約（CBD）が署名された。
2002	持続可能な開発に関する世界首脳会議（リオ＋10）（南アフリカ・ヨハネスブルグ）	首脳の持続可能な開発に向けた政治的意思を示す文書である「持続可能な開発に関するヨハネスブルグ宣言」と，貧困撲滅，持続可能でない生産消費形態の変更，天然資源の保護と管理，持続可能な開発を実現するための実施手段，制度的枠組みといった持続可能な開発を進めるための各国の指針となる包括的文書である「ヨハネスブルグ実施計画」が採択された。
2012	国連持続可能な開発会議(リオ＋20)（ブラジル・リオデジャネイロ）	「我々の求める未来」が採択された。文書の中では，①グリーン経済は持続可能な開発を達成する上で重要なツールであり，それを追求する国による共通の取組みとして認識すること，②持続可能な開発に関するハイレベル・フォーラムの創設等，③都市，防災をはじめとする26の分野別取組みについての合意，④SDGsについて政府間交渉のプロセスの立ち上げ，⑤持続可能な開発ファイナンシング戦略に関する報告書を2014年までに作成することなどが合意された。

出典：https://www.mofa.go.jp/mofaj/gaiko/kankyo/rio_p20/gaiyo.html
https://www.mofa.go.jp/mofaj/gaiko/oda/shiryo/hakusyo/12_hakusho_pdf/pdfs/12_k03.pdf
https://www.mofa.go.jp/mofaj/gaiko/kankyo/wssd/wssd.html　を基に筆者ら作成

まっていることである。本章では，昨今注目が集まり，また特にCOVID-19の関係でも注目される，気候変動問題と生物多様性問題を軸に，SDGsとコロナ禍をめぐる課題について議論する。

持続可能な開発の中でも気候変動問題や生物多様性問題は，1992年にブラジル・リオデジャネイロで開催された国連環境開発会議（地球サミット）を起点として，国連の枠組みの下で議論されてきた。持続可能な開発に関しては，1992年の地球サミットの後にも10年周期で大規模な国際会議が開催されており，2002年には南アフリカ・ヨハネスブルグの持続可能な開発に関する世界首脳会議，2012年には再びリオデジャネイロで国連持続可能な開発会議（リオ＋20）が開催されている（表12－1）。

また，国連気候変動枠組条約（UNFCCC[2]）や生物多様性条約（CBD[3]）の下で，気候変動の緩和策・適応策[4]や生物多様性保全策を推進するための国際制度設計について検討されてきた。しかし，長年地球環境問題に関する政策的な議論が行われてきたものの，多様な行為主体（政府，民間企業，金融機関，市民団体等）から構成される各国の関心の違い，先進国と途上国との主張の違いなどから，地球環境の問題は解決に至っていない。

こうした中で大きな転換点となったのが，2015年の国連持続可能な開発サミットにおいて，SDGsを中核とする「持続可能な開発のための2030アジェンダ」と，国連気候変動枠組条約第21回締約国会議におけるパリ協定の採択である。SDGs達成へ向けて求められる社会変革（Transformative Change）に沿う形で，気候変動や生物多様性の問題解決のための社会変革の必要性についても議論が高まってきた。COVID-19からの経済回復期へ向けて，その社会変革に関して，COVID-19からの「より良い復興（BBB）」や「グリーンリカバリー」といった，環境対策と両立した経済的な復興という観点や，その移行の中でいかなる人々なども取り残されないようにする，たとえば人々の雇用を確保した上での「公正な移行（Just Transition）[5]」などを加えた議論が活発化して

図12－1　SDGs達成に向けたシステムの変革の必要性

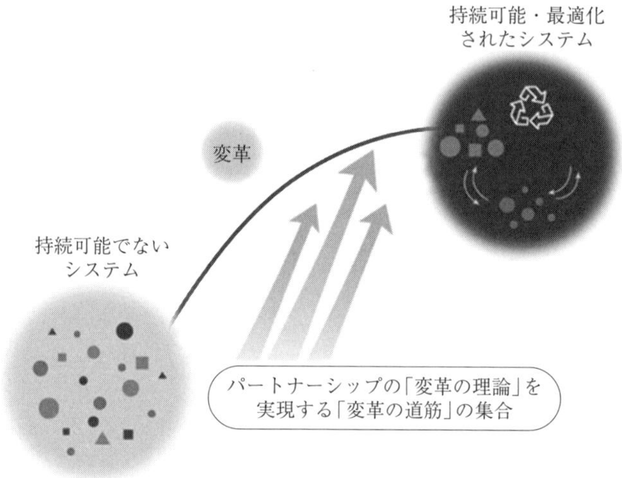

出典：Stibbe, D., Prescott, D., The Partnering Initiative & UN DESA, 2020, The SDG Partnership Guidebook: A practical guide to building high impact multi-stakeholder partnerships for the Sustainable Development Goals. https://www.thepartneringinitiative.org/wp-content/uploads/2020/07/SDG-Partnership-Guidebook-1.0.pdf を基に筆者作成

いる。

本章で焦点をあてる気候変動と生物多様性の問題の共通点の一つは，どちらもSDGsに含まれ（目標13：気候変動に具体的な対策を，目標15：陸の豊かさを守ろう），それらの問題がSDGsのすべての目標と関係してくること，そして，どちらの問題も経済的な活動が大きな原因となっているため，社会変革が必要となっていることである。

1　気候変動問題とグリーンリカバリー

(1)　気候変動とSDGs

気候変動とSDGsを考える際には，両者の採択されたタイミングに留意しておく必要がある。SDGsが採択されたのは2015年9月，パリ協定が採択されたのは2015年12月。つまり，SDGs採択時には，まだパリ協定は交渉の真っ只中にあったわけである。こうしたことから，SDGsはやがて決定するだろう国際合意形成を妨げないような範囲にとどまって気候変動に言及している。他方，SDGsの中には注釈がついている。「国連気候変動枠組条約が，気候変動への世界的対応について交渉を行う基本的な国際的，政府間対話の場であると認識している。」というのである。この一文によって，SDGsはパリ協定と一体のものとしての結びつきを示したわけである。

さて，気候変動への対処について記されているSDGs目標13（気候変動）では，気候変動やその影響への緊急の対策を求めており，そのターゲットには気候変動に対するレジリエンスや適応力の強化，各国政策，戦略，計画への気候変動対策の統合，気候変動の緩和や適応などに関する教育や意識向上，人的・制度的能力の向上，資金動員等の必要性が記されている。

しかし，気候変動の問題はSDGs目標13だけでなく，SDGsのすべての目標にかかわる。SDGsと気候変動の緩和策と適応策との関係については，気候変動に関する政府間パネル（IPCC）の1.5℃特別報告書（IPCC 2018）[6]やSDGsの問題を担当する国連経済社会局と国連気候変動枠組条約事務局共催の，パリ協定とSDGsとのシナジーの強化に関する国際会議の報告書（UN DESA & UNFCCC 2019）を含むさまざまな文献でも議論されている。

IPCC（2018）によれば，気候変動の緩和策とSDGsでシナジーが期待できる

図12－2　SDGsとNDCsとの関係

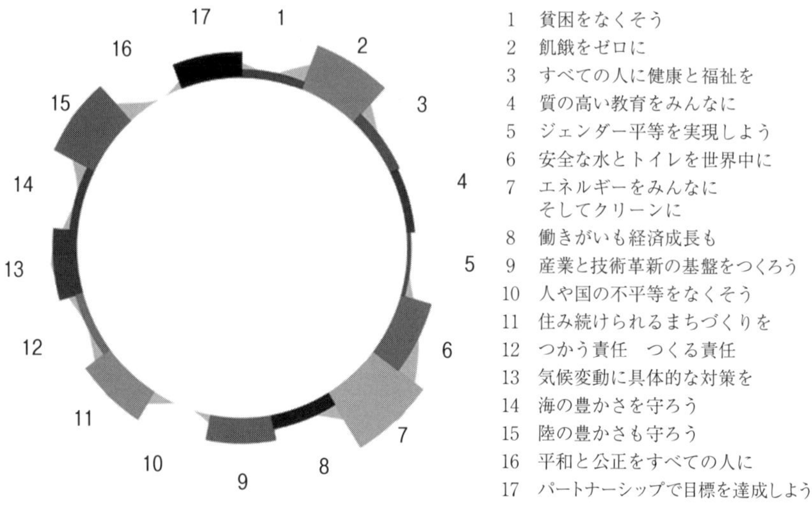

出典：https://klimalog.die-gdi.de/ndc-sdg/ を基に筆者ら作成

もの（両方に貢献しうるもの）として，SDGs目標7（手頃でクリーンなエネルギー），14（海洋），15（持続可能な森林管理と他の陸上生態系）などが挙げられる。気候変動への適応策とSDGsは親和性が高く，シナジーの可能性があるのはSDGs目標1（貧困撲滅），2（飢餓撲滅），3（健康な生活と幸福），6（清潔な水）などである。一方，気候変動対策とSDGsにトレードオフが生じる可能性もある。たとえば，SDGs目標13に関連する大規模な土地関連の緩和策の実施（植林やバイオエネルギー供給ほか）が食料生産に影響を与えたり，健康維持のためのエアコン使用などの適応策がエネルギー消費に影響したりする可能性もある。

Dzebo et al.（2019）は，UNFCCCに提出される各国の「自国が決定する貢献（Nationality Determined Contribution：NDCs）[7]」に記された活動や目標がいかにSDGsとかかわっているかを分析した。164のNDCsを分析した結果（図12－2），SDGsとNDCsの活動で結びつきが強い順に，SDGs目標7（気候変動の緩和の観点のエネルギーアクセスとエネルギー効率化），SDGs目標15（気候変動の緩和・適応の観点の生態系や森林管理・土地利用の役割），SDGs目標2（気候変動の緩和の観点の持続可能な農業），SDGs目標11（都市計画や公共交通に焦点をおいた気候変動関連活動），SDGs目標6（水の効率化と水生態系管理にかかわる気候変動関連活動），SDGs 目標17（特に後発開発途上国や小島開発途上国に対する資金支援，技術移転，能力構築の重要性）を挙げている。

SDGs と気候変動にかかわる対策の関連性が高いことから，別々に行われているSDGs と気候変動に関する報告のプロセスやメカニズムの整合性の必要性も検討されている。持続可能な開発に関するハイレベル政治フォーラム（HLPF）[8]に提出するSDGs 達成状況をまとめた自主的国家レビュー（VNR）[9]とUNFCCC に提出する隔年報告書や国別報告書についても，国家レベルで報告書を取りまとめるまでの協議プロセスや情報収集プロセスの統合化の可能性も議論されている（Dzebo et al. 2019：6）。

⑵　グリーンリカバリー

2015年に採択されたパリ協定は，産業革命前と比べて世界の平均気温上昇を２度未満に抑え，1.5度未満に抑える努力をすること，今世紀後半に人為的な温室効果ガスの排出量と吸収源による除去量の均衡を達成することなどの世界共通の長期目標を示している。パリ協定は，先進国・途上国のすべての国を参加させた合意である。すべての国が各国の国内排出削減や気候変動への影響に対する適応のための努力を具体化したNDCs を５年ごとに提出し，その際に更新すること，パリ協定の目標達成に向けた世界全体としての進捗状況を確認する仕組み（グローバル・ストックテイク）を取り入れていること，先進国による途上国への資金の提供の必要性だけでなく，途上国も自主的に資金提供をすることを求めることも盛り込んでいる。

また，パリ協定に加えて，気候変動政策の議論をリードする欧州では，欧州連合（EU）の行政執行機関である欧州委員会が2019年に気候変動対策を軸としている新たな成長戦略として「欧州グリーンディール」を発表し，その中心にあるのは，2050年までに実現するネットゼロ[10]という長期目標である。そして欧州は，欧州グリーンディールを土台として，COVID-19 からの復興も両立したグリーンリカバリーにも取り組んでいる。

ネットゼロに関しては欧州に続く形で，COVID-19 発生後に，アジアでも中国，日本，韓国がネットゼロの目標を発表した。日本では，国家レベルでの2050年ネットゼロの実現，そして2030年度に温室効果ガスを2013年度の46％削減することを目指し，さらに，50％の目標を目指す取組みが検討されている。[11]

図12－3　欧州グリーンディール

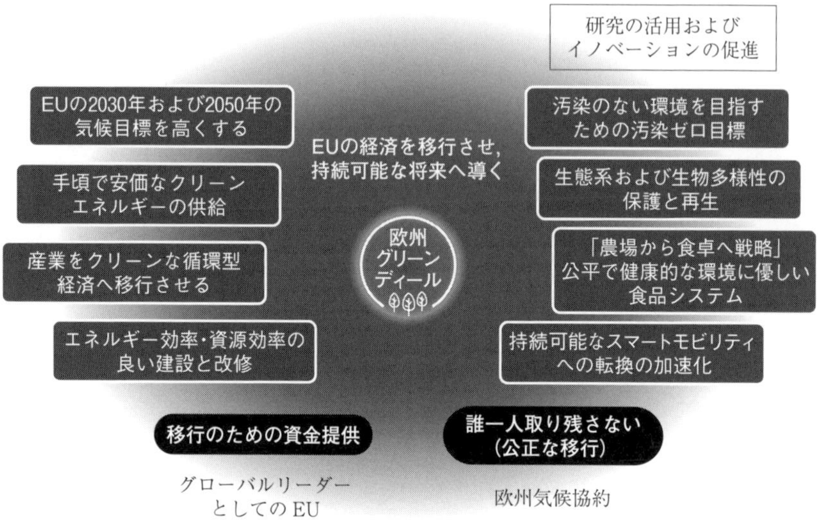

出典：https://eur-lex.europa.eu/legal-content/EN/TXT/HTML/?uri=CELEX:52019DC0640&from=ET を基に筆者ら作成。和訳は JETRO の仮訳を活用　https://www.jetro.go.jp/ext_images/_Reports/01/a4731e6fb00a9859/20190051_02.pdf

また，2050年二酸化炭素排出実質ゼロ（ゼロカーボンシティ）の表明をしている地方公共団体もある。2022年９月30日時点では，785の地方公共団体が表明している（表明自治体総人口約１億1896万人[12]）。

⑶　公正な移行

気候変動関連の目標達成において，COVID-19 発生後にグリーンリカバリーと共に注目を集めている概念が，「公正な移行」である。脱炭素社会に向かう中で，たとえば化石燃料関連産業で働いている人々は仕事を失う可能性が高い。また，COVID-19 の影響でも多くの人々が職を失ったり，失う危機に直面したりしている現在，脱炭素社会への移行を目指す中で，人々の雇用を確保しながら社会を変革していく必要がある。そのためには環境分野で新たな雇用を生み出す努力なども必要となる。SDGs の中でも，目標８（働きがいも経済成長も）を中心として，持続可能な経済成長と雇用の確保は目標とするところになっている。

①　EUの事例：公正な移行メカニズム[13]

EUは，脱炭素経済への移行について，公正な移行メカニズムという，誰一人取り残されない公正な方法で実現するための重要なツールを策定している。いうまでもなく，「誰一人取り残されない」というのはSDGsが掲げる重要な理念である。この公正な移行メカニズムは，移行に伴う社会経済的な影響を軽減するため，影響を最も受けやすい地域において，2021年から2027年の間に約550億ユーロの資金動員の支援を行うこととしている。

公正な移行メカニズムは，最も大きな課題に直面する地域，産業，労働者に焦点をあて，以下の3つの柱を通じて移行にかかる社会的・経済的影響に対処する。その一つは，新たな基金で，現在価格で192億ユーロの新しい公正な移行基金に，254億ユーロ近い投資の動員を期待している。2つ目は，新たなEUの公正な移行スキーム投資で，主に民間セクターの投資100億～150億ユーロの動員が見込まれる。3つ目は，新しい公共セクターのローンのファシリティーで，EU予算からの15億ユーロのグラントと欧州投資銀行からの100億ユーロのローンを組み合わせ，185億ユーロの公的投資を動員する。そしてそれらの資金は，移行に対して最も脆弱な人々や市民に対して，新しいセクターやその移行における雇用の機会の促進，スキルアップの機会の提供などを行う。また，炭素集約型産業で活発な企業やセクターに対しては，低炭素技術への移行と気候変動に対応した投資や雇用に基づく経済の多様化の支援，官民の投資家を惹き付ける条件の策定などを行い，化石燃料や炭素集約型産業への依存度の高い加盟国・地域に対して低炭素で気候変動にレジリエントな活動への移行の支援，グリーン経済における雇用の創出などを行うことを支援する。

②　アメリカの事例：ビルドバック・ベター

アメリカの近年の政策は，大統領や議会の多数派の動向によって大きくぶれる傾向があり，一貫して「持続可能」な政策を取るという観点からは高い評価を与えることができないのが現状である。2021年に発足したバイデン政権はそのような中，コロナ禍からの回復をより良くしていく政策パッケージ，ビルドバック・ベターを提示して，脱炭素を軸とした回復を企てている。

当初大きな期待を受けたこのパッケージも，しかし，世論が二分される中，なかなか順調に政策化しているわけではない。2021年後半には，ようやくインフラを中心とする1兆2000億ドル（約137兆円）の法案が通過した。この法案には，全国50万か所に上る電気自動車充電ステーションの拡充のための750億ドルの投資や，クリーンエネルギーのための送電網の改善のための650億ドルの投資といった気候変動対策の投資も含まれている。また，気候災害対策への500億ドル以上の投資も計上されている。

アメリカでは，電気自動車メーカーのテスラが力をつけ，そのCEO イーロン・マスクは長者番付一位になるなど，勢いを増している。とはいえ，政策的に舵を切るには国論が割れすぎており，世界的なリーダーシップを発揮するには至っていないのが現状だ。

2　生物多様性問題とワンヘルス・アプローチ

気候変動の問題に並び重要性が高まっている地球環境問題が生物多様性問題である。生物多様性問題は，これまで気候変動問題に比べて注目度が低かったが，プラネタリーバウンダリー（地球の限界）の議論の中でも，生物多様性の損失は最も深刻な状況であり，コロナ禍により改めて注目されている（Steffen

図12－4　プラネタリーバウンダリー

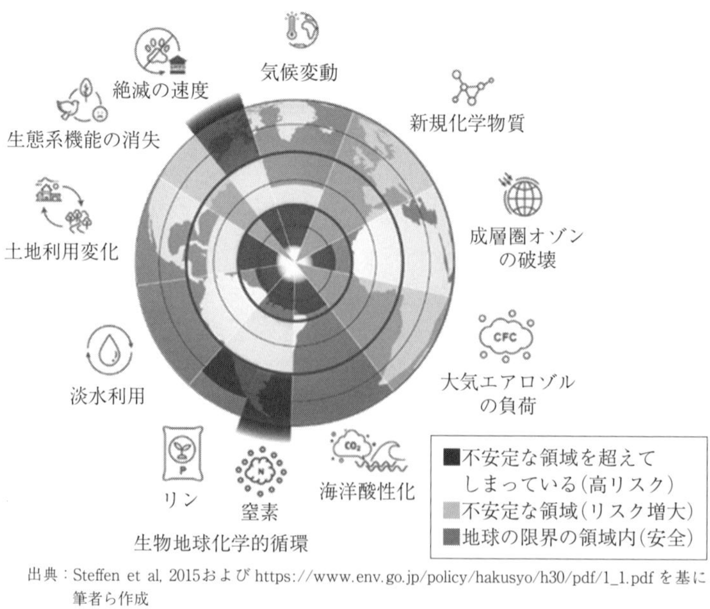

出典：Steffen et al, 2015および https://www.env.go.jp/policy/hakusyo/h30/pdf/1_1.pdf を基に筆者ら作成

et al. 2015)。

生物多様性および生態系サービス[14]は，SDGs目標15（陸域生態系の保護，回復，持続可能な利用の促進，持続可能な森林の管理，砂漠化への対処，土地の劣化の阻止・回復および生物多様性の損失を阻止）に含まれるが，気候変動の場合同様，SDGsのすべての目標と関係している。しかし，生物多様性はこれまで過小評価されてきており，SDGsにかかわるハイレベルの政策的議論の中でもほとんど扱われてこなかった（Reyers & Selig 2020)。SDGsの文脈で生物多様性が過小評価されている理由としては，SDGsの達成における生物多様性や生態系サービスの影響の定量的評価が難しいこと，SDGs目標15の一つの目標に生物多様性に関連する目標が集約されたことによって，生物多様性がすべての目標にかかわるという側面が重視されなかったことなどが挙げられている（Reyers & Selig 2020)。

COVID-19の発生後に特に注目されているのが，人間，動物，環境の衛生のバランスを重視する概念である，ワンヘルス（One Health）である。ワンヘルスは，人間，動物，環境の最適な衛生を実現するための多分野にまたがる協調的な取組みであり，人間，動物，環境の衛生との接点で発生する病気の予防や管理の鍵となるツールとして出現した（UNEP & ILRI 2020)。また関連したアプローチとしては，社会と生態系の相互作用の文脈における衛生とウェルビーングの理解や促進のために必要な一連の体系的・参加型アプローチである「エコヘルス」，地球の持続可能性に関連する人間の健康に焦点をおく「プラネタリーヘルス」がある（UNEP & ILRI 2020)。

生物多様性の価値を守り，自然と共存した持続可能な社会を目指す上では，土地や森林，農業，食料，都市・インフラ，漁業・海洋，淡水，気候変動行動に加えて，生物多様性を含んだワンヘルスにかかわるシステムへの移行が求められている（SCBD 2020)。この10年間で，生物多様性と人間の健康との間の，多様で複雑な関係性があることがより認識されるようになっている[15]。

COVID-19は，人獣共通感染症であるといわれており，新興感染症や再興感染症の70％以上が人獣共通感染症で，その多くが野生動物由来といわれている。人獣共通感染症の発生原因には，森林を含む生態系の管理，特に途上国での管理の問題が大きく影響している。COVID-19からの経済回復においては，経済活動を優先する中で，生態系は悪影響を受けたり，軽視されたりする懸念もあり，生態系の破壊は，次の人獣共通感染症の発生のリスクをも高めてしまう。感染症と生態系との関係性は深いのである。

そのような人獣共通感染症などの公衆衛生にかかわる課題に対して，人間，動物，環境の衛生にかかわるさまざまな行為主体が連携して取り組むアプローチとして注目を集めているのが「ワンヘルス」である。ワンヘルス・アプローチは国際レベルでは，世界保健機関（WHO），国際連合食糧農業機関（FAO），国際獣疫事務局（Office International des Epizooties：OIE）が連携して取り組んでおり，2019年3月にはこの3つの機関がまとめた，各国での人獣共通感染症の対処のための手引きが発表されている（WHO, FAO & OIE 2019）。ワンヘルス・アプローチにより，国際的に人獣共通感染症や人と動物の関係性の問題に対する関心は高まったものの，環境の側面に対しては，これまでのワンヘルス・アプローチの議論の中での扱いが乏しく，COVID-19をきっかけにワンヘルスの中での環境の側面の重要性が見直されている[16]。特にCOVID-19からの「より良い復興」の議題に関連して，ワンヘルスの環境的側面に対する重要性が高まり，これは，WHO，FAO，OIEで構成される三者会合に，環境分野をリードする国連環境計画（United Nations Environment Programme：UNEP）が参加したことや，環境分野を含む多様な分野の専門家で構成されるワンヘルス・ハイレベル専門家パネル（One Health High-Level Expert Panel：OHHLEP）が設立され，ワンヘルスが人，動物，生態系の健康を持続的にバランスさせ，最適化することを目的とした統合的，統一的なアプローチであるなどとしたワンヘルスの定義[17]に関する共同声明が発表されたことにも表れている[18]。UNEPは，科学と政策をつなぐ視点からワンヘルスに貢献することが期待されている[19]。

さまざまな国際環境条約の中では，UNEP傘下のCBDにおいてワンヘルスに関する議論を活発化している。生物多様性条約事務局は，生物多様性と健康の関連性の関心を高め，UNEP，FAO，OIE，WHOなどのパートナーや他の多国間環境条約と密に連携して，実施中のイニシアティブへの貢献や，生物多様性を含むワンヘルスのアプローチの促進を目指している[20]。また，生物多様性条約事務局は，2021年3月に新たに設立されたWHO-国際自然保護連合（IUCN）の「生物多様性，気候，ワンヘルス，自然を基盤とした解決策に関する専門家ワーキンググループ」のメンバーでもあり，この専門家ワーキンググループは，2015年から2020年にかけてWHOとCBDが共同議長を務めた「生

図12－5　感染症に関する野生動物・家畜・人間の関係性，ワンヘルス

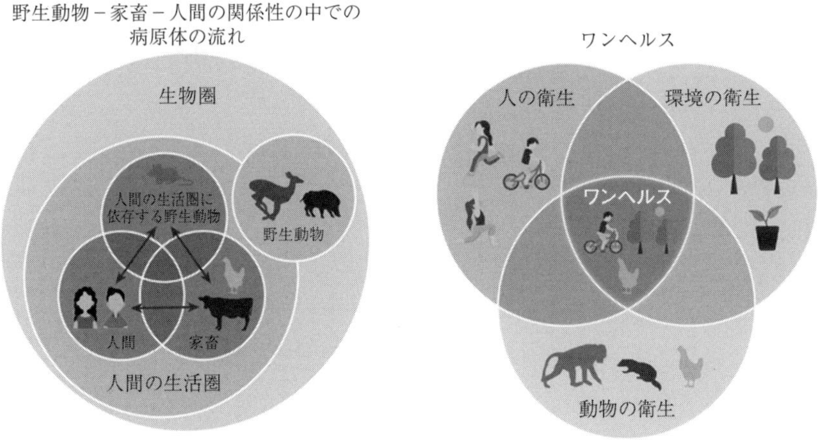

出典：UNEP, 2020　https://www.unep.org/resources/report/preventing-future-zoonotic-disease-outbreaks-protecting-environment-animals-and

物多様性と健康に関する機関間リエゾングループ」が行った作業を土台として拡大したものである[21]。

また，CBDでは「生物多様性と健康」の議題の下でワンヘルスが議論されている。2010年の生物多様性条約第10回締約国会議（COP10）では，決定書X/2で，生物多様性保全のための国際・国内の取組みの指針である「愛知目標」と呼ばれる20の目標を含む「生物多様性戦略計画2011-2020」[22]が採択された。愛知目標すべてが健康とウェルビーングに関連する可能性があるが，特に愛知目標14は，健康，生活，ウェルビーングに貢献する生態系サービスに明確に焦点をあてており，愛知目標の実施を支援する取組みは，人間の健康と生態系の健康の両方を改善しうる[23]。

CBDにおける生物多様性と健康に関する議論の変遷は以下の通りである[24]。2014年のCOP12の決定書XII/21では，COPが，「生物多様性と人間の健康といった横断的な問題に取り組むために，人間，微生物，動物，植物，農業，野生動物，環境の間の複雑な関係を統合する生態系アプローチ（決定書V/6）に合致した統合的なアプローチとして，ワンヘルス・アプローチの価値を認識」し，2016年のCOP13での決定XIII/6では，COPは事務局長に対し，「ワンヘルス・アプローチの適用で生物多様性と生態系管理に配慮することを支援する

技術ガイダンスを作成するよう要請」した。

2018年COP14では，決定書14/4において，COPは，「生物多様性への配慮をワンヘルス・アプローチに統合するためのガイダンスを歓迎」し，締約国や政府に対して「統合的なワンヘルス政策，計画またはプロジェクト，他の全体的なアプローチを生物多様性の国家戦略や行動計画などに統合すること」などを求めた。2021年5から6月にかけて開催された生物多様性条約第24回科学技術助言補助機関会合バーチャルセッションでは，「議題9生物多様性と健康」が検討され，生物多様性を含むワンヘルス・アプローチの実施とCOVID-19からの持続的な復興に関して，締約国を支援する「生物多様性と健康のためのグローバルアクションプラン」のドラフトについても議論された[25]。

また，科学的側面でも，生物多様性及び生態系サービスに関する政府間科学政策プラットフォーム（Intergovernmental Science-Policy Platform on Biodiversity and Ecosystem Services：IPBES）が生物多様性とパンデミックに関するワークショップを開催し，それに関するレポートの中で，ワンヘルスに関して政策オプションを考える上での科学的知見をまとめている（IPBES 2020）。

国内では，たとえば，アメリカは疾病対策予防センター（CDC）にワンヘルスオフィスを設立し，国内・国際で広くワンヘルスの活動をリードしているが[26]，日本では国内の対策，特に薬剤耐性対策が中心であり，ワンヘルスに関連する厚生労働省，環境省，農林水産省などの省庁や援助機関などとの連携が不十分であることなどから，国内・国際協力の観点で包括的なワンヘルスに関する議論ができていない。日本の地方自治体においても，ワンヘルスはまだ広くは浸透していないものの，福岡県が2021年1月に，ワンヘルスの実践に関する条例として全国で初めてとなる「福岡県ワンヘルス推進基本条例」が施行された。主な内容としては，第1に，県や関係者の役割分担とともに，「人獣共通感染症対策」，「人と動物の共生社会づくり」など人と動物と環境の健康を一体的に守るための次の6つの課題，すなわち人獣共通感染症対策薬剤耐性菌対策，環境保護，人と動物の共生社会づくり，健康づくり，環境と人と動物のより良い関係づくりについて，取組みの基本方針を定め，これを具体化するための実行計画を県が定めることとしたこと，第2に，県に，ワンヘルスセンターをおき，関係する部局と出先機関が横断的に連携する体制を整備することとしたこと，そして第3に，国，県および民間の防疫や研究機能と人材育成機能等を集積させて，人獣共通感染症対策の拠点をつくることとしたことなどである。

まとめと展望：環境に関する目標達成に向けて私たちができること

SDGsの要素の一つの「環境」に関して，COVID-19をきっかけに注目された気候変動と生物多様性問題に関連した2つの方向性の議論をまとめた。一つは，COVID-19からの経済復興と気候変動対策を含む環境対策を両立するグリーンリカバリーの議論についてだ。グリーンリカバリーのためには，誰一人取り残されない「公正な移行」の観点が重要であり，その取組みが始まっている。2つ目は，新型コロナのような人獣共通感染症の発生の抑制の観点から，人・動物・環境の衛生を統合的に実現するワンヘルスの議論についてだ。ワンヘルスに関しては，COVID-19発生後，UNEPが議論に公式に参加するなど，生物多様性などの環境の側面を強化する議論が行われている。

今後の展望につき，本章の執筆者の1人蟹江が代表を務める慶應義塾大学SFC研究所xSDGラボでは，2020年に，COVID-19の影響を受けてSDGs実現へ向けた行動がどのように変化するのかを検討した。検討は，ラボの研究者と，30近い企業や自治体のパートナー企業からなるコンソーシアムメンバーとが共同で行い，その成果は「コロナの経験を踏まえたSDGs達成への鍵となる12の方策」としてまとめた。方策は，オンライン・デジタル技術の活用，都市や産業構造の変化への迅速な対応，サプライチェーンの改編，価値観の変化に伴うライフスタイルやビジネス変革への対応，再エネ利用の促進と気候変動対策の経営・政策への統合，生態系・自然と人間との適切な距離・関係を維持した開発など幅広い。詳細は以下のウェブサイト（https://xsdg.jp/12nohosaku.html）および蟹江・佐久間・高木（2021）に示したのでそちらを参照されたい。

この検討を短く要約すると，2つのキーワードが浮かび上がってくる。すなわち，「グリーン」と「多様性」を力に変えることの重要性である。グリーンとは，環境を力に変えるということである。コロナ禍からの復興では，環境対策を力に変えることが，持続可能に成長を続ける上での鍵になる。そして，多様性を力に変えることである。

この二点，いずれも近年日本では十分扱われてこなかったように思う。確かに環境対策や環境対応は，これまでも叫ばれてきた。90年代頃は，日本の環境技術は世界に誇るものでもあった。しかし，その後の気候変動対策の遅れは関連技術や投資の遅れにもつながり，いつの間にか欧州や中国企業が先を越しているというあり様である。

多様性の遅れは，残念ながら，いうまでもないものとなってしまっている。外国人労働者雇用や障害者雇用をはじめ，女性の活躍に関しては，世界経済フォーラムによるジェンダーギャップ指数（2021年）によれば156か国中実に120位である。東京オリンピック前にも多様性をめぐる問題が多発し，結局大会自体は最終的に多様性をテーマにしたものの，それがレガシーとして生きていないのが現実だ。その後のCOVID-19対策でも，外国人や特定国からの入国締め出しをWHOから「人種隔離」政策だと批判されているのが現状である。

グリーンや多様性に「配慮」する，という言葉を聞くことがあるが，コロナ禍の先のSDGs達成へ向けた行動で必要となるのは，それらを「力に変える」ことである。「配慮」するだけでは不十分なのだ。

その上で，たとえば「方策6　サプライチェーンの改編」を行うのは，不幸にもサプライチェーンが崩壊してしまったコロナ禍の先だからこそできることであるといっても良い。より地産地消に近い形でのサプライチェーン改編によって，サプライチェーンからあふれでてしまう人や企業については，別のところで他のサプライチェーンに組み込んでいくなど，「公平な移行」を行うためのグラウンドデザインが必要だ。「方策8　再エネ利用の促進と気候変動対策の経営・政策への統合」への移行も一筋縄ではいかないだろう。いつまでどうするか，長期的ビジョンをもちながら，目標達成から出発して現状にたどり着くようなロードマップを考える「バックキャスト」で計画を立てることも求められるだろう。省エネや節電から，再エネ利用，創エネと，大きく変革していくためには政策の後押しも欠かせない。目標が明確でない限り「移行」は意味をなさない。

そうした行動の道しるべとなるのがSDGsである。目標から出発して物事を考えるからこそ初めて実現できるものがある。2030年目標達成ということを考えれば，コロナ禍が大きな足かせとなってしまったことは否めないが，同時に，目標達成へ向けた変革を行う最後のチャンスを与えてくれているとも考えられる。いや，そう考えない限り，コロナ禍の残した傷跡はあまりにも大きすぎる。前向きに未来に進むために，SDGsを力にして，変革を進めるときが来ている。

〈参考文献・資料〉

（日本語文献）
蟹江憲史・佐久間信哉・高木超，2021，『企業のリアルな事例でわかるSDGsの課題別推進方法』第一法規

（外国語文献）
Dzebo, A., Janetschek, H., Brandi, C. & Iacobuta, G., 2019, Connections between the Paris Agreement and the 2030 Agenda: The Case for Policy Coherence, Stockholm Environment Institute.

IPBES, 2020, *Workshop Report on Biodiversity and Pandemics of the Intergovernmental Platform on Biodiversity and Ecosystem Services.* Daszak, P., das Neves, C., Amuasi, J., Hayman, D., Kuiken, T., Roche, B., Zambrana-Torrelio, C., Buss, P., Dundarova, H., Feferholtz, Y., Foldvari, G., Igbinosa, E., Junglen, S., Liu, Q., Suzan, G., Uhart, M., Wannous, C., Woolaston, K., Mosig Reidl, P., O'Brien, K., Pascual, U., Stoett, P., Li, H., Ngo, H. T., IPBES secretariat, DOI: 10.5281/zenodo. 4147317

IPCC, 2018, Special Report on Global Warming of 1.5 ℃.

Reyers, B. & Selig, E. R., 2020, "Global targets that reveal the social-ecological interdependencies of sustainable development", *Nat Ecol Evol*, vol. 4, pp. 1011-1019.

SCBD, 2020, Global Biodiversity Outlook 5.

Stffen, W. et al., 2015, "Planetary boundaries: Guiding human development on a changing planet", *Science,* vol. 347, Issue 6223 DOI: 10.1126/science. 1259855

UN DESA & UNFCCC, 2019, *Global Conference on Strengthening Synergies between the Paris Agreement on Climate Change and the 2030 Agenda for Sustainable Development. Maximizing Co-Benefits by Linking Implementation of the Sustainable Development Goals and Climate Action : Conference Summary* https://sustainabledevelopment.un.org/climate-sdgs-synergies2019

UNEP & ILRI, 2020, "Preventing the Next Pandemic: Zoonotic diseases and how to break the chain of transmission". https://www.unep.org/resources/report/preventing-future-zoonotic-disease-outbreaks-protecting-environment-animals-and

WHO, FAO & OIE, 2019, *Taking a Multisectoral, One Health Approach : A Tripartite Guide to Addressing Zoonotic Diseases in Countries.*

注

1）　人獣共通感染症：人獣共通感染症は動物からヒトに感染するようになった病気や感染症であり，その病原体はバクテリア，ウイルス，寄生虫あるいは通常ではみられない微生物であり，食物，水あるいは環境を通じて直接に接触することで広がっていく。人獣共通感染症は新しい感染症や多くの既存の感染症の大部分を占めている。日本WHO協会　https://japan-who.or.jp/factsheets/factsheets_type/zoonoses/（2022年10月9日閲覧）

2）　UNFCCC：1992年５月に採択され，1994年３月に発効した。大気中の温室効果ガスの濃度を安定化させることを究極の目的とする。日本外務省　https://www.mofa.go.jp/mofaj/ic/ch/page22_003283.html　(2022年10月９日閲覧)

3）　CBD：1992年５月に採択され，1993年12月に発行した。生物多様性の保全，生物多様性の構成要素の持続可能な利用，遺伝資源の利用から生ずる利益の公正かつ衡平な配分を目的とする。外務省　https://www.mofa.go.jp/mofaj/gaiko/kankyo/jyoyaku/bio.html　(2022年10月９日閲覧)

4）　気候変動の緩和策：温室効果ガス排出量を削減したり，植林などで吸収量を増加したりする対策。気候変動への適応策：気候変化に対して自然生態系や社会・経済システムを調整することにより気候変動の悪影響を軽減する対策。国立環境研究所　https://adaptation-platform.nies.go.jp/climate_change_adapt/index.html　(2022年10月９日閲覧)

5）　公正な移行：たとえば，高炭素経済から低炭素経済への移行において，いかなる人々，労働者，場所，部門，国，地域も取り残されないようにすることを目的とした一連の原則，プロセス，実践（IPCC 第６次評価報告書第三作業部会 Glossary）。一例としては，脱炭素社会に移行する中で，化石燃料を多く使う産業で雇用を失う人を考慮し，再生可能エネルギーなどの新たな産業で雇用を創出する。

6）　IPCC：IPCC は世界気象機関（World Meteorological Organization：WMO）および国連環境計画（UNEP）により1988年に設立された政府間組織で，IPCC の目的は，各国政府の気候変動に関する政策に科学的な基礎を与えることである。世界中の科学者の協力の下，出版された文献（科学誌に掲載された論文等）に基づいて定期的に報告書を作成し，気候変動に関する最新の科学的知見の評価を提供している。気象庁　https://www.data.jma.go.jp/cpdinfo/ipcc/index.html　(2022年10月９日閲覧)

IPCC 1.5℃特別報告書：1.5℃の地球温暖化：気候変動の脅威への世界的な対応の強化，持続可能な開発及び貧困撲滅への努力の文脈における，工業化以前の水準から1.5℃の地球温暖化による影響及び関連する地球全体での温室効果ガス（Greenhouse Gas：GHG）排出経路に関する IPCC 特別報告書。

7）　NDCs：いわゆる国別削減目標で，削減目標とそれを達成するための活動，国によっては適応策や持続可能な開発を促進する活動も記されている。

8）　HLPF：HLPF は，2030アジェンダと持続可能な開発目標のフォローアップとレビューを行う主要なプラットフォームで，総会，経済社会理事会，その他の関連機関やフォーラムと一貫して作業を進める。国連広報センター　https://www.unic.or.jp/activities/economic_social_development/sustainable_development/2030agenda/2030agenda/high-level_political_forum/　(2022年10月９日閲覧)

9）　VNR：VNR は先進国および途上国が提出するもので，フォーラムの基幹ともいうべきもので，その中で成功，課題，教訓など，SDGs 実施にあたって得られた経験を共有する。国連広報センター　https://www.unic.or.jp/activities/economic_social_development/sustainable_development/2030agenda/2030agenda/high-level_political_forum/　(2022年10月９日閲覧)

10）　ネットゼロ：温室効果ガス排出量を正味ゼロにすること。大気中への温室効果ガスの人為的な排出と，人為的な除去が一定期間均衡した場合に達成されるもの。

11）　環境省　https://ondankataisaku.env.go.jp/carbon_neutral/road-to-carbon-neutral/　(2022

年10月9日閲覧）
12）　環境省　https://www.env.go.jp/policy/zerocarbon.html　（2022年10月9日閲覧）
13）　欧州委員会　https://ec.europa.eu/info/strategy/priorities-2019-2024/european-green-deal/finance-and-green-deal/just-transition-mechanism_en　（2022年10月9日閲覧）
14）　生物多様性および生態系サービス：生物多様性のもたらす持続可能な開発のための多様な物質的・無形の便益，貢献，価値。
15）　CBD　https://www.cbd.int/health/　（2022年10月9日閲覧）
16）　CBD　https://www.cbd.int/health/meetings.shtml　（2022年10月9日閲覧）
17）　ワンヘルスとは，人，動物，生態系の健康を持続的にバランスさせ，最適化することを目的とした統合的，統一的なアプローチである。これは，人間，家畜，野生動物，植物，そしてより広い環境（生態系を含む）の健康が，密接に関連し，相互依存していることを認識するものである。このアプローチは，社会のさまざまなレベルの複数のセクター，分野，コミュニティを動員して，幸福を育み，健康と生態系への脅威に対処するために協力し，清潔な水，エネルギー，空気，安全で栄養のある食品，気候変動への対策，持続可能な開発への貢献という共通のニーズに取り組む。UNEP　https://www.unep.org/news-and-stories/statements/joint-tripartite-and-unep-statement-definition-one-health　（2022年10月9日閲覧）
18）　UNEP　https://www.unep.org/news-and-stories/statements/joint-tripartite-and-unep-statement-definition-one-health　（2022年10月9日閲覧）
19）　UNEP　https://www.unep.org/news-and-stories/story/unep-joins-three-international-organizations-expert-panel-improve-one-health　（2022年10月9日閲覧）
20）　CBD　https://www.cbd.int/health/meetings.shtml　（2022年10月9日閲覧）
21）　WHO　https://www.who.int/news/item/30-03-2021-who-iucn-expert-working-group-biodiversity　（2022年10月9日閲覧）
22）「生物多様性戦略計画2011-2020」は，2050年までに「自然と共生する」世界を実現するビジョン（中長期目標）をもって，2020年までにミッション（短期目標）および20の個別目標の達成を目指すものである。20の個別目標が「愛知目標」であり，愛知目標は，数値目標を含むより具体的なものであり，そのうち，生物多様性保全のため地球上のどの程度の面積を保護地域とすべきかという目標11に関しては，「少なくとも陸域17％，海域10％」が保護地域などにより保全されるとの目標が決められ，その他にも「森林を含む自然生息地の損失速度が少なくとも半減，可能な場所ではゼロに近づける」といった目標（目標5）が採択されている。環境省自然環境局　https://www.biodic.go.jp/biodiversity/about/aichi_targets/index.html　（2022年10月9日閲覧）
23）　CBD　https://www.cbd.int/health/background.shtml　（2022年10月9日閲覧）
24）　https://www.cbd.int/health/background.shtml
25）　注24に同じ
26）　CDC　https://www.cdc.gov/onehealth/who-we-are/index.html　（2022年10月9日閲覧）

第 *13* 章
平和と SDGs
――新型コロナ禍の SDGs を支える平和と正義，強固な行政組織

長有紀枝

〔キーワード〕 平和，正義，強固な行政組織，尊厳，地球の安全保障

〔要旨〕 人間（People），地球（Planet），繁栄（Prosperity），パートナーシップ（Partnership）とともに持続可能な開発目標（SDGs）の 5 つの大原則を構成するのが，目標16に掲げられた「平和（Peace)」である。しかし目標16は，一般に考えられている「平和」とは異なり，平和と公正・正義，強い行政組織の 3 者が一体となったものである。そもそも，なぜ性質の異なる 3 者が SDGs の目標16に混然一体となって含まれているのだろう。本章では，これが交渉過程の国際政治上の妥協の産物であった点を明らかにした上で，目標16が平時，紛争時を問わず，SDGs のすべての領域において，SDGs 全体を支える基盤であり，人間の安全保障概念とも強い関連があることを論じた。他方で，その基盤が新型コロナウイルス感染症（COVID-19）によって，またロシアのウクライナ侵攻を機に，大きく脅かされたことを議論した上で，危機下であればこそ，目標16の重要性が一層顕著になったこと，さまざまな領域が含まれる目標16を逆手にとって重視していくべきあることを述べた。

はじめに：COVID-19 時代の SDGs にとって Peace（平和）とはどのような問題か

人間（People），地球（Planet），繁栄（Prosperity），パートナーシップ（Partnership）とともに SDGs の 5 つの P，大原則を構成するのが，本章のテーマ，平和（Peace）である。この平和の重要性を最も端的に示しているのは，「持続可能な開発のための2030アジェンダ」の前文「平和」のパラグラフである。

「我々は，恐怖及び暴力から自由であり，平和的，公正かつ包摂的な社会を育んでいくことを決意する。平和なくしては持続可能な開発はあり得ず，持続可能な開発なく

して平和もあり得ない」（外務省仮訳）

とはいえ，Peaceとその指標が具体的に語られている目標16「持続可能な開発のために平和で包摂的な社会を促進し，すべての人々が司法を利用できるようにし，あらゆるレベルにおいて効果的で説明責任のある包摂的な制度を構築する」，略称「平和，正義，強固な行政組織（Peace, Justice and Strong Institutions）」は，他の４つのＰと比べても，他の16目標と比べても２つの点で異彩を放っている。まず第１に，そもそも，開発とはさまざまな面で次元の異なる平和が目標の１つにおかれた点，第２に目標16のサブタイトル「平和，正義，強固な行政組織」にある通り，目標16には，統一性と一貫性に欠ける，多様で異質な指標が，一見脈絡なく放り込まれている点である。一体これはなぜだろう。

本章ではこの疑問を出発点にCOVID-19の蔓延やその余波と歩むことになる時代のPeaceのもつ課題と，Peace実現に向けてのアクションについて論じていく。

まず１で目標16の成立過程を，実際に締結交渉にかかわり，議論の過程を目撃してきた日本の外交官の記録と証言から確認するとともに，目標16の意義を人間の安全保障との関係から確認する。次に２で，目標16を構成する３つの要素，「平和，正義，強固な行政組織」それぞれの内容と指標を確認する。その上で，３　新型コロナ禍（以下，コロナ禍）で顕在化した課題，新たに生じた課題，それに対する取組みを整理する。おわりに，でコロナ禍の目標16の実現に向けた世界と私たちの身近な取組みについて論じる。

1　目標16はどのように生まれたか：誕生の経緯とその意義

(1)　成立過程をたどる：平和と開発の関係・妥協の産物としての目標16

国連でのSDGs交渉において，目標16は，気候変動と並んで最も紛糾した目標といわれる（南・稲葉 2020：50）。そもそも平和は，持続可能な開発に関する伝統的な考え方からすれば対象とはならないテーマだからである（同）。

2012年から15年にかけ，日本政府の首席交渉官として，特に2014年以降はニューヨークの国連日本政府代表部の大使としてSDGs交渉を担当した外交官・南博によれば，持続可能な開発は，経済開発，地球環境，包摂的な社会の３側面の統合とされているが，それゆえ政治的要素とみなされる「平和」や「人権」が入ってくる可能性はなかったという。また政治と安全保障の問題は一義的に安全保障理事会の管轄事項であり，SDGsを議論した総会の領域でもなかったと説明する[1)]。

では，なぜ平和や公正がSDGsの目標16に入ったのか。そもそも国連の分類法では政治・安全保障の領域に分類される「平和的社会」の概念をSDGsに入れるよう強く主張したのは開発資金を提供する立場にある先進国側であった。とりわけ英国のデーヴィッド・キャメロン首相（当時）は，開発の基礎は説明責任を果たす効果的な政治体制にある，という考えを強く推進していた（南・稲葉 2020：51）。これに対し，途上国による77か国グループ（G77）[2)]と中国が，強固な姿勢で反論したため，交渉は紛糾した。

南は，この紛糾の原因として次の２点を挙げている。英国が主張する概念を受け入れることによって，先進国からの介入を招くのではないかという懸念を途上国側が強く抱いた点，政治的な問題がSDGsに入ることによって，安保理が権限を強めるのではないかという危機感をもつ国があった点である。加えてロシアが，開発の問題に政治的な問題が入り込むことに強く反対していた。結局この問題のみを議論する少人数会合が開催され，徐々にお互いに歩み寄りが行われることとなった。「良い統治」と「平和的な社会」それぞれに独立した目標を作ることを主張していた先進国側が，それを取り下げたことで，反対派においても，中国がまず譲歩を示すこととなり，「平和的社会」についての独立目標はやむなしという妥協が成立した（南・稲葉 2020：51-52）。

⑵　目標16の意義

このように紛糾の結果の妥協の産物として，本来別個の目標として整理されるべきであった項目を合体し，生まれたのが目標16である。しかし，結果として，目標16の存在は，SDGsをSDGsたらしめる欠くべからざる要素となった。

国連広報センターは，SDGsがこの種の合意としては初であった点として，国連の活動の３つの柱「平和と安全」，「人権」，「持続可能な開発」を単一のアジェンダに統合した点を挙げている。それは，経済や社会の問題に「個別」に焦点をあわせるという従来の開発へのアプローチからのパラダイム・シフトとまでいわれるほどであった。

はじめに，で述べた通り，目標16には，統一性と一貫性に欠ける，多様で異質な指標が，一見脈絡なく放り込まれている。しかしそれゆえに，目標16は，「平和」に加えて，公正な司法へのアクセス，汚職・腐敗の防止，透明で能力の高い行政機関，参加に基づく意思決定など，現在の国家や国際社会の「ガバナンス」のあり方を提示することとなった（南・稲葉 2020：16)。2030アジェンダ前文の通り，平和なくしては持続可能な開発はありえないが，同時にすべての目標にかかわり，すべての目標を下支えする目標16なしに，SDGsも成立しない。5つのPは，SDGsの実現にいずれも欠くことができないものであるが，とりわけ平和，目標16はすべての土台となるものである。SDGsに先行したミレニアム開発目標（MDGs）には，目標16のようにすべての目標にかかわり，かつ下支えする目標は存在しなかった。結果として，平和および目標16は，環境とともにSDGsの大きな特徴を形作ることとなった。

(3)　人間の安全保障との関係

では，SDGsと「誰一人取り残さない」という目標を一つにする「人間の安全保障」概念から目標16をみると何がみえるだろうか。目標16が具現化したSDGsと人間の安全保障との関係の最大の共通点は，分野ごとに分断，細分化されていた課題を一つに結合したことである。

また，SDGsの基本理念である，「誰一人取り残さない」の大前提として，「どのような状況にある人も」という前提があることを私たちに思い起こさせてくれるのも目標16である。平時であろうが，戦時下であろうが，どのような状況にある人も誰一人取り残さない。このSDGsの強いメッセージは，恐怖からの自由，欠乏からの自由，尊厳をもって生きる自由の3つを基本理念とする人間の安全保障と強い関係をもつ。

2022年2月，国連開発計画（UNDP）は，日本政府の支援を得て，人間の安全保障に関する特別報告書「人新世の時代における人間の安全保障への新たな脅威」を発表した[3)]。人新生とは，私たち人間の生活や経済活動によって，地球環境が大きく変化した時代のことであるが，ここにおいて，人間の安全保障は，国家の安全保障とともに地球の安全保障をも視野にいれることになり，ますますSDGsとの共通性を強くしたといえる。

「誰一人取り残さない」社会の実現を「分野横断」的に目指すSDGsのアプローチには，人間の安全保障の理念と深い関係があることがわかるだろう。

2　目標16を構成する要素：SDGsの平和・公正・強い行政組織とは何か

SDGsの17の目標の下には，169のターゲットと230のグローバル指標（Global Indicator）があるが，目標16は，（数字の振られた10のターゲットとアルファベットがついた2つの実施手段のターゲットからなる）12のターゲットと，その下の24のグローバル指標から構成されている。

これらは相互に関係し，重なる部分が多いものの，敢えて，「平和」と「公正」，「強い組織」（ガバナンス）の観点からターゲットを分類すると，次のようになる。

【平和】16.1暴力の禁止，16.2虐待・人身売買・拷問の根絶，16.4違法な資金と武器取引の規制，組織犯罪の根絶

【公正・正義】16.3国内および国際的レベルでの司法への平等なアクセス，16.5汚職や贈賄の減少，16.9すべての人への出生登録・法的身分証明の提供，16.10情報へのアクセスの確保，基本的な自由の保障

【強い組織・ガバナンス】16.6説明責任を果たし透明性の高い制度，16.7包摂的・参加型・代表的意思決定の確保，16.8世界規模の統治機関への途上国の参加の拡大

この分類に従って，以下その特徴を概観する。

(1)　平和

「平和」に関係するカテゴリーに分類されるターゲット・指標は表13－1の通りである。

平和に該当する以上のターゲットとグローバル指標をみると，SDGsの平和，言い換えると平和の対極に位置する暴力の概念が非常に広いことがわかる。平時も紛争時も，途上国も先進国も，家庭の中でも外でも，あらゆる暴力

表13－1　SDGs 目標16「平和」に関するターゲットと指標

16.1	あらゆる場所において，すべての形態の暴力および暴力に関連する死亡率を大幅に減少させる。
16.1.1 16.1.2 16.1.3 16.1.4	10万人あたりの意図的な殺人行為による犠牲者の数（性別，年齢別） 10万人あたりの紛争関連の死者の数（性別，年齢，原因別） 過去12か月において　(a)身体的暴力，(b)精神的暴力，(c)性的暴力を受けた人口の割合 自身の居住区地域を一人で歩いても安全と感じる人口の割合
16.2	子どもに対する虐待，搾取，取引およびあらゆる形態の暴力および拷問を撲滅する。
16.2.1 16.2.2 16.2.3	過去１か月における保護者等からの身体的な暴力および／または心理的な攻撃を受けた１歳～17歳の子どもの割合 10万人あたりの人身取引の犠牲者の数（性別，年齢，搾取形態別） 18歳までに性的暴力を受けた18歳～29歳の若年女性および男性の割合
16.4	2030年までに，違法な資金および武器の取引を大幅に減少させ，奪われた財産の回復および返還を強化し，あらゆる形態の組織犯罪を根絶する。
16.4.1 16.4.2	内外の違法な資金フローの合計額（US ドル） 国際的な要件に従い，所管当局によって，発見／押収された武器で，その違法な起源または流れが追跡／立証されているものの割合

出典：筆者作成

とともに人権侵害が撲滅の対象である。

これらの指標の測定は，情報収集の手段が整った先進国でさえ困難なものが多く，途上国の困難さは計り知れない。しかしこうした指標が入っていることによって目指すべき平和な社会像がみえてくる。

他方で，16.4の指標をみると，対象となっているのは，「違法な」武器取引であり，合法な武器取引に対しては，SDGs は対象としていない，あるいは沈黙していることもわかる。現在の国際社会では，国連憲章２条４項[4)]で武力の行使は禁じられている。しかし，禁止されているのは，あくまでも「国際関係」上であって，国連の他の原則，民族自決原則にのっとり，内政不干渉原則に抵触しない（つまり他国の利害に基づく干渉の結果ではない）純粋な内戦は対象外である。さらに，安保理による強制行動（国連憲章第42条），安保理の授権による武力行使，個別的・集団的自衛権の行使（国連憲章第51条）は明らかにこの２条４項の対象外であり，また議論の分かれるところであるが，人道的介入も許容される場合がある。非人道的な被害を広範に及ぼす，対人地雷やクラスター弾

（集束爆弾。複数の子弾を散布または投下するよう設計された弾薬）については，禁止条約で使用や貯蔵，生産，移転が禁止されているが，条約である以上，未加入国は拘束されない。使用のみならず，開発，生産，貯蔵，保有が禁止されている，生物毒素兵器禁止条約や化学兵器禁止条約も同様である。さらにこれら条約の締約国でさえ，違反をする例が後を絶たない。

このようにSDGsが大前提とする現在の国際社会のルール上，諸国が軍隊をもち，武器を所有することは諸国の権利であり，武力の行使は一定の基準の下で合法である。このルールに則った交渉の場で，目標16が採択されたことを私たちは忘れてはならない。

⑵　公正・正義

公正・正義に該当するターゲット・指標は表13－2の通りである。

目標16の公正や正義に関するターゲットは，平時を中心にしたものであるが，個人，共同体，行政組織，国家，あらゆる次元の正義と公正達成のための

表13－2　SDGs目標16「公正・正義」に関するターゲットと指標

16.3	国家および国際的なレベルでの法の支配を促進し，すべての人々に司法への平等なアクセスを提供する。
16.3.1 16.3.2 16.3.3	過去12か月間に暴力を受け，所管官庁またはその他の公的に承認された紛争解決機構に対して，被害を届け出た者の割合 刑務所の総収容者数に占める判決を受けていない勾留者の割合 過去２年間に紛争を経験し，公式または非公式の紛争解決メカニズムにアクセスした人口の割合（メカニズムの種類別）
16.5	あらゆる形態の汚職や贈賄を大幅に減少させる。
16.5.1 16.5.2	過去12か月間に公務員に賄賂を支払ったまたは公務員より賄賂を要求されたことが少なくとも１回はあった人の割合 過去12か月間に公務員に賄賂を支払ったまたは公務員より賄賂を要求されたことが少なくとも１回はあった企業の割合
16.9	2030年までに，すべての人々に出生登録を含む法的な身分証明を提供する。
16.9.1	５歳以下の子どもで，行政機関に出生登録されたものの割合（年齢別）
16.10	国内法規および国際協定に従い，情報への公共アクセスを確保し，基本的自由を保障する。
16.10.1 16.10.2	過去12か月間にジャーナリスト，メディア関係者，労働組合員および人権活動家の殺害，誘拐，強制失踪，恣意的拘留および拷問について立証された事例の数 情報へのパブリックアクセスを保障した憲法，法令，政策の実施を採択している国の数

出典：筆者作成

指標を示している。

16.9では主に無国籍の人々を対象としている。ミャンマーのロヒンギャに対する迫害など，特定の民族に対して国籍を付与していない国，あるいは日本においても，家庭内暴力（DV）から逃れて出産したため，出生届を出せず，それゆえ，母国にいながら無国籍になっている事例，親が在留資格を失い，不法滞在者となったために，両親や自身のルーツを知りつつも，無国籍になっている子どもたちの事例がある。彼らは，18歳未満であれば，子どもの権利条約により，一定の保護を受けられるが，18歳を超え成人すると，彼らを守る根拠がない。あるいは自然災害や事故で犠牲者となっても，国籍をもたない出稼ぎ労働者などは，そもそも書面上，この世に存在しない人々であり犠牲者として人数にカウントされることすらない。16.9はそうした人々の存在に光をあてるターゲットといえる。

16.10では，基本的自由や安全をはく奪された人のみならず，そうした人々を支援する側，報道するメディア関係者が，命の危機にさらされて仕事をしていることも明記している。最新の報告では，35か国で人権活動家やジャーナリスト，労働組合員を狙った320件の致命傷を与える重大な攻撃が確認されている（UN 2021：58)。まさに公正と正義に関する項目である。

(3)　強固な行政組織，強い組織・ガバナンス

強固な行政組織，に該当するターゲット・指標は表13－3の通りである。

この領域の指標も目標16のみならず，SDGsのすべての目標，すべての指標達成のための項目が示されている。SDGsのいかなる目標も，あらゆるサービスから誰一人取り残さない，あらゆる人が参加できる仕組みと強固な行政組織がなくてはならない。国の政策決定に参加するのは，16.7にある通り，性別，年齢，障害の有無，属する集団を問わず，すべての人である。国家や行政の意思決定の方法として，この点が明記されている点が画期的といえる。

採択の経緯は第1節で述べたが，目標16の背景となっているのは，先進国・途上国を問わず，多くの国々で，政治の権威主義化と民主主義や自由の後退が生じており，市民社会が活動できるスペースが狭められている現状がある。こうした中で，目標16は人権や自由，民主主義を求める市民社会のよりどころとなっている。ターゲット16.6で規定された能力の高い行政・公共機関は，行

表13－3　SDGs目標16「強固な行政組織」等に関するターゲットと指標

16.6	あらゆるレベルにおいて，有効で説明責任のある透明性の高い公共機関を発展させる。
16.6.1 16.6.2	当初承認された予算に占める第一次政府支出（部門別，または予算項目や類似の分類別） 最後に利用した公共サービスに満足した人の割合
16.7	あらゆるレベルにおいて，対応的，包摂的，参加型および代表的な意思決定を確保する。
16.7.1 16.7.2	国全体における分布と比較した，国・地方の公的機関（(a)議会，(b)公共サービスおよび(c)司法を含む。）における性別，年齢別，障害者別，人口グループ別の役職の割合 国の政策決定過程が包摂的であり，かつ応答性をもつと考える人の割合（性別，年齢別，障害者および人口グループ別）
16.8	グローバル・ガバナンス機関への開発途上国の参加を拡大・強化する。
16.8.1	国際機関における開発途上国のメンバー数および投票権の割合（指標10.6.1と同一指標）

出典：筆者作成

政能力の高さのみならず，透明性と説明責任（アカウンタビリティ）も要件とされているからである（南・稲葉 2020：16-17）。

3　新型コロナ禍と目標16：新型コロナ禍で顕在化した課題，新たに生じた課題と取組み

COVID-19対策とSDGsは双方向に関連がある。COVID-19の世界的な蔓延が，SDGs達成に向けての取組みに与えた負の影響は計り知れず，同時に，SDGsの各分野の課題が，COVID-19との戦いに大きな影響を与えている。目標16がSDGsのすべての土台であるとするなら，この双方向の関係性は目標16とコロナ禍の関係性をみるとき，一層顕著になっているはずだ。

そこで本節ではまず(1)でコロナ禍の武力紛争と目標16を概観したのち，(2)でコロナ禍が目標16にもたらす影響を，次に(3)で目標16の課題が，COVID-19対応にどのような影響を与えているかを論じ，(4)で非政府組織（NGO）による取組みの事例を紹介する。

⑴　新型コロナ禍の時代の武力紛争，ガバナンスと目標16

本章冒頭で紹介した「持続可能な開発のための2030アジェンダ」にある通り，「持続可能な開発は，平和と安全なくしては実現できない」。このことを最も端的に世界に思い起こさせたのが，2021年８月のタリバンの復権による，アフガニスタンの混乱，そして2022年２月のロシアの侵攻に端を発するウクライナ戦争であろう。ウクライナ戦争の被害については後述するが，武力紛争は無辜の市民を死傷させるのみならず，精神的な外傷を残し，家や故郷，国を追われる国内避難民や難民を発生させ，医療設備を含む主要なインフラを破壊した。SDGs 報告書によれば，2015年から2020年の間の12の武力紛争により，少なくとも17万6095人の市民が死亡している（UN 2021：59）。2020年には，10万人あたり５人の市民が武力紛争により死亡しているが，その７人に１人が女性と子どもであり，多くの市民が小型武器（27%）とともに重火器や弾薬（24%）で命を落としている（同：59）。

こうした傾向はコロナ禍の時代にあっても同様だ。「今日の暴力的で長期化する紛争は，各国の保健システムを破壊し，水と衛生設備のような，重要なインフラを損傷・破壊し，大変必要とされている保健・医療従事者の流出に拍車をかけている」「このような状況下で，ワクチンの配布もまた，人道支援のための全体的な資金の不足によってその実行が妨げられ，同時にワクチンの輸送，コールドチェーン，物流インフラも不足している」。これは2021年２月17日の国連児童基金（UNICEF）事務局長の安全保障理事会における発言であるが，COVID-19 対策と目標16との関係性を如実に示している。さらに，ワクチンの支援が届いたとしても，それを国民にいきわたらせるには，平和とともに公平で強固な行政組織，汚職のない組織が不可欠である。

⑵　新型コロナ禍により，目標16の課題がどのような影響を受けているか

本項では，子どもへの深刻な影響を中心に考察する。ロックダウンと教育機関の閉鎖により，自宅で過ごす時間の増えた子どもたちが近親者からの暴力，性的虐待，サイバー空間でのいじめ等にさらされる危険性が増大している（UN 2020：57）。同時にコロナ禍により子どもの人身取引や児童労働という形で子どもが搾取されるリスクも高まっている。これまでも経済危機により，保護者の失業率の急激な上昇と，経済危機からの回復における地域格差が子ども

の人身取引（人身売買）を加速させてきた。コロナ禍以前の2018年でさえ，人身取引の被害者の3分の1は子どもであったといわれるが，COVID-19の蔓延とその回復期においても同様に，子どもの人身取引の増加が懸念される（UN 2021：58）。

子どもの人身売買と相互に関連した課題が児童労働である。COVID-19の蔓延後，過去20年で初めて，児童労働が増加に転じ，その数は1億6000万人となった。COVID-19のさらなる蔓延により，国連は2022年末までにさらに890万人の子どもたちが児童労働に従事させられる懸念を伝えている。世帯収入の大幅な減少を子どもの労働で補うためである（同上）。刑務所の収容定員の超過も深刻な人権問題を引き起こしているが，COVID-19の蔓延が，問題を加速させ，データが入手可能な190か国のうち，60か国でこうした事態が観察されている（UN 2020：57）。

これらは，コロナ禍により目標16の課題が直接影響を受け深刻化した事例であるが，同時に，目標16を達成するための種々の取組みが，COVID-19の蔓延により，疎外されることによって深刻な影響を受けている事例も多い。コロナ禍の移動制限により，紛争下の人道支援，あるいは開発支援そのものが停止せざるをえなくなる事例である。

(3)　目標16の課題が新型コロナ禍にどのような影響を与えているか

紛争下や政変でガバナンスが揺らいでいる国や地域ではコロナ禍への対応に大きな困難を生じている。シリアやアフガニスタン，イエメンや南スーダン，コンゴ民主共和国，スーダンやソマリアといった国々では長く続く紛争により，医療システムが弱体化し，多くの人々が非常に脆弱な状態におかれている。紛争により，ある程度整っていた医療インフラが徹底的に破壊された国もあれば，もともと貧弱な医療システムが紛争により決定的な打撃を受けたり，国際協力により構築されつつあった医療体制が破壊されたりと，それぞれの国や地域の状況に応じて，医療の現場が大打撃を受けている。

さらには，医療施設や医療関係者そのものを狙った攻撃，長引く紛争や迫害により，医療従事者自身がより安全な地域へ，移住あるいは難民として脱出するなど，人材の不足や流出も止まらない。こうした事態がそのままCOVID-19への対応力を弱めている。

⑷　NGOによる取組み例── AARの活動から

コロナ禍での取組みの具体例として，筆者が会長を務めている，難民を助ける会（AAR）のミャンマーとシリアの事例を紹介する[5)]。

ミャンマーの武力弾圧を逃れた累計100万人超のイスラム少数民族ロヒンギャが滞留するバングラデシュ南東部コックスバザール県では，90万人近くが過密状態の難民キャンプに収容されたが，2017年８月以降の大量流入から５年が経過してなお，ミャンマーの政治・社会の混乱を受けて本国帰還はますます遠のき，長期化は避けられない状況にある。

難民キャンプではCOVID-19感染を防止するために，人道支援活動を食糧配給や医療などに限定して，国連やNGO関係者の出入りを大幅に制限した。AARはこの間，キャンプおよび周辺農村部のホストコミュニティで，手洗い用の水タンクや石けんの配付，少人数ずつの衛生啓発ワークショップなどを実施した。そうした成果もあってか，より人口が少ない周辺地域と比べて，キャンプの感染は予想以上に抑え込まれている。この理由について，「18歳未満の子どもが55％を占める若い人口構成が影響している」との仮説もあり，世界保健機関（WHO）が調査している。他方で，難民の有給ボランティアなどの活動が停止されて，特に男性がストレスを溜め込んでおり，国連やNGOの目が減ったこともあって，キャンプでは家庭内暴力や人身売買が増加した。さらにバングラデシュ政府が2020年12月，ベンガル湾のバシャンチャール島に建設した収容施設への難民移送を開始したのに加え，2021年３月にはキャンプで大火災が発生して数百人が死傷するなど，帰還の見通しが立たない中，難民たちは複合的な要因が重なって精神的にも追い詰められている。

AARが運営する子どもや女性の活動施設は，コロナ禍で利用が制限される中，専門のカウンセラーやケースワーカーが個別に悩みごとの相談に応じるなど，心理面でのサポートを継続しているが，長引く危機に資金が枯渇し，援助の継続が課題となっている。

内戦が続くシリアからの難民約360万人が暮らすトルコで，AARはCOVID-19が急拡大した2020年６月末から１か月間，シリア難民への社会心理的支援として，オンライン方式の「親子サポート」プログラムを実施した。AARが運営するコミュニティセンターがコロナ禍で利用できなくなり，難民の家族が個々に孤立するのを防ごうと，AAR現地職員が知恵を出し合って企画した取組みである。プログラムでは，現地職員が電話やメッセージアプリを通じて，母親には子どもとの接し方や自分のストレスとの向き合い方を指導し，子どもには家の中でできる遊びを伝えるとともに，家族を助けるためにどうしたらいいかを考える「宿題」を毎週出した。参加した母親たちからは「学校休校中でずっと家にいる子どもがプログラムに集中する時間が少しできただけでも，肩の荷が下りてホッとした」「プログラムの時間が決まっているので生活にリズムが出た」などの声が寄せられた。子どもたちも熱心に取り組み，ある子どもはプログラムで習ったグラスを使った音楽演奏を自分で動画撮影して送るなどの取組みもみられた。

まとめと展望：目標16達成に向けて
——世界，そして私たちができること

(1)　武力紛争を収めるための国際社会の取組みとその課題

2020年1月30日，WHOのテドロス・アダノム事務局長により，「国際的に懸念される公衆衛生上の緊急事態（PHEIC）」であると宣言されたCOVID-19は，3月11日にはパンデミック（世界的な大流行）の状態にあると表明されるに至った。これを受けて，国連のアントニオ・グテーレス事務総長は，3月23日に紛争を停止し，命を懸けた真の闘いに力を結集する時であるとし，世界のあらゆる地域における即時停戦「グローバル停戦」を呼びかけた。

この声明で事務総長は，人類が，国籍も民族も，党派も宗派も関係なく，すべての人を容赦なく攻撃する，COVID-19という，共通の敵と対峙しているにもかかわらず，全世界で激しい紛争が続き，その結果，女性と子ども，障害のある人々，社会から隔絶された人々，避難民など，最も脆弱な立場におかれた人々が，最も大きな犠牲を払っているとした。事務総長は，続けて，こうした人々がCOVID-19によって壊滅的な被害を受けるリスクも，最も高くなっており，戦争によって荒廃した国では，医療制度が崩壊，さらにすでに数少なくなっている医療従事者が，標的とされている，難民やその他，暴力的紛争で故郷を追われた人々は，二重の意味で弱い立場におかれていると訴えた。停戦によって，感染拡大の危機にあって最も脆弱な立場におかれた人々に人道支援を届けるための道を確保するためである。

国連安全保障理事会は続いて，2021年２月26日，英国の主導でワクチンの接種を推進するため，世界各地の紛争当事者に即時停戦を求める安保理決議2565を全会一致で可決した。決議は，ワクチンの供給が先進国に偏りがちな状況を踏まえ，「世界的流行の収束にはワクチンへの公平なアクセスが不可欠だ」と指摘，「紛争などの影響を受ける人々が取り残されるリスクがある」と訴えた。その上で紛争地での「人道的な停戦」を求め，国連事務総長に対し，決議の履行状況を報告するよう要請した。ワクチンを各国で共同購入・分配する国際的枠組み「新型コロナウイルス感染症ワクチングローバルアクセス（COVAX（コバックス））」への支援の強化も呼びかけた。

⑵　ウクライナ危機と相互依存の国際社会における目標16

以上は，１年後に，ロシアの侵攻でウクライナ危機がぼっ発し，新たに1800万を超える人々が，国境を越えて避難民と化し[6)]（2023年１月末時点で約1000万人が帰国している），約600万もの人々が国内避難民となり，紛争や迫害などにより故郷を追われ，強制的な移住を余儀なくされた人の数が世界で１億人を超えるなどとは予想だにされていなかった時期のことである。

ウクライナの国内避難民600万人のうち100万人が子どもである[7)]。国連人権高等弁務官事務所（OHCHR）によれば，2023年２月15日現在，民間人の死者は8006人，負傷者は１万3287人，それぞれ487人，954人の子どもを含む[8)]。またWHOによれば，2022年９月11日現在，医療施設に対し，531件の攻撃が加えられ，100人が死亡，129人が負傷している[9)]。まさに，目標16とコロナ禍を考える際に，全力で避けねばならないことが現在進行形で起き続けている。また，ウクライナ戦争は，人間の安全保障の３つの自由をことごとく奪っている。

さて，人間の安全保障登場の背景となったのは，国と国のみならず，人間の安全保障の構成要素が相互依存の関係にある，という認識である。当然のことながらウクライナ危機の影響は，ウクライナ国内にとどまらない。難民が流出した先，受入国にも多大な社会的，財政的な負担を強いている。国際協力のドナー国である西側先進諸国が，ウクライナ支援一色に染まる中，ウクライナ以外の地域にしわ寄せがくることが懸念されている。さらには，ロシアとともに世界有数の食糧，穀物生産国であり輸出国でもあるウクライナの危機が世界を深刻な食糧危機に陥れた。ウクライナ産の穀物に依存してきたイエメンをはじめとする中東諸国，アフリカ諸国，とりわけこれら国々の脆弱な層が危険にさらされている。COVID-19のワクチン同様の争奪戦が起きると，希少性の高い物品は，経済力の高い国々によって押さえられ，最も援助が必要な脆弱な国々へは届かない。

ウクライナ危機ゆえに，本来待ったなしの状態におかれていた地球環境問題への対策がさらに後手に回る可能性があるのみならず，ロシアによるチェルノブイリ原発や欧州最大のザポリジャ原発の占領，攻撃により，地球は未曽有の危機にさらされている。

(3) 実現に向けて私たちにできること

目標16の最後には，目標16の10のターゲットを達成するために，各国政府が取り組むべき2つの実施手段a，bとその下に2つの指標が示されている。

16a.1のパリ原則とは，1993年12月20日の国連総会決議48/134によって採択された，「国家機関（国内人権機関）の地位に関する原則[10)]」であり，国内人権機関とは裁判所とは別に，人権侵害からの救済と，人権保障を推進するための機関である。各国政府に人権を保障する義務を促し，SDGsの根本原則である「誰一人取り残さない」をより確かなものとする，重要な実施手段の一つである（若林 2018：192)。

では，私たちには何ができるだろうか。日本に暮らす私たちにとって，17の目標の中で最も縁遠いのが目標16の「平和」かもしれない。しかし，先に確認したように，相互依存の世界にあっては，私たちの生活者として，消費者としての暮らしと選挙民としての投票行動は目標16と直結している。SDGsに対応

表13－4 SDGs目標16において取り組むべき手段と指標

16.a	特に開発途上国において，暴力の防止とテロリズム・犯罪の撲滅に関するあらゆるレベルでの能力構築のため，国際協力などを通じて関連国家機関を強化する
16.a.1	パリ原則に準拠した独立した国内人権機関の存在の有無
16.b	持続可能な開発のための非差別的な法規および政策を推進し，実施する
16.b.1	国際人権法の下で禁止されている差別の理由において，過去12か月の間に差別または嫌がらせを個人的に感じたと報告した人口の割合（指標10.3.1と同一指標）

出典：筆者作成

する日本政府に，選挙を通じて働きかけるのも私たちであり，日常生活の最も根本にあるもの，日常生活の延長線上にあるのも「平和」なのである。

元国際連合事務次長で，ブトロス・ブトロス＝ガリ事務総長（当時）の下で２つの国連平和維持活動（PKO），カンボジア暫定統治機構（United Nations Transitional Authority in Cambodia：UNTAC）と旧ユーゴ問題担当・国連保護軍（United Nations Protection Force：UNPROFOR）の国連事務総長特別代表を務めた明石康が語っている。「多くの欠陥，短所のある国連を，構造的な限界の中でうまく使うこと，不完全であるが，現代の国際社会にとって不可欠な存在としての国連という視点を見失ってはいけない」。明石のこの至言は，持続可能な開発目標のPeace，あるいは目標16にもあてはまる。SDGsの５本の柱の１本ではあるが，妥協の産物としての成立経緯から，多種多様で一貫性と実効性を欠く目標16の欠陥を十分に意識し，これらに過度な期待をもつことは戒めねばならない。その上で，SDGsの土台として欠くべからざるPeace，SDGsになくてはならないPeaceという視点をもち，私たちは，COVID-19の蔓延やその余波と歩むことになる時代のPeaceのもつ課題と，Peace実現に向けてのアクションを常に自分事として考える必要がある。消費者として，選挙民として，生活者として，私たちの暮らしや他者とのかかわり，他者への関心や共感の有無すべてが目標16につながっている。

〈参考文献・資料〉

（日本語文献）

明石康，2001，『生きることにも心せき』中央公論新社。

長有紀枝，2021，『入門　人間の安全保障〔増補版〕 恐怖と欠乏からの自由を求めて』中央公論新社。

蟹江憲史，2020，『SDGs（持続可能な開発目標）』中央公論新社。

丸山政己，2021，「COVID-19は平和に対する脅威ではないのか――国連安全保障理事会の可能性」『国際法外交雑誌』120巻１・２号合併号，pp. 63-74。

南博・稲葉雅紀，2020，『SDGs ――危機の時代の羅針盤』岩波書店。

若林秀樹，2018，「第９章　平和とガバナンス―― SDG16」高柳彰夫・大橋正明編『SDGsを学ぶ――国際開発・国際協力入門』法律文化社，pp. 179-196。

（外国語文献）

Security Council Report, 2020a, “International Peace and Security, and Pandemics: Security Council Precedents and Options”, *What's in Blue*.

Security Council Report, 2020b, “Security Council Resolution on COVID-19“, *What's in*

Blue.
United Nations (UN), 2020；2021；2022, “The Sustainable Development Goals Report”.

注

1）南博への筆者によるインタビュー（2021年10月1日東京）。
2）国連システムにおける発展途上国による交渉グループ。1964年の国連貿易開発会議（United Nations Conference on Trade and Development: UNCTAD）の第1回総会後にアジア，アフリカ，ラテンアメリカの77の途上国の共同宣言によって設立された。2023年2月現在134か国で構成される（www.g77.org）。
3）UNDP, *2022 Special Report on Human Security* https://hdr.undp.org/content/2022-special-report-human-security
4）国連憲章第2条【原則】4項：すべての加盟国は，その国際関係において，武力による威嚇又は武力の行使を，いかなる国の領土保全又は政治的独立に対するものも，また，国際連合の目的と両立しない他のいかなる方法によるものも慎まなければならない。
5）難民を助ける会ホームページ「コロナ禍を乗り越えるために：世界難民の日（6月20日）」 https://aarjapan.gr.jp/activity/report/2021/0616_3201.html
6）UNHCR, “Ukraine Refugee Situation” https://data.unhcr.org/en/situations/ukraine（2023年2月5日閲覧）。
7）UNOCHA, “Ukraine, Humanitarian Situation” https://reliefweb.int/country/ukr?figures=all#key-figures（2023年2月5日閲覧）
8）OHCHR, “Ukraine Civilian Casualty update”, Date：21 February 2023
9）WHO https://extranet.who.int/ssa/Index.aspx（2022年9月11日閲覧）
10）国内人権機関は人権を促進および保護する権限を付与されるとともに，できる限り広範な職務（mandate）を与えられその職務は，機関の構成および権限の範囲を定める憲法または法律において明確に規定されなければならない。

第 *14* 章
開発協力（ODA）と SDGs
——新しいパートナーシップが切り拓く未来

戸田隆夫

〔キーワード〕 途上国の自助努力（オーナーシップ），顔の見える援助，アクターの多様化，ダウンサイド・リスク，信頼関係，パートナーシップ

〔要約〕 持続可能な開発目標（SDGs）の目標17は，ミレニアム開発目標（MDGs）の議論を継承した上で，より包括的かつ多角的に，開発協力に関するグローバル・パートナーシップを可視化し，強化しようと試みている。しかし，SDGs のためのパートナーシップはこれにとどまらない。国，開発機関，市民社会，企業，アカデミア，メディア等，パートナーは多岐にわたる。日本は，インフラ，防災，保健などの分野で，グルーバルなパートナーシップを強化すべくリーダーシップを発揮してきた。

新型コロナ禍（以下，コロナ禍）により，「貧しい国のための」協力から，「世界中の国・人々のための」協力へ，と，開発協力の大きな転換が加速された。SDGs を実現するためのパートナーシップは，コロナ禍を克服し強靱な社会をつくるためのパートナーシップでもある。パートナーシップは，世界中の人々を結びつけ，さまざまな信頼関係を醸成し強化する。それらは，未来の世代が新たな課題に挑むためのかけがえのない資産になる。

はじめに：パートナーシップは力の源泉

「SDGs の中で，最も大切な目標は何ですか？」

2019年，小春日和のシカゴで開かれたシンポジウムで，地元の高校生から最後の質問があった。平和，環境，開発……思いはめぐったが，敢えて，次のように答えた。

「実は，私は，国際協力の実務者として，パートナーシップに最も注目しています。パートナーシップは，あらゆる問題に対処する力の源泉です。」

私たち一人ひとりができることは限られている。私たちの社会あるいはそれぞれの国が動員できる資源（人，モノ，お金など）もたくさんの目標を実現するためには限られている。グローバル化の中で広がり続ける格差，他方で，跋扈する自国優先主義など世界の厳しい現実に照らすと「誰一人取り残さない」という理念など絵空事のように思えることがある。しかし，そう決めつける前に，為すべき大切な知的作業がある。パートナーシップというものの可能性や限界を見極めることも，その一つである。

本章では，まず，パートナーシップという概念の基本構造を論じる。その上で，開発協力やSDGsにおけるパートナーシップに関する考察から，パートナーシップの可能性と限界について考察する。最後に，ポスト／ウィズ・コロナの新しい時代を見据え，パートナーシップが今後どのように変化していくのか，変化していくべきなのか，について考察する。グローバル・ガバナンスにおけるパートナーシップおよび市民社会・非政府組織（NGO）を中心とするパートナーシップについては，このあとに続く2つの章（第15章および第16章）に委ねる。

1　パートナーシップの基本構造

本章では，パートナーシップを，「複数の行為者が，共通の目標に向かって，協働すること」であると定義する。

パートナーシップを成り立たせる要素とは何か？　また，パートナーシップを持続させる要因は何か？　少なくとも，以下の3つが含まれる。

まず，共有できる目標の存在である。たとえば，A社が，ライバルのB社に勝つ，という目標は，A社以外の人々との共有は難しい。他方，世界中の子どもたちに澄み切った青空を残す，という目標には，多くの人々が国境を越えて賛同するだろう。誰かが得をすれば他の誰かが損をするというような構造において競い合う目標ではなく，他者と共有し，ともに目指すことができる目標は，広汎なパートナーシップの可能性を生む。この点で，SDGsは，広汎なパートナーシップの可能性をもつ。

第2に，衡平である。共通の目標を達成するために，各自が負担するコストや得られる利益が，アクターによって極端に異なる場合，あるいは，衡平でないと多くのアクターが考える場合，パートナーシップは成り立たない。自由で公正な貿易，地球温暖化対策，軍縮・軍備管理など，重要な課題において実効的なパートナーシップを存続させていくために，異なるアクターの間で，衡平の感覚が醸成され，どの程度共有できるかどうか，が常に鍵となる。

第3に，シナジー，あるいは相乗効果である。パートナーシップには，トランザクション・コスト（取引費用），すなわち協調行動のための調整コストが必要となる。パートナーシップは，単独ないし少数では成し遂げられなかったことを，アクターの力の単純総和以上の効果効率で達成する可能性を秘めているが，取引費用を勘案してもパートナーシップによる全体の「純」便益がプラスであると多くのアクターが期待する場合，パートナーシップは成り立ち，存続する。たとえば，複数の開発援助機関がパートナーシップを組んで事業を進めるに際しては，計画構想段階から評価段階に至るまでさまざまな形で調整が必要となる。他方で，それぞれの開発援助機関の個性が活かされるならば，単独ではなしえないシナジー効果が期待できる。この場合，パートナーシップの是非は，これらの調整コストとシナジー効果の差し引きによって総合的に検討される。

2　国際開発におけるパートナーシップ

(1)　「国連開発の十年」

世界から貧困と格差をなくそうとする開発の営為は，世界中の多くの人々が共有できるような目標の崇高さと同時に，その困難さゆえに，当初からパートナーシップを想定せずして成り立たないものであった。開発が，開発「協力」という修辞とほぼ同義に使われることが多いのはこのためである。

1961年，故ジョン・F・ケネディ米国大統領（当時）の提案を受け，国連は，1960年代を「国連開発の十年」とし，開発途上国の国内総生産（GDP）年平均成長率5％以上を目指すことを提唱した。さらに国連は，1970年代を「第二次国連開発の十年」と定め，目標を6％に引き上げ，その手段の一つとして，先進国から開発途上国に対する譲許的な資金・サービスの移転である政府開発援助（ODA）に関する努力目標を各国国民総生産（GNP）の0.7％に設定した。1980年代および1990年代において，それぞれ第三次および第四次の「国連開発の十年」が定められ，開発途上国の経済成長率に関する目標を7％と定めた，これらは，国連総会におけるコンセンサス方式で定められたものであり，法的拘束力はない。しかし，人類が協働して共通の定量的な目標の達成に挑む，という点で，これらの試みは人類史上初めてのものであり，画期的なことであった。

これらの目標設定と国際的なパートナーシップの成果はどうであったのか？1960年代は確かに目標を達成したが，開発途上国の人口増加（年率2.5%）もあって一人あたりの成長率は，年率2.5%と，先進国の水準（3.8%）を大きく下回った[1)]。1970年代の半ばあたりまでは，援助の額を上回る所得の伸びが開発途上国において確認されたが，それ以降は，開発途上国全体の所得の伸びは減速し始める。

「開発協力は本当に役に立っているのか？」

開発協力の効果に疑問が生じ始めた。加えて，東西冷戦構造の崩壊が，東西援助競争という状況を大きく変えた。旧西側諸国は，援助を梃子として開発途上国を自らの陣営に引き込むという努力をする必要がなくなった。ヨーロッパでは，旧東側諸国の統合が最優先課題とされた。1990年代を通じて援助量は低下を始める。1991年の対GDP比0.33%が2000年には0.22%にまで低下した[2)]。

(2)　IDGsからMDGsへ

1996年，経済協力開発機構（OECD）の開発援助委員会（DAC）では，日本が牽引役となり，「21世紀に向けて：開発協力を通じた貢献」（通称「DAC新開発戦略」）が採択された。背景には，開発協力は，投入額の多寡のみではなく，その成果によって評価されるべきであり，国際社会が具体的な成果の達成に向けてパートナーシップを強化していくべきであるという考えがあった。同戦略では，「2015年までの絶対的貧困の半減すること」など「国際的な開発目標」（International Development Goals：IDGs[3)]）が設定され，「ミレニアム開発目標」（MDGs[4)]）の原型ができた。そして，これらの目標を達成するため，途上国の自助努力（オーナーシップ）と，途上国と先進国のパートナーシップの重要性が確認された。

2000年の国連ミレニアムサミットで「ミレニアム宣言」とともに採択されたMDGsでは，IDGsを踏襲しつつ，第8番目の目標8として，「開発のためのグローバル・パートナーシップの構築」が掲げられ，6つの具体的なターゲッ

表14－1　MDGs 目標８（パートナーシップ）におけるターゲット

8-A	開放的で，ルールに基づいた，予測可能で差別のない貿易・金融システムの構築
8-B	後発開発途上国（LDC）のニーズへの取組み（輸入品無関税枠，債務救済など）
8-C	内陸国および小島嶼開発途上国のニーズへの取組み
8-D	開発途上国の債務問題への包括的な取組み
8-E	開発途上国における必須医薬品の入手・利用
8-F	民間セクターと協力し，特に情報・通信における新技術による利益の享受

出典：https://www.unic.or.jp/activities/economic_social_development/sustainable_development/2030agenda/global_action/mdgs/ を基に筆者作成

トが設定された（表14－1）。

2015年に発表された国連の報告（MDGs 達成に対する最終評価）では，目標８に関連する進捗として，ODA が期間中66％増加し1352億ドル（2014年）に達したこと，先進国の開発途上国からの輸入非課税対象が，66％（2000年）から79％（2014年）になったこと，期間中にインターネットの普及率が７倍，携帯の件数が10倍に増加し，世界人口の95％がインターネットの通話可能域内にあること（2015年）などが示された（国際連合 2015）。

しかし，GDP に占める ODA の比率を0.7％以上にするという1970年の国連総会以来の目標については，実績はその半分以下の0.3％台にとどまった。これら６つのターゲットについての成果の検証と可視化は十分には行われなかった。国連事務総長は，目標８に関する成果検証のために30を超える国連関連機関からなる「MDGs Gap Task Force」を組織したが，このタスクフォース自体が認めている通り，広汎にわたるパートナーシップに関する成果を網羅的に可視化することはできなかった（UN 2015）。

⑶　SDGs における「グローバル・パートナーシップ」

パートナーシップに関し，SDGs は MDGs を発展的に継承している。

SDGs の目標17は，「実施手段を強化し，『持続可能な開発のためのグローバル・パートナーシップ』を活性化（revitalize）する」ことを謳っている。

SDGs の目標17における19のターゲットは，MDGs の議論を継承した上で，より包括的かつ多角的に，開発協力に関するグローバル・パートナーシップを可視化しようと試みている（表14－2）。

注目すべきは，パートナーシップの大前提として，開発途上国各国の国内資

表14－2　SDGs目標17（パートナーシップ）におけるターゲット

〈資金〉	
17.1	開発途上国の国内資源の動員とそれに対する国際的支援
17.2	先進国による開発途上国に対するコミットメントの実施（国民総所得（GNI）比0.7%のODA，LDCにはGNI比0.15〜0.20%のODAなど）
17.3	開発途上国のための追加的資金の動員
17.4	開発途上国の債務持続性の確保，過剰債務の削減
17.5	LDCへの投資促進
〈技術〉	
17.6	科学・技術・イノベーション（Science, Technology and Innovation：STI）に関する南北協力，南南協力，三角協力の促進などを通じた知識共有
17.7	開発途上国に対する環境配慮技術の移転，普及および拡散の促進
17.8	LDCにおける情報通信技術等の利用促進
〈キャパシティ・ビルディング（能力構築）〉	
17.9	すべての持続可能な開発目標を達成するための国家計画の実施支援
〈貿易〉	
17.10	世界貿易機関（WTO）の下の普遍的でルールに基づいた，差別的でない，衡平な多角的貿易体制
17.11	開発途上国による輸出の大幅増
17.12	LDCによる永続的な無税・無枠の市場アクセスの確保
〈システム〉	
（政策・制度的整合性）	
17.13	マクロ経済の安定のための政策協調
17.14	持続可能な開発のための政策の一貫性の強化
17.15	貧困削減等に関する各国の政策的裁量およびリーダーシップの尊重
（マルチステークホルダー・パートナーシップ）	
17.16	SDGsの達成を支援する知識，専門的知見，技術および資金源の動員，そのためのマルチステークホルダーによるパートナーシップの強化
17.17	経験を生かした公的，官民，市民社会のパートナーシップの推進
（データ，モニタリング，説明責任）	
17.18	データに関する開発途上国の能力構築支援
17.19	GDP以外の尺度の開発促進

出典：https://www.un.org/sustainabledevelopment/globalpartnerships/ を基に筆者作成

源の動員強化や国家計画の実施のための能力構築を通じ開発途上国の自立に向けての努力の必要性を冒頭に謳っている点である。まずは各国の自助努力が大切というのである。また，資金，貿易面に加え，科学技術，能力強化（人財），政策・制度などで多角的なパートナーシップが論じられている。科学技術を共有するメカニズムの構築や，マクロ経済安定のための政策協調の必要性に言及しているところ，官民，市民社会のさまざまな主体によるパートナーシップやGDP以外の尺度に言及しているところなど，MDGs以降の国際社会における議論の進展をうかがわせる。

しかし，これらは，SDGsの他の開発目標を達成するためのさまざまな手段について，さまざまなアクターの見解を集約しつつ整理しようと試みた結果であり，いわば整理法の例示に過ぎない，という点にも留意すべきである。この点では，SDGsの目標17は，MDGsの目標8と同様の課題を抱えている。実際に，開発協力の実践においては，これらのターゲットをさほど意識することなく，さまざまな形のパートナーシップが追求されている。次項では，そのような多様な実践例の中で，日本の開発協力，あるいはODAが積極的にかかわってきたパートナーシップの事例について考察する。

3　日本のODAとパートナーシップ

(1)　パートナーシップの3類型

日本のODA実務において，パートナーシップはさまざまな意味合いで用いられてきたが，整理すると次の3つのカテゴリーに分けることができる。

まず，開発途上国のオーナーシップを尊重し，寄り添うという意味でのパートナーシップである。日本のODAは，自らの発展の経験を踏まえ，開発途上国のオーナーシップを最大限に尊重し，相手国と同じ目線で，自立に向けての自助努力を支援することを重視してきた。

第2に，支援国・機関同士のパートナーシップである。日本とアメリカは，1993年に日米包括経済協議の一環として「地球的展望に立った協力のための共通課題」（コモン・アジェンダ）を打ち出し，保健・人口，環境，防災，麻薬・テロ対策などの分野における取組みを協働して強化することとした。これは，日本と他の支援国のパートナーシップの先駆けとなった。日本は，英仏独豪などの主要援助国，世界銀行，アジア開発銀行，国連開発計画（UNDP），国連児童基金（UNICEF），国連難民高等弁務官事務所（UNHCR）などの国際機関との連携を強化し，さらに，シンガポール，タイ，メキシコ，ブラジル，トルコなど，新興援助国とのパートナーシップも展開していく。1990年代以降，OECDのDACにおける議論を踏まえ，開発途上国各国における援助協調が一般化していった。

このような動きに対し，「顔の見える援助」ができなくなるのでは，という懸念もあった。また，援助を受ける側が，多様な選択肢をもつべきではないか，という議論もあった。開発協力の現場において，これらのパートナーシップを具現化するには，当初，大きなトランザクション・コスト（取引費用）を伴った。援助協調という名の下に，欧米諸国や国際機関等の流儀にあわせる，という作業は容易なことではなかった。しかし，四半世紀の歳月を経て，これらの懸念や議論は下火になる。今日，いかなる開発課題に関しても，関係する支援国・機関とのパートナーシップは，当たり前のこととなった。多くの開発途上国において日本がトップドナーではなくなっていく中で，日本の実務者の態度も大きく変わった。パートナーシップを通じて，開発協力の効果を高め，日本の存在感を如何に高めていくか，という姿勢に変わっていった。ちなみに，日本が，人間の安全保障を開発協力の理念として掲げたのは，1997年のアジアの通貨危機以降のことであるが，この理念が定着していく過程と，日本が開発協力のパートナーシップにおいて能動性を高めていく過程は，時代的にほぼ重なっている。開発協力が理念に裏打ちされることによって，パートナーシップに対する能動性を高まった，という推測が成り立つかもしれない。ちなみに，1990年代～今世紀初頭にかけては，国連の安全保障理事会の改革が真剣に検討された時期でもある。この時期，日本政府は，対外政策の理念を掲げ，同時に，積極的にパートナーシップを推進することによって，国際社会においてリーダーシップを発揮できる国であるということをアピールした[5)]。

第3のパートナーシップは，市民社会の声を代表する諸団体，営利企業，アカデミア，メディア等の多様な主体とのパートナーシップである。国際協力の黎明期においては，国際協力の主役は，主権国家であり，当該国の政府であり，国家間，政府間の取り決めに基づく開発事業が，政府開発援助（ODA）の大宗を占めていた。しかし，特に，1990年代以降，グローバル化の進展の中で，国際的なNGOや，多国籍企業による社会貢献など，アクターの多様化が進み，むしろ，これらの新たなアクターが国際協力において，より重要な役割を占めるようになってきた。ODAのあり方もこれに応じて変質し，むしろ，これらの非政府アクターとの何らかの連携を前提とする事業が益々重要となってきた。今日において，市民社会，NGO 等の役割は，益々重要なものとなってきている。が，これについては，第16章に委ねたい。

(2) SDGs を達成するための開発協力パートナーシップ

では，次にSDGsの達成に向けた開発協力のパートナーシップについて，質の高いインフラ，防災，グローバル・ヘルスとユニバーサル・ヘルス・カバレッジ（UHC）の３つの具体例を検討しよう。

第１に，質の高いインフラ整備のためのパートナーシップについてみてみよう。社会開発分野の開発目標を並べたMDGsと対照的に，SDGsでは，経済開発，質の高い成長も同時に重要であるという国際社会の認識が反映されている。SDGsの目標９は，産業の技術革新の基盤の整備，特に，強靱なインフラ整備の重要性を謳っている。日本は，伝統的に，水，運輸・交通，電力・エネルギー，農業などの分野でインフラの整備の支援を積極的に行っており，この分野でさまざまなパートナーシップを牽引している。日本政府は，2015年５月に「質の高いインフラパートナーシップ」，2016年５月に「質の高いインフラ輸出拡大イニシアティブ」を発表し，後者では，2000億ドルまでの資金拠出を約束し，アジア開発銀行や世界銀行などと連携している。アフリカでは，アフリカ開発のための新パートナーシップ（NEPAD）やアフリカ開発銀行などとともに，全大陸にまたがる回廊の未来図を描き，内陸国に至るまで，「誰一人取り残さない」インフラ整備の旗振り役を担っている。経済開発の分野においても，人間の安全保障の理念が浸透している証左である。地熱などの新エネルギー，環境保全のための水処理技術，ICT インフラシステムの輸出や成功例の横展開，金融インフラの整備などに関する支援も積極的に展開している。これらは，日本の開発協力・ODA の実績や強みを生かした協力であり，今後とも，日本が，国際機関や各国とのパートナーシップを促進していく牽引役を務めることが期待される。

経済開発の領域で注目すべきは中国の動きである。2013年，中国は，「一帯一路」[6)]（BRI）という広域経済圏構想を発表し，アジア，アフリカ等で大規模な支援活動を展開している。同国のイニシアティブで設立されたアジアインフラ投資銀行（AIIB）を通じた活動を含め，中国は，この領域で存在感を著しく高めている。これに対し，日本は，2017年に，「自由で開かれたインド太平洋」（FOIP）構想を打ち出し，2021年に，米豪印と，「日米豪印インフラパートナーシップ」という新しい枠組みを発表した。これらと中国の動きがどのような化学反応を起こしていくか，注視が必要である。

第2に，防災協力イニシアティブとパートナーシップについて検討しよう。国連防災世界会議は，1994年の第1回が横浜，2005年の第2回は兵庫，そして，2015年の第3回は仙台で開催された。SDGsを成立させた国連総会の半年前に開催された仙台会合には185か国が参加した。日本は，国際社会における「防災の主流化」と国際社会の強靱化に向けて，国連防災機関（UNDRR）となどと連携し，防災先進国としての役割を果たしている。仙台会合で採択された「仙台防災枠組2015-2030[7)]」は，SDGsの目標11「住み続けられる町づくりを」においても言及され，各国の総合的な災害リスク管理を促している。また，同会合では，災害において最も脆弱で取り残される危険がある人々として障害者を守る必要性が強調されている。これは，人間の安全保障という理念の反映であり，SDGsの「誰一人取り残さない」という理念の具体的表現でもある。

防災に関するパートナーシップは，日本人が，SDGsを「自分ごと」として身近に捉えることにも役立っている。日本は，古くは関東大震災，あるいは，阪神淡路大震災や東日本大震災を含む数々の大災害のたびに，世界中の国々から多くの支援を得ており，そこから国際社会とのつながり，絆，パートナーシップの大切さを実感してきた。今後も，日本は，この分野で自国の経験を最大限に生かし，世界中のアクターとのパートナーシップのハブとして，リーダーシップを発揮していくであろう。

そして，第3に，グローバル・ヘルス，UHCのためのパートナーシップについて，分析しよう。保健分野で，日本は，強いリーダーシップを発揮し続けてきた（表14-3）。IDGsおよびMDGsでは保健分野の目標の重要性を際立たせた。SDGsにおいては，日本は，特に，UHCすなわち，「すべての人々が遍く，適切な価格で，保健医療に関するサービスを受けることができること」を，目標3のターゲット（3.8）とすることに貢献した。UHCは，「誰一人取り残さない」というSDGsの理念を保健分野で具体的に示すものであり，また，人間の安全保障の理念を体現するものでもある[8)]。これらにおける日本の主張は，日本が，1961年，国民皆保険を達成し，格差を広げることなく経済社会的発展を遂げたという経験に裏付けられている。日本は，開発途上国各国の中核病院（29か国，37か所以上），公衆衛生対策の拠点（８か国，10か所以上）の整備や人財の育成，UHCを推進するための保健システム強化，母子手帳の活用を含む母子保健に対する支援や，高齢者のための地域包括ケア，感染症対策のための保健・衛生教育の推進，生活習慣病の予防や治療に関する支援など，きめの細かい支援を展開している。

他方，ODAにおける保健分野の日本の貢献を金額面でみると，絶対額では，毎年12億ドル（1300億円）程度（2019年）で，アメリカの約10分の１，英国の半分以下である。分野のシェアは，３～５％程度で，主なドナー国の平均（DAC平均11％）の半分にも満たない[9)]。ただし，これに関しては，保健分野に密接に関連する分野として，水，環境衛生，栄養・食糧，医療施設へのアクセスやエネルギー，教育など多岐にわたる分野での貢献も含めて総合的に評価する必要がある。さらに，日本は，二国間の支援に加え，表14－3に示すように，グローバルなパートナーシップを強化することにも貢献してきた。保健分野は，日本が，さまざまなパートナーシップを率先して推進してきた分野であり，コロナ禍を経て，日本政府部内においても，ODAの増額と，とりわけ保健分野における支援の強化を求める声も上がっているが，今後も能動的な取組みが期待される。

表14－3　グローバル・ヘルスのパートナーシップをリードした日本の軌跡

1979年	東京サミット　健康問題がＧ７の公式声明に
1997年	デンバーサミット　橋本寄生虫イニシアティブ
1998年	バーミンガムサミット　同上
2000年	九州沖縄サミット　アフリカ首脳招致，感染症対策が主要議題
2002年	世界エイズ・結核・マラリア対策基金創設
2008年	グローバルヘルスサミット　洞爺湖サミット
2013年	Global Health Innovative Technology（GHIT）Fund（公益社団法人グローバルヘルス技術振興基金）創設
2015年	SDGsにUHC挿入
2016年	国際保健のためのＧ７伊勢志摩ビジョン （公衆衛生上の緊急事態への対応強化のための国際保健枠組みの強化）
2017年	UHCに関するグローバルフォーラム（於東京）
2019年	国連「UHCハイレベル会合」，「UHC政治宣言」

出典：筆者作成

4　ポスト・コロナの時代の開発協力パートナーシップ

(1)　新型コロナ禍の衝撃と開発協力

コロナ禍は，開発協力のあり方を抜本的に変化させる契機となった。総括は時期尚早だが，すでに，不可逆的現象と思われるいくつかの重要な変化，あるいは予兆について触れておく。

第1に，援助から協力へ，の変化である。豊かな国から貧しい国への財・サービスの移転という形での開発協力は，今後も必要ではあるものの，もはや主流ではない。コロナ禍は，中国から世界に広がったその初期の段階においては，豊かな国で多くの被害を出し，人や物の集積する都市を襲った。その後，世界のほぼすべての地域に伝播し，貧しい国々の脆弱な保健システムと経済にも大きな打撃を与えた。感染症の脅威は，開発途上国であるか先進国であるかを問わず，すべての国のすべての人々が協力し合わない限り解決しないことを，私たちは学んだ。「貧しい国のための」開発協力から，「世界中の国・人々のための」開発協力へ，という流れは，MDGsからSDGsに移行した時点で大きく伸長したが，コロナ禍によって加速した。換言すれば，これまで暗に前提としていた「先進国モデル」が，コロナ禍において成り立たなくなり，これからの新しい世界において，どのような国，社会のあり方が望ましいのか，という点について，これまでのように，「途上国が先進国のようになる」ための国際協力ではなく，「途上国も先進国も力を合わせて新しい国，社会のあり方を模索し，追求していく」ための国際協力に変貌を遂げつつあるともいえる。

第2に，格差や脆弱性への取組みである。コロナ禍は，近年世界各国で広がりつつある格差や社会の脆弱性を露呈した。これらは，平均値や集計値では可視化されない。また，国全体が経済成長を遂げれば解決する問題でもない。そもそも国や社会の脆弱性とは何か？　ワクチンや治療薬を買うお金があるか否か，という次元の問題ではない。人間の安全保障は，人間開発との対比において，ダウンサイド・リスクへの対応を重視しているが（人間の安全保障委員会2003），開発協力にとって，脆弱性を深く理解しこれに適切に対処することが今後ますます重要な課題となる。これまでの開発協力は，人間開発に象徴される「上向きの」発展を志向してきた。しかし，これからの開発協力は，状況が悪化することに対処すること，つまり，人間の安全保障が重視するダウンサイド・リスクへの対処が可能な社会の構築をあわせて目指していくことをより強く意識することになる。

第3に，情報や知識をさらなる活用である。コロナ禍との戦いは，物理的移動の厳しい制約下での戦いであったと同時に，情報通信テクノロジーを駆使する機会であり，情報や知識を最大限に活用する取組みの可能性を不可逆的に広げた。コロナ禍において，先進国，開発途上国の区別なく，世界各地の臨床経験や政策の実践から得られた知見，あるいは，それらの比較から得られた知見が迅速かつ広範囲に共有された。南南協力や三角協力[10)]などSDGsの目標17が想定した協力の枠組みがパートナーシップの名の下に総動員されたのである。モノやお金と異なり，情報や知識は，共有可能であり，分かち合い，フィードバックを重ねることによってさらに価値を増す。これからの開発協力は，情報や知識の強みをこれまで以上に生かした協力に進化していく。

⑵　変貌する開発協力パートナーシップ

上述の変化は，コロナ禍の収束後も不可逆的に進行し，ポスト・コロナの時代における新しい開発協力の輪郭を形成する。それに伴い，開発協力におけるパートナーシップのあり方も変貌を遂げる。

第1に，プラットフォーム化である。情報や知識を駆使し，格差や脆弱性の解消に向けて，さまざまなアクターが協働する，という開発協力の進化に応じ，開発協力のパートナーシップも進化する。さまざまなアクターがさまざまな形で開発課題に貢献すべく参画するためのプラットフォーム，あるいは「場」を国際公共財として提供することに軸足が移るであろう。

第2に，国際社会共通の利益の可視化である。国際社会は，SDGsという形で，持続的な開発目標について国際的なコンセンサスを形成した。さらに，コロナ禍を通じ，世界中のいかなる国も自国の目先のことのみを考えていては，（自国を含む）世界の安定や繁栄はないことを学んだ。しかし，一方で，ワクチン・ナショナリズムにみられるように，富める国や人々の利益が優先され，国際社会と各国内の双方で分断化が進んでいる。国際協調主義と自国優先主義の間の厳しい緊張の中にあって，開発協力パートナーシップを推進するということは，国際社会共通の利益を可視化し，国際協調主義のスペースを広げるということにつながる。

まとめと展望：協働と信頼のパートナーシップに向けて

分断化が進む世界の現状をみるにつけSDGsの実現可能性については，懐疑的あるいは悲観的にならざるをえないときがある。「誰一人取り残さない」という理念を単なる美辞麗句に終わらせないために，私たちは，これまで以上に，パートナーシップがもつ可能性を理解し，パートナーシップの形成や拡充に対してこれまで以上に積極的にかかわっていく必要がある。

パートナーシップが今後益々重要となっていくという議論の背景には，少なくとも次のような2つの基本認識がある。

まず，これは，いうまでもないことであるが，SDGsが掲げる諸目標の実現のために，あるいは，人間の安全保障の理念を実現するために，この人類社会のいかなるアクターも単独ではこれを実現できない，ということである。「誰一人取り残さない」という修辞は，単なる国際協力の受益者のことを念頭においてのものではない。この世界におけるさまざまなアクターが，あるいは，私たち一人ひとりが，単なる受け身の存在ではなく，諸目標や理念の実現に向けて，主体的能動的に動き，パートナーシップという名の下に，つながり，協働することが不可欠なのである。

さらに，パートナーシップは，世界の人々が諸課題に挑むために不可欠な信頼関係を育てる。これは，今目にみえている問題の解決に資するのみならず，これからの新しい時代において生起するさまざまな新しい課題への取組みのための貴重な資源となる。ポスト・コロナの新しい時代に，人類がさまざまな課題に挑み続けるために，さまざまなアクター間において信頼関係が存在していることは，大きな強みとなる。SDGsを実現するためのパートナーシップ，コロナ禍を克服し強靱な社会をつくるためのパートナーシップは，世界中の人々を結びつけ，さまざまな信頼関係を醸成し強化する。それらは，未来の世代が新たな課題に挑むためのかけがえのない資産になる。

〈参考文献・資料〉

（日本語文献）

外務省，2005，「わが国の政府開発援助」（ODA 白書） https://www.mofa.go.jp/mofaj/gaiko/oda/shiryo/hakusyo/05_hakusho/ODA2005/html/honbun/hp102010000.htm

外務省，2015，「第３回国連防災会議における成果文書の採択」 https://www.mofa.go.jp/mofaj/ic/gic/page4_001062.html

外務省，2016，「開発協力，ODA って何だろう」 https://www.mofa.go.jp/mofaj/gaiko/oda/about/oda/oda.html

国際連合，2015，「国連ミレニアム開発目標報告2015（MDGs 達成に対する最終評価） https://www.unic.or.jp/news_press/features_backgrounders/15009/

人間の安全保障委員会，2003，『安全保障の今日的課題』朝日新聞社。

（外国語文献）

United Nations（UN），2015，“Millennium Development Goal 8 Taking Stock of the Global Partnership for Development” https://www.un.org/millenniumgoals/pdf/MDG_Gap_2015_E_web.pdf

注

1） https://www.mofa.go.jp/mofaj/gaiko/bluebook/1971/s46-1-1-14.htm

2） DAC/OECD　https://www.oecd.org/dac/financing-sustainable-development/development-finance-standards/official-development-assistance.htm

3） DAC 新開発戦略における国際開発目標は，貧困削減（経済的福祉）に加え，社会的開発として初等教育の普及，男女格差の解消，乳幼児・妊産婦死亡率の削減，リプロダクティブヘルスサービスの普及などと環境資源の減少健康の反転が掲げられ，さらにパートナーシップの重要性が謳われており，ここで MDGs の原型が形成されたといえる。 https://www.mofa.go.jp/mofaj/gaiko/oda/shiryo/hakusyo/02_hakusho/ODA2002/html/siryo/sr5200000.htm

4） MDGs は次の８つの目標からなる。目標１：極度の貧困と饑餓の撲滅，目標２：初等教育の完全普及。目標３：ジェンダー平等推進と女性の地位向上，目標４：乳幼児死亡率の削減，目標５：妊産婦の健康の改善，目標６：HIV/エイズ，マラリアその他の疾病の蔓延の防止，目標７：環境の持続可能性確保，目標８：開発のためのグローバルなパートナーシップの推進 https://www.mofa.go.jp/mofaj/gaiko/oda/doukou/mdgs.html

5） 国際社会における日本の能動性は，政策過程のみならず，国際協力の実施においても顕示された。日本の二国間協力の主翼を担う独立行政法人国際協力機構（JICA）は，2003年10月に緒方貞子を理事長に迎え，人間の安全保障に対する積極的なコミットメントを表明した。その後 JICA では，北岡伸一を理事長に迎え，「人間安全保障2.0」として，グローバル化の負の局面の先鋭化や，科学技術の急速な発展が見られる新しい時代においても人間の安全保障への取組みを今日的な文脈に適合させながら，継続することを表明した。 https://www.jica.go.jp/publication/pamph/issues/ku57pq00002lpgwe-att/revisiting_human_security_jpn.pdf

6） BRI とは，2013年習近平政権が，打ち出した国家戦略であり，鉄道や道路，港といった交通インフラなどの建設で物流ルートを整備し，中国からヨーロッパに至る広域の経済圏を作るというもの。中国はこのために多額の対外投資を行っている。 https://www.nhk.or.jp/kaisetsu-blog/100/437071.html

7）「仙台防災枠組」とは，2015年3月に仙台市で開催された第三回国連防災世界会議において採択された2030年までの国際的な防災指針である。 https://www.mofa.go.jp/mofaj/ic/gic/page4_001062.html

8） SDGsにおいてUHCが謳われたことによって，MDGsやIDGsとも一線を画し，SDGsにおける保健分野の付加価値を際立たせている。UHCは，疾病を特定するものではなく，また，死亡率低減などに表現される人類社会の一定割合の人々を救うものでもなく，「全ての人々が」保健サービスを享受する，ことを目指すものである。

9） DAC統計およびJICA人間開発部内部資料等に基づく概算推計値。

10）「南南協力」とは，南，つまり開発途上国同士が協力することであり，「三角協力」とは，先進国が介在しつつ，2つ以上の複数の開発途上国とともに協力して事業を展開することである。ともに，開発協力実務の術語であるが，いわゆる先進国により途上国に対して行われる伝統的な開発協力の発展系として，これらの協力形態を活用することにより，よりダイナミックな知識や経験の共有や活用が可能となる。

第 *15* 章
グローバル・ガバナンスと SDGs
――グローバル・タックス，GBI，世界政府[1)]

上村雄彦

〔キーワード〕　グローバル・タックス，グローバル・ベーシック・インカム（GBI），世界政府，グローバル・ガバナンス

〔要旨〕　持続可能な開発目標（SDGs）の序文は，「我々の世界を変革する」というタイトルで始まっている。つまり，SDGs 達成のために，これまでの諸策の延長線上ではなく，世界そのものを変革することを目指している。この章では，「では，どのように世界を変革すべきなのか」という青写真を，グローバルな政策と制度構築の観点から明らかにする。具体的には，現在所与となっている資本主義という経済構造，ならびに主権国家体制という国際政治構造こそが問題の根源であることを浮き彫りにし，これらを変革しうるグローバルな政策としてグローバル・タックスとグローバル・ベーシック・インカム（GBI）を，グローバルな制度として世界政府を検討する。この 3 つの相互作用により，各々の効果と実現可能性が高まり，資本主義の暴走を抑制しつつ，国益を越えた地球益を実現すること，すなわち SDGs の達成が可能となるのである。

はじめに：SDGs の本質としての「我々の世界を変革する」

2015年に採択されたSDGsは，2030年までに地球環境問題，貧困・格差問題などの地球規模課題を解決し，持続可能な地球社会を実現するためのヴィジョンであり，ロードマップである。SDGs を象徴する言葉として「誰一人取り残さない」というフレーズがよく知られているが，本章ではSDGs の序文で謳われている「我々の世界を変革する」という言葉に注目したい。つまり，SDGs のような野心的な目標を達成するためには，従来の方策の延長や，小手先の対応ではなく，社会システム自体の変革が不可欠だと宣言しているのである。

現代の世界は，経済的には資本主義，国際政治的には主権国家体制が根幹にあるが，SDGsを実現するためには，所与とされてきたこの２つの変革に取り組まなければならないのである。なぜなら，資本主義は価値増殖と資本蓄積のために，自然と人間を収奪しながら市場を絶えず開拓していく際限のない運動なので，持続不可能であるし，貧富の格差を是正する機能をビルトインしていないからである。

また，主権国家体制とは，世界政府がない中で，各国が主権をもって，互いに内政に干渉しないで国際秩序を保つ体制である。この体制下で各国は地球益よりも国益を優先して行動する。しかも，それを地球益第一の行動に変えるメカニズムはない。このことは，新型コロナウイルス感染症（COVID-19）が世界的に蔓延し，多くの人々の命を奪っている中で，各国は世界の人々を救うための一致団結した国際協力ではなく，「ワクチン・ナショナリズム」に象徴されるような自国第一主義に走ったことからも自明であろう。

それにしても，資本主義と主権国家体制の変革など，いかにして可能になるのだろうか？　その鍵はこれらの構造の是正に向けて，グローバル・ガバナンスを再構築することにある。グローバル・ガバナンスには，広義と狭義の定義がある。広義には，地球社会全体の統治を指し，その中にはグローバルなレベルでの政策や制度も含まれる。狭義の定義は，個人，非政府組織（NGO），企業から国家，国際機関まであらゆるアクターが，地球規模課題の解決を目指して協力・協働する共治のことを指す。この２つを結びつけて考えれば，グローバル・ガバナンスの再構築とは，資本主義や主権国家体制の変革のためのグローバルな政策や制度の構築に向けて，さまざまなアクターが協力・協働を行うということになる。これが，資本主義と主権国家体制を変革し，SDGsを達成する鍵となるのである。

それでは，どのような政策と制度を構築すべきなのであろうか。本章では，グローバルな政策として，グローバル・タックスとGBIを，グローバルな制度として，世界政府を検討し，SDGsを達成するためのグローバル・ガバナンスのあり方を浮き彫りにしたい。このようなグローバルな政策や制度の構築は，人間の安全保障の概念とも直結する。人間の安全保障とは，経済が国境を越えてグローバル化し，地球規模課題が一国だけでは解決できなくなった時代に，また国家自体の安全保障は確保されながらも，一国内で貧困や人権侵害に苦しむ人々が多数いることを背景に，国家を単位とした安全保障ではなく，そこに住む人々の安全保障をまずもって重視する考え方である。後述するように，グローバル・タックスにしても，GBIにしても，世界政府にしても，ある意味国家を超えてそこに住む人々を直接ターゲットにし，彼らがグローバルな政策や制度に参加することを可能にし，これらの裨益者となるという意味で，人間の安全保障を具現化する政策や制度と考えられるといっても過言ではないだろう。

以上のことを念頭に，本章は，まずなぜ資本主義と主権国家体制がSDGsの実現を阻害しているのかを深堀し，次にそれらを超克する革新的な政策としてグローバル・タックスとGBIを考察する。続いて，主権国家体制の限界，グローバル・ガバナンスの機能不全を超克しうる世界政府について，とりわけグローバル・タックスとGBIとの相互作用を含めて論じ，最後に，これらの政策や制度の実現の第一歩となるグローバル・タックスの実現可能性について検討したい。

1　SDGs達成を阻害する資本主義と主権国家体制

2020年に出版され，ベストセラーとなった『人新世の「資本論」』の中で，斎藤幸平は，「SDGsは大衆のアヘン」と切り捨て，グリーン・ニューディール政策も否定している。その理由は，これらが経済成長と資本主義の維持を前提にしているからである。既述の通り，資本主義は価値増殖と資本蓄積のために，どこまでも市場を開拓し，経済成長を求めていく。しかし，その過程で，先進国は豊かになったが，環境破壊や貧困が途上国に外部化されてきた。そして，資本主義が世界を覆うようになった人新世の時代になり[2)]，外部はなくなり，地球全体で環境破壊や貧困が深刻化するようになった。だから，斎藤は「私たちの手で資本主義を止めなければ，人類の歴史が終わる」というのである（斎藤 2020：118）[3)]。

さらに，資本主義のグローバルな拡大の上に，地球規模課題を一層深刻化させるグローバル政治経済構造が作られている。それは，まずマネーゲーム経済の膨張とタックス・ヘイブンである。大金を株式，債券，通貨，デリバティブなどの金融商品に投資（投機）し，利ざやで儲けるマネーゲーム経済は実体経済の約10倍に達し，大金を投入できる富裕層や多国籍企業を不条理に儲けさせ，格差を拡大させている。さらにその儲けは，税金がほとんどかからず，しかも金融口座情報を秘匿するタックス・ヘイブン（租税回避地）に帳簿上移され，国庫に入ることなく再びマネーゲームに投入されている。

次に，主権国家体制である。現在の国際社会は，中央政府がない中で各国家が主権を持ち，内政不干渉を原則として国際秩序を形作っていることはすでに述べた。しかし，そのせいで，たとえ主要国が核兵器禁止条約に加盟しなくても，パリ協定を守らなくても，タックス・ヘイブンが維持されても，「ワクチン・ナショナリズム」に走ったとしても，主権国家体制というシステムが存在する限り，これらの国々に加盟や遵守を強要することも，タックス・ヘイブンによる主権の濫用や「ワクチン・ナショナリズム」を止めることも，困難なのである（上村 2021a：240-241；2021b：108；2021c：139）。そして，現在の国際機関は，このような主権国家の「上位」ではなく，「下位」に位置しているから，地球益のために主権国家を従わせることはできない。

このようなグローバル政治経済構造のせいで，地球規模課題が悪化しているばかりでなく，それを逆転させるために必要な資金が必要なところに投下されない。たとえば，途上国でSDGsを達成するためには年間およそ2兆5000億ドル（約325兆円，1ドル＝130円で計算。以下同様）が不足しているのに対して，世界の政府開発援助の総額は，20兆円程度である。しかも，不足額は新型コロナ禍（以下，コロナ禍）の影響で年間4兆2000億ドル（546兆円）へと上昇している（OECD 2021）。他方，タックス・ヘイブンに秘匿されている資金は，実に約5000兆円と見積もられている。これだけの資金をSDGsの達成に投入できれば，少なくとも資金面ではSDGsの達成は可能なのにもかかわらず，現在のグローバル政治経済構造下では，そのようなことは考えられないのである（上村 2021b：108-109；2021c：139-140）。

グローバルに拡大して危機を深める資本主義は，主として多国籍企業と金融資本によって押し進められている。これらを抑制することなしに，SDGs達成の試みは徒労に終わる。資本主義と主権国家体制をともに超克し，グローバルに拡大した資本主義の力を弱め，自国第一主義の行動を変え，国境を越えた地球規模課題を解決するためのグローバルな政策や制度を打ち立てなければならない理由がここにある。

2　地球規模課題を解決するためのグローバルな政策

(1)　グローバル・タックス

それではどのようなグローバルな政策が必要なのだろうか。これについては，特に2つの政策に着目したい。まずグローバル・タックスである（以下，上村 2021a；2021b；2021c；上村編 2019)。グローバル・タックスとは，大きく捉えれば，地球規模で税を制度化することである。これには3本の柱がある。第1の柱は，各国が連携して共通の国際課税ルールを作り，課税のための情報を各国の税務当局が共有することであり，第2の柱は，金融取引税，地球炭素税など実際に国境を越えた革新的な税を実施することである。そして第3の柱は，課税・徴税を行い，税収を地球規模課題の解決に向けて公正に使用するための透明で，民主的で，説明責任を果たすことのできるガバナンスを創造することである。

グローバル・タックスが実現すれば，第1の柱により長期的にタックス・ヘイブンはなくなり，第2の柱である税の政策効果により，投機的金融取引や武器取引，エネルギーの大量消費など，グローバルな負の活動は抑制され，理論上，年間300兆円以上の税収が生み出されて地球規模課題の解決のために充当されうる。さらに，第3の柱によりグローバル・ガバナンスの透明化や民主化，説明責任の向上が進むことが期待される。最後の点のロジックは以下の通りである。

加盟国の拠出金に依存し，国益に拘泥されて真の意味で地球益を追求できない既存の国際機関に対し，グローバル・タックスを財源とする国際機関は拠出金を財源としないので，加盟国の国益に拘泥されず，純粋に地球益を追求できる。さらにそれは自主財源をもつことを意味するので，政治的にも，財政的にも加盟国からの自立性が高まる。

また，桁違いに多数で多様な納税者に説明責任を果たすためには，高い透明性と民主性が求められる。とりわけ，税収の使途決定にあたっては，政府代表だけでなく，さまざまなステークホルダー（利害関係者）が加わって物事を民主的に決定していくマルチ・ステークホルダー・ガバナンスが必須となる。これにより，政府代表だけで資金の分配などを決定している従来の国際機関よりも，多様な視点やチェック機能がビルトインされ，税収の分配を含めて，より公正な意思決定が行われることとなるであろう。

今後さまざまなグローバル・タックスが導入され，それに伴って次々と自主財源とマルチ・ステークホルダーによる意思決定を備えた国際機関が創設されることになれば，現在の強国・強者主導のグローバル・ガバナンスは，全体として大きく変革を迫られることになる。さらに，グローバル・タックスを財源とする国際機関が多数創設された場合，長期的にこれらの機関がどこかの時点で一つに収斂して「グローバル・タックス機関」とも呼べる機関が設立される潜在性がある。そして，その機関を民主的に統制するために「グローバル議会」ないし「世界議会」とも呼べる組織が創設される可能性さえ展望できる。それが実現すれば，マルチ・ステークホルダーで担保していた各機関レベルでの透明性，民主性，説明責任が，まさにグローバルなレベルで担保されると考えられる。

このように，グローバル・タックスは資金創出，グローバルな負の活動の抑制のみならず，現在のグローバル・ガバナンスを変革する潜在性をもっていることから，その意義は限りなく大きいといえるのである。

(2)　GBI

次に，岡野内正（2016；2019；2021）らが提唱しているGBIを考察しよう。それは，全人類を対象とした個人向け無条件・月極めの生涯保障の現金移転と定義される。SDGsの目標1，2の貧困や飢餓をなくすためには，貧しい人々が生活するのに必要な現金をもっていることが欠かせない。そしてそれを保証するのは各国政府のはずである。しかし，現実には多くの途上国は債務に苦しみ，世界銀行や国際通貨基金（IMF）が課してきた構造調整政策のせいで，そのための財源もなく，制度も機能していないことが多い。したがって，GBIが実現すれば，貧しい人々に直接現金が届き，とりわけ途上国の貧困や飢餓をなくすことに直結すると考えられる。

GBIが初めて提唱されたのは1980年代で，ピーター・クーイストラが嚆矢とされる（Kooistra 1983）。その後，1990年代にマイロン・フランクマンが「惑星規模のベーシック・インカム」を（Frankman 1997），2010年には岡野内が「地球人手当」を提唱している（岡野内 2021：13）。2020年になって，国連開発計画

(UNDP) が，コロナ・パンデミック対策として，低所得者のみを対象とする「期限付きベーシック・インカム」を国連機関として初めて提案し[4]，世界銀行もベーシック・インカムを多面的に検討し，ガイドブックを刊行している[5]。さらに，21世紀初頭になって，ナミビア，ブラジル，インド，ケニア，フィンランドでも導入実験が行われ，COVID-19 発生後は多くの国々で期限付きであるが現金供与が行われた（岡野内著・訳 2016；2021：171-173[6]）。

GBI の最大の問題は財源である。それはどの程度の現金を給付するかによって額が決まってくる。世界銀行は国際貧困ラインを購買力平価（PPP）基準で一人あたり一日1.90米ドル（年間693.5ドル）としているが[7]，岡野内は購買力平価での補正をしないで，2019年の世界人口75億人を対象に毎年国際貧困ライン基準の GBI を支給すると仮定している。そうすると，その額は年間５兆2013億ドル（676兆1690億円）になる。問題はその財源であるが，彼は株式配当や利子収入などの投資収益で毎年最低でも１億ドル（約130億円）の「不労所得」を得ている13万人の富裕層に着目し，13万人分を合計した13兆ドル（1690兆円）に財源を見出している（岡野内 2019：24）。これはあくまでも一つの財源の事例であるが，もし毎年彼ら／彼女らから年間投資収益の40％を得ることができれば，GBI の財源は確保されることになる。

しかし，どのようにして彼らから資金を得ることができるのだろうか？　岡野内は，まず13万人のもとにある純金融資産の所有権の一部を全人類の所有に移転すること，次に，それを可能にするために，世界のすべての人々が世界中の多国籍企業株式の51％を人類遺産として共同所有する人類遺産持株会社の設立を提唱している。そこでは，世界のすべての人々が議決権をもつ一株主になり，この会社を管理する仕組みを構想している（岡野内 2021：5）。これが GBI の資金源になるというのである。

ただし，このような構想がどのようにして実現できるのかということについては，グローバル資本主義のルール変更の必要性を確信する人々を増やし，人類社会規模の社会規範を形成することで，事実上の多国籍企業規制権力の創出を目指すための討議の活性化を指摘しているのみである（岡野内 2019：25）。一つ明らかなことは，人類遺産持株会社の創設は多国籍企業の大きな抵抗にあうことは間違いないので，相当な困難に直面するだろうということだ。その困難を突破するには，後述する世界政府の助けが必要となるだろう。

このようにGBIの研究はまだまだ発展途上であるが，先進国でも，途上国でも，現金供与が貧困削減の有効な手段になっていることから，GBIはそれに大きく貢献することになるだろう。さらに，岡野内は，GBIは①近代資本主義社会が生み出した賃金労働に依存する社会階級である賃金労働者階級を消滅させ，②男性の稼ぎ手に家族が経済的に依存する家父長的家族を消滅させ，さらに国際機関によってGBIが導入される場合には，③国民一人ひとりの生活が国家に依存し，一層の依存を求めるために生起するナショナリズムを消滅させると論じ，その意義を高く評価している（岡野内著・訳 2016：20-21）。

3　主権国家体制の限界，グローバル・ガバナンスの機能不全と世界政府

(1)　主権国家体制の限界とグローバル・ガバナンスの機能不全

ここまでSDGsを達成するために必要となるグローバル・タックスとGBIという2つの政策を論じてきたが，次にグローバルな制度の考察に移りたい。なぜなら，上記の2つの政策では資本主義というSDGsの達成を阻害している経済構造の歪みを是正することにはつながるが，もう一つの要因である主権国家体制という国際政治構造を直接変革することにはならないからである。後者を達成するためには，グローバルな制度の構築，具体的には世界政府が求められているのである。

ここでは，世界政府とは何かということを導き出すために，国内社会の基本構造から考えていこう。これを大きく捉えれば，それは政府，市場，市民社会セクターから構成されていると考えることができる（3項モデル）。そして，それぞれのセクターが協力，協働して，国内の課題解決を図る共治をガバナンスと呼ぶことができるだろう。これをグローバル社会に拡大すると，理念上はグローバル政府，グローバル市場，グローバル市民社会から構成されることになる。そして，それぞれのセクターが協力・協働して，地球社会の課題解決を図る共治を狭義のグローバル・ガバナンスと捉えることができる（上村 2021b：104，図15-1）。

一国内において正統性と権力もって一元的な統治を行う政府が存在するように，同様の一元的な統治を行う「グローバル政府」ないし「世界政府」がグ

図15－1　国内社会とグローバル社会の基本構造の分析枠組み

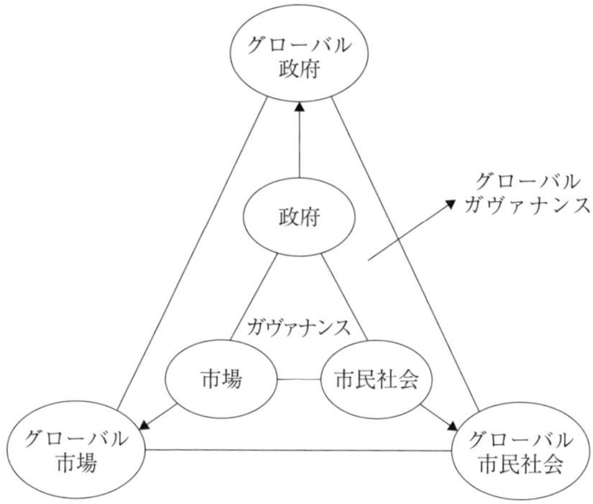

出典：上村 2021b：104

ローバル社会の成立には必要である。しかし，現実には世界政府は存在せず，グローバル社会を一元的に統治する正統性も権力ももたない約300の国際機関と196の主権国家がアナーキカルに存在しているだけである。

上述の通り，一方で主権国家体制下で各国は地球益よりも国益第一で行動し，他方で資本主義のグローバル化でマネーゲーム経済やタックス・ヘイブンの横行など，いわゆる「グローバル市場の失敗」が起こっている。これらに対して，各国の行動を地球益第一に変え，市場の失敗を覆すほどの力を現在のグローバル市民社会がもっているわけではない。そうすると，グローバル政府がこれに対応すべきであるが，そのようなものは存在しない。だから，各国の国益を超えた地球益のための強い協力は見込めず，グローバル市場の失敗は放置され，SDGs の達成が阻害されているのである。

そうであるならば，グローバル政府に相当するもの――世界政府――を創設すればよいではないか，ということがここでの主旨である。そうすることで，グローバル・ガバナンスが十全に機能し，地球規模課題を解決する能力が大きく向上するだろうからである（上村 2021b：104-112）。

(2)　世界政府の可能性

それでは，世界政府とは一体何なのか。まずは世界政府と一口にいっても，さまざまな構想があり，一括りに論じるのは難しい。その詳細は上村（2019）に譲ることにして，ここでは以下のように定義づけをしておきたい。世界政府とは地球規模課題を解決し，人類の生存危機を回避することを目的とした超国家機関で，３つの柱から構成される。第１に，地球規模課題解決や人類の生存のための政策を議論し，法的拘束力をもった決議を行う立法府としての世界議会，第２に，その決議事項を実施する各国の主権を部分的に超越した行政府としての世界政府，そして第３に，これらを法的に保証する世界憲法，世界法，ならびに司法府としての世界司法裁判所である。

世界政府が必要な理由は，第１に各国は地球益よりも国益を優先するからである。たとえば自国の経済や産業を優先して，十分なCO_2削減策を取らない，軍需産業の発展のために，武器の開発・製造・輸出を続けるなどの例が挙げられる。次に，グローバルなレベルでの意思決定がますます人々の生活，ひいては生存に影響を与えるようになったにもかかわらず，その決定に人々が参加できないからである。たとえば気候危機を止めようと思えば，大多数の人々のライフスタイルや価値観の転換，協力が必要になるが，そのためには彼らが政策形成や意思決定にたとえ間接的にでも参加できることが必須であろう。

それでは，なぜ世界政府は主権国家体制よりも優位性をもつのだろうか。まず，地球規模課題の多くは基本的に集合行為問題である。それを解決するためには，共通の問題の解決を図り，コストを公正に分担させる何らかの権威が必要だからである。次に，主権国家は外部の脅威を利用して国内における抑圧や権威体制を正当化し，専制的になりがちなのに対して，世界政府にはそのような外部の脅威が存在しないため，原理的に専制を避けうるからである。第３に，核戦争の恐怖は，主権国家が核兵器を持ち続ける限り続くからである。最後に，上述のGBIの財源となる人類遺産持株会社などは，世界政府のようなグローバルな権威があってこそ初めて創設が可能となると思われるからである。その意味では，主権国家を越える権力をもつ超国家機関を作って主権国家の専制を斥け，集合行為問題を解決し，核兵器の廃絶を促進し，人類遺産持株会社のような地球規模課題解決のために必要な組織を設立するのが最も合理的かつ効果的といえるであろう。

もちろん，世界政府は完璧ではなく，さまざまな観点から批判がなされている。詳細は上村（2019）で論じているので，ここでは大きく，①専制や大国による支配と民主主義欠損の可能性，②外部をもたないことによる弊害，③実現性の欠如について，簡潔に説明しておこう（以下，上村 2021b：113；2021c：143-144）。

最初の点について，イマニュエル・カントは，世界政府ができると，一大強国のために，諸国家が溶解するし，法律は統治範囲が拡大するにつれて威力を失うから，結果的に「魂のない専制政治」に陥ると論じている（カント 2000：287）。井上達夫も，たとえ民主的な制度を作っても，邪悪な，または無能な主体が権力を握った場合，専制の可能性があるとともに，政府と市民が乖離し，政府が遠すぎて市民の声が届かないという民主主義の欠損の問題が起こるとの批判を行っている（井上 2012：353-357）。

次に，外部をもたないとは，トーマス・ポッゲのいう「集権的世界国家は，外部を持たないので，圧政が起こった時に，そこから逃れられない」という批判である（Pogge 2008：189）。井上も専制時に脱出口（安全装置）がないことを問題視し，これは人間的自由の「最終手段」ともいうべき「離脱可能性」をもたせなくするということを意味すると論じ，世界政府論を批判している（井上 2012：352）。

実現可能性については，一方で現在の大国が世界政府を承認し，加盟するかという問題があり，他方で唯一国家主権を部分的に超えた統合を成し遂げている欧州連合（EU）もイギリスが離脱したのみならず，一国内の統治でも異なる民族や地域間の統合に苦悩している事例は後を断たないという現実がある。

どうすればこれらの批判を乗り越えることができるのだろうか。そのために必要な鍵は適切な制度設計，ならびにグローバル・タックスとGBIの実施にあると考えられる。まず世界政府論が深く考慮しなければならないのは，いかにしてローカル，ナショナル，リージョナルなアイデンティティ，権利，自治，自律を尊重，保障しつつ，全体の統合を図っていくかという困難な課題である。そうすると，連邦制の世界政府像とEUも実践している補完性の原則の重要性が浮かび上がる。ここでいう連邦制とは，各国は主権の一部を世界連邦政府に移譲しつつも，基本的に各国が主権を維持することを認める政治制度である。補完性の原則とは，世界連邦政府を構成する一番下位に位置する，最も人々に近いローカルレベルの自治や権限を重視し，そこでは対処できない問題については，より上位にあるナショナルレベルが，ナショナルレベルで対処できない場合は，その上のリージョナルレベルが，それでも対処できない問題はグローバルレベルで扱うという原則である。

この連邦制と補完性の原則を作動させることで，世界政府が専制政治や大国による支配に陥ることを防ぐことができる。また，国家主権の存在を認めつつ，サブナショナルな単位の自治や権限を重視することで，世界連邦政府を構成する各国や，各国内のサブナショナルな政治単位の分離傾向を抑えることができる。これらにより，現在の国際政治秩序をラディカルに変えることなく世界政府樹立に向けての出発点とすることができるので，実現性を高めることとなろう。さらに，何らかの理由で世界連邦政府を脱退したいのであれば，その国家に離脱を認めることによって，「世界政府は外部を持たないので，圧政が起こった時に，そこから逃れられない」というポッゲによる批判も回避することができる（上村 2021b：114；2021c：144）。

大国の加盟と世界政府実現の具体化については，グローバル・タックスとGBIの実施が要になるだろう。すでにグローバル・タックスの実施が長期的には，グローバル・タックス機関とグローバル議会（世界議会）の創設まで結びつくロジックを説明した。世界議会はグローバル・タックス機関の透明性，民主的運営，アカウンタビリティに責任をもつのみならず，一国内で議会がそうしているように，グローバル・タックスによって得られた税収の使途を議論し，決定し，実施国や実施機関，さまざまなプログラムやプロジェクトに資金を供給することになるだろう。

世界議会は，世界のあらゆる声を反映させ，強力なマルチ・ステークホルダー・ガバナンスを体現するために，一国一票制の各国政府を代表する一院，各地域から選出された議員からなる地球益を代表する二院，環境，開発など各テーマや，さまざまセクターから構成される三院の三院制とする。それぞれの議会で異なる議決が出た場合は，三院調整委員会で妥協点をみつけるか，それでも妥協できない場合は多数を占めた院の決議が通ることとする。このような革新的な仕組みを構築して，複雑なグローバルな問題を，包括的かつ効果的に解決していくのである（上村 2021c：144-145）。

世界議会で可決されたことを実施するのが世界政府である。その際，既述の議論を踏まえて，世界連邦政府とし，グローバルな課題については全権をもつ一方，それ以外のリージョナルレベル以下の課題については，補完性の原則に則って，各レベルで政策が実施される。

また，既存の国連機関を活かすべく，機能主義に基づき，開発問題であればUNDPや世界銀行など関連する国際機関を統合した「世界開発省」，環境問題であれば，国連環境計画（United Nations Environment Programme：UNEP）や他の機関の環境問題を扱う部局を統合した「世界環境省」など，現存するインフラを最大限に活用しながら組織改革を進める。グローバル・タックス機関は，「世界財務省」に変革される。それぞれの省には世界議会が選出した大臣がトップにおり，その大臣の下に統一した組織が創られ，一貫性のある政策形成，実施が行われる。そして，それがうまく機能しない場合には，世界連邦政府の代表，ないし世界議会によって罷免される（上村 2019；2021b；2021c）。

世界政府の主たる財源はグローバル・タックスであるが，同時に人類遺産持株会社を設立し，その財源でGBIを実施する。2016年の国連の通常予算は約27億ドルで，それに国連平和維持活動（PKO）予算の82.7億ドルを加えても，109.7億ドル（1兆4261億円）である。他方，世界政府はグローバル・タックスで300兆円，さらに人類遺産持株会社の資金を加えると，現在の国連予算とは比べ物にならないくらい大きくなるし，それが実行力の大きさを伴うこともいうまでもない。

実は，この世界政府のもつ大規模な予算こそが，世界の人々の支持を得て，大国を含めた世界各国の加盟を促す大きな手段となる。つまり，GBIは世界政府に加盟している国々の人々にのみ支給されるようにすることで，各国の人々が世界政府に加盟するように各国政府を促し，世界政府の決議を遵守しない国々にはGBIを停止することによって，各国がその決議を遵守するように仕向けることができるのである（上村 2021c：145-146）。

このような革新的な制度設計とグローバル・タックスとGBIとの相互作用により，世界政府はその批判を乗り越え，実現性を高めることとなるであろう。

4　グローバル・タックス実現の展望

(1)　各国の課税権力のグローバル化

このような構想は全く荒唐無稽だろうか。確かに，世界的にみてもグローバル・タックスもGBIも世界政府についても研究しているアカデミアはわずかである。また，国際機関，各国政府，NGOも含めて，これらを推進しようとする動きは非常に弱い。しかし，SDGsの達成をラディカルな変革なしに，現状のままで実現できると考えることの方が非現実的ではないだろうか。

もちろん，これらの構想どれ一つ取ってみても，実現可能性については大きな課題が残っている。GBIを実施するには人類遺産持株会社の創設が必要だし，それを創設するためには世界政府が要るだろう。そして世界政府の実現のためには，グローバル・タックスの導入が欠かせない。そこで，本節ではグローバル・タックス実現の可能性がいかほどのものかについて考察を行いたい。

グローバル・タックスの実現には大きく2つのアプローチがある。1つ目は，各国の課税権力のグローバル化だ（諸富 2020）。この点では，経済開発協力機構（OECD）の税源浸食と利益移転（BEPS）プロジェクトが進めている共通最低法人税率の設定とデジタル課税が注目に値する[8)]。これは，各国が連携して共通の国際課税ルールを作り，相互に課税情報を交換して実施するグローバル・タックスの第1の柱である。前者は自国の企業の海外流出を引きとめるために，あるいは海外の企業を誘致するために，法人税の税率引下げ競争が急激に進んでいる現実に対応するために，企業が世界のどこで操業しようとも15%の最低税率が課される仕組みである。仮に15%より低い税率だった場合，その企業の親会社がある国が差額分を徴税するので，税率がゼロあるいは極端に低いことを売りにするタックス・ヘイブンは存亡の危機にさらされる。

後者のデジタル課税は，特にGAFA（Google，Apple，Facebook，Amazon）と呼ばれる巨大IT企業が巨額の利益を上げながら，これまで課税を逃れてきた事態に対応するものである。これらを含む約100社の多国籍企業のグローバルな利潤を確定させ，一定の基準に基づいて各国の課税権を確定させるという定式配分アプローチを取っている。これにより，多国籍企業，とりわけGAFA

の税逃れを防ぐことが可能となる（諸富 2020；上村 2021c：146)。

これらはいずれも各国の課税権力を保持しながら，国境を越えてそのグローバル化を図るもので，国際課税の100年の大転換と言われていたが，2021年10月についに最終合意された。

⑵　主権国家を超えるグローバル課税権力の創出と現実に行われているグローバル・タックス

2つ目は，超国家組織や国際機関に対し課税権力を移譲し，主権国家の枠組みを超える新たなグローバル課税権力を創出するアプローチである。これはEUがコロナ禍に対応するために7500億ユーロ（約105兆円，1ユーロ＝140円で計算）の基金を創設したが，その財源として検討されているデジタル課税や金融取引税，国境炭素税が実施されれば，少なくともEUレベルでは新たな課税権力が実現することになる（上村 2021c：147；諸富 2020)。

さらに萌芽的ではあるが，すでに現実化しているグローバル・タックスとして，航空券連帯税がある。これは航空券に課税し，その税収をヒト免疫不全ウイルス／後天性免疫不全症候群（HIV/AIDS)，マラリア，結核，C型肝炎，最近ではCOVID-19対策を進めている国際医薬品購入ファシリティ（Unitaid）の財源にするというものである。これはすでに2006年からフランス，チリ，韓国など10か国で実施されている。また，金融取引に課税し，投機的な取引を抑制しながら，税収を生み出す金融取引税は，すでにフランス，スペイン，イタリアなど10か国で実施されており，先に述べたようにEUではこれらの国が中心となってEUレベルでの実現に向けて議論を続けている（上村 2021c：147)。

このように，グローバル・タックスはただの構想ではなく，一部は現実化しており，今度どの程度のグローバル・タックスを，どの程度の規模と速さで実現していけるかということが，世界政府やGBIの実現，そしてSDGs達成の鍵となるのである。

まとめと展望：グローバル・ガバナンス再構築の現実化に向けて

ここまで，SDGsを実現するには，「我々の世界の変革すること」，つまりグローバル・ガバナンスの再構築が必要で，具体的にはグローバル・タックスとGBIというグローバルな政策を実施し，世界政府というグローバルな制度を打ち立てることの重要性と実現性を中心に論じてきた。

紙幅の都合上，論じられなかったテーマが2つある。一つは，量子コンピューター（物質の量子力学的な性質を利用して動作するコンピューター），人工知能（AI），メタバース（インターネット上に構築されるバーチャル空間），ブロック・チェーン（参加者の中に不正を働く者や正常に動作しない者がいたとしても正しい取引ができ，改ざんが非常に困難で，停止しない，多数の参加者に同一のデータを分散保持させる仕組み），DAO（分散型自律組織）などといったデジタル情報通信技術，人工知能学，知能情報学などの最新の知見を融合させた議論である。たとえば，量子コンピューターを用いてメタバース空間を作り，超知能AIが世界政府を運営し，それらが現実世界に転換するような「デジタル世界政府論」などは，潜在的な副作用も含めて今後深められるべき研究テーマであろう[9]。

いま一つのテーマが，グローバル・タックスや世界政府を実現するアクターの考察である。こちらも紙幅の都合上，上村（2021a；2021b）に譲るが，これらの実現のためには狭義のグローバル・ガバナンスの作動，すなわち，個人，NGO，企業から国家，国際機関まであらゆるアクターが，協力・協働することが欠かせない。上述した共通最低法人税税率やデジタル課税も，OECDという国際機関，各国政府，NGO，これらに賛同する企業などの協働によって可能となった。

今後SDGsの達成のために，資本主義と主権国家体制を変革するためのグローバルな政策と制度の構築を目指して，最新の技術の進展を取り入れつつ，あらゆるアクターによる協働が進むことを願ってやまない。

〈参考文献・資料〉

（日本語文献）

井上達夫，2012，『世界正義論』筑摩書房。

上村雄彦，2019，「グローバル・タックスと世界政府論構想」上村雄彦編著『グローバル・タックスの理論と実践——主権国家体制の限界を超えて』日本評論社，pp. 229-248。

———，2021a，「グローバル・タックス」西谷真規子・山田高敬編著『新時代のグローバル・ガバナンス論——制度・過程・行為主体』ミネルヴァ書房，pp. 240-253。

———，2021b，「SDGsと市民社会——グローバルな政策と制度の構築の視点から」『国連研究』22号，pp. 99-129。

———，2021c,「グローバル・タックス，GBI，世界政府」『世界』10月号，pp. 136-147。
上村雄彦編著，2019，『グローバル・タックスの理論と実践——主権国家体制の限界を超えて』日本評論社。
岡野内正，2019，「グローバル資本主義の正統化危機と多国籍企業犯罪（下）」『アジア・アフリカ研究』434号，pp. 1-34。
———，2021，『グローバル・ベーシック・インカム構想の射程——批判開発学／SDGsとの対話』法律文化社。
岡野内正著・訳／クラウディア・ハーマンほか著（2016）『グローバル・ベーシック・インカム入門——世界を変える「ひとりだち」と「ささえあい」の仕組み』明石書店。
イマニュエル・カント（遠山義孝訳），2000，「永遠平和のために」『カント全集14』，岩波書店。
斎藤幸平，2020，『人新世の「資本論」』集英社。
諸富徹，2020，『グローバル・タックス——国境を超える課税権力』岩波書店。

（外国語文献）

Frankman, Myron, 1997, "Planet-Wide Citizen's Income: Antidote to Global Apartheid", Department of Economics, McGill University.
Gentilini, Ugo et al. eds., 2020, *Exploring Universal Basic Income : A Guide to Navigating Concepts, Evidence, and Practices,* World Bank.
Kooistra, Pieter, 1983, *Voor,* Stichting UNO-Inkomen voot alle mensen.
Molina, Grey et al., 2020, *TEMPORARY BASIC INCOME : Protecting Poor and Vulnerable People in Developing Countries,* UNDP.
OECD, 2021, *Global Outlook on Financing for Sustainable Development 2021 : A New Way to Invest for People and Planet,* OECD.
Pogge, Thomas, 2008, *World Poverty and Human Rights,* Polity.

注

1）本章は，上村 2021b，2021c を基に，大幅に加筆・修正を行ったものである。

2）「人新世」とは，21世紀に入ってから新たに提唱されている「人類の時代」という意味の地質学の新しい時代区分で，人類の経済活動の痕跡が，地球の表面を覆いつくした年代を意味する。

3）斎藤は，資本主義を乗り越える構想として，「脱成長コミュニズム」を提示している。それは，ソ連型の共産主義とは異なり，人々が生産手段を自律的・水平的に共同管理してコモンズを再建し，ラディカルな潤沢さを回復する構想である。たとえば，資本家や株主なしに，労働者たちが共同出資して，生産手段を共同所有し，共同管理する「ワーカーズ・コープ（労働者協同組合）」などを挙げている（斎藤 2020)。しかし，これだけでは危機の根源である資本主義，とりわけグローバル金融資本主義や主権国家体制を改革することにはならない。むしろこれらの構造の中で，脱成長コミュニズムプロジェクトは，真綿で首を絞められて窒息するような結果となるだろう。

4）UNDP は支給金額について３つの案を出し，必要財源を各国ごとに詳しく算出し，各国政府がすぐに実行できるような提案をしている。また，その財源は，132か国の低所得国の対外債務返済のための支払の３分の１によって十分に賄えることも明らかにしている（Molina et al. 2020；岡野内 2021：172-173)。

5）世界銀行もベーシック・インカムを多面的に検討し，ガイドブックを刊行している。世界銀行はCOVID-19パンデミック対策としてではなく，一般的な政策の選択肢としてのベーシック・インカムを検討し，これまでのパイロット・プロジェクトを網羅的に評価している（Gentilini et al. eds. 2020；岡野内 2021：173)。

6）日本では，一人あたり10万円を現金給付したのは記憶に新しいが，1回限りであった。それに対し，アメリカでは3回の現金給付を行っている。1回目は2020年4月で，大人一人あたり1200ドル（約15万6000円)，未成年者（17歳以下）に500ドル（約6万5000円）が支給された。2回目は2020年12月で，成人・非成人ともに一人あたり600ドル（約7万8000円)，3回目は2021年3月で，給付条件は1回目とほぼ同じで成人・非成人ともに1400ドル（18万2000円）が給付された。給付総額は成人で一人あたり3200ドル（約41万6000円）となっている（『長周新聞』2021年6月8日)。その他，韓国では一人あたり25万ウォン（日本円で約2万3000円）を給付し（JBPress 2022)，タイでは，2021年1月から2月の2か月間，一人あたり月最大3500バーツ（約1万2250円，1バーツ＝約3.5円）を給付している（JETRO 2021)。

7）自国通貨と外国通貨がそれぞれ自国内で商品・サービスをどれだけ購買できるかという比率のことで，たとえば，世界共通の商品であるマクドナルドのハンバーガーを，それぞれの国で同じ程度の負担で購入できる比率をいう。

8）BEPSとは15の行動計画からなる国際課税ルールの包括的見直し作業であり，最終的には，「企業が実際に経済活動を行い，価値を創造する場所で利益が適切に課税」できるように，国際課税ルールを抜本的に変革することを目指すプロジェクトのことをいう（諸富 2020：60)。

9）「デジタル世界政府」は，New York General 社の村上由宇会長が提唱している構想であり，その実現により，SDGsのすべての目標を達成することを目指している（https://www.newyorkgeneralgroup.com/)。

第 *16* 章

NGO・市民社会と SDGs
——市民社会スペース，COVID-19対応支援，アドボカシー

高柳彰夫

〔キーワード〕 市民社会組織（CSO），市民社会スペース，アドボカシー，ワクチンの公正（vaccine justice），政府開発援助（ODA）

〔要旨〕 新型コロナウイルス感染症（COVID-19）と非政府組織（NGO）・市民社会組織（CSO）というと，緊急人道支援として盛んに活動するイメージする人も多いかもしれない。大規模な国際 CSO を中心に COVID-19 対策の取組みが行われてきたが，ロックダウンや移動制限により多くの団体が活動の縮小を余儀なくされてきた。21世紀になってからの市民社会スペースの縮小も COVID-19 の下でさらに進んだ。CSO は COVID-19 関連のアドボカシー活動も盛んに行っている。本章で紹介するのは，一つはワクチンの公正を求め，ワクチン配分の格差の是正や特許の停止などを求めるものである。もう一つは政府開発援助（ODA）におけるワクチン寄付，特に先進国での余剰ワクチンの途上国への寄付を ODA としてカウントすることに異議を唱える活動である。国連は “No one is safe until everyone is safe”（全員が安全にならなければ誰も安全にならない）をスローガンにしているが，これは CSO の活動にも当てはまるだろう。

はじめに：狭まる市民社会スペースと CSO の活動

COVID-19 と NGO，あるいは最近世界的に使われる言葉では CSO[1)]というと，緊急人道支援として盛んに活動しているようにイメージする人も多いかもしれない。実際に，CSO による COVID-19 対応は世界的に行われている。あるいは COVID-19 対応（たとえば公正なワクチン配分，ODA 政策など）や保健政策，経済復興政策についてアドボカシー活動も行われている。

しかし，現実には，COVID-19 の下で，各国におけるロックダウンや移動制限，国境閉鎖などにより CSO は深刻な影響を受けてきた。また，21世紀に

入ってから市民社会スペース（civic space：市民社会が平和的集会・結社・表現の自由に基づいて，自由に活動できる空間）の悪化がいわれてきた。[2] COVID-19は各国の政治指導者などに市民社会の活動制限を強める口実にもなり，実際に市民社会スペースがさらに狭まる要因となっている国も少なくない。COVID-19の下でCSOが活動する環境は厳しくなっている。

この章では，まずCOVID-19のCSOが活動する環境について概観した（第1節）後，CSOのCOVID-19への開発現場での取組み（第2節），アドボカシー活動（第3節）について述べ，最後のCOVID-19後の世界におけるCSOの活動を展望してみたい。

1　COVID-19下のCSOが活動する環境

(1)　COVID-19パンデミックのCSO活動への影響

パンデミックにより，世界各国でロックダウン，移動制限，国境の閉鎖などが行われた。これはCSOの活動に深刻な影響を与えるものであった。

CSOの開発現場での活動は，貧困削減，保健衛生，教育などSDGsの目標1から6に関係するものが多い。他にも小規模なエネルギー（目標7）やインフラ（目標9），生態系保全（目標14，15），気候変動対策（目標13），市民社会強化を通じた民主化支援（目標16）など広範にわたる。こうした活動は南（途上国）の現地CSOが，多くの場合は北（先進国）のCSOや国際CSO[3]，あるいは二国間・多国間のODA機関の支援を受けて実施する場合もあれば，北のCSOや国際CSOが地元と外国人のスタッフ合同で実施する場合もある。

開発現場では，もちろん後述（第2節）するようにCOVID-19関連の保健分野のプロジェクトが新たに組織される一方で，多くのセクターでは，非常に多くの活動がロックダウン（に伴うスタッフの外出制限）や移動制限などで一時中断・延期・中止などを強いられた。たとえば，農業事業や建設工事は一時中断を余儀なくされたし，CSOが運営する教育プログラムも教育施設の閉鎖などの必要が生じた。

運営面への影響も大きかった。事務所への出勤が困難になり，リモートワークとなるが，デジタル格差の現実の中でネット環境の悪い途上国の特に農村部との活動のコーディネーションが困難になることは想像できるだろう。外国人スタッフの出身国への帰国の必要が生じる場合もある。これはCSOの自己判断の場合もあれば，出身国の現地公館の退避勧告などに基づく場合もある。いずれにせよ，現地事務所の機能低下は活動の停滞の要因となる。

航空便の運航停止や大幅減便により，CSOのスタッフの移動が困難になることもいうまでもない。次の節で述べるCOVID-19対応の活動を開発現場で行った団体も，スタッフの派遣が航空便の事情で困難となるケースもあった。

ロックダウンや移動制限などの結果，CSOが募金集めの機会となるイベントの開催や，街頭での募金活動が困難になった。パンデミックに伴う経済の停滞やマイナス成長と雇用環境の悪化，CSOの募金集めの機会の喪失や減少により，北のCSO，国際CSOは収入減となっているところが多い。特に国際CSOの代表的な存在であるオックスファムは，2020年5月に収入減に伴い18か国からの撤退と世界で1450名のスタッフの削減を発表した。

日本のCSOにはどのような影響があったのだろうか。2020年度に外務省NGO研究会事業の一つとして関西NGO協議会が行った「新型コロナウイルス感染症拡大に対する日本の国際協力NGOの対応戦略」研究レポートは，147団体を対象にしたアンケート調査の結果をまとめている（関西NGO協議会 2021）。

調査時点の2020年10月の時点で2020年度の収入の見通しについて，57.1%が減少，27.9%が維持，6.8%が増加，8.2%が不明とし，収入減を予想したCSOが多い。22.5%が事業または組織の存続の危機状態にあると回答した。

海外での活動については約60%が影響を受けた。海外事業の全面停止が14.7%，一部停止が47.2%であるのに対し，基本的に継続は39.2%に過ぎない。全面または一部停止した団体は，その理由について（複数回答），活動対象国での移動制限（84.2%），日本国内での移動自粛（42.1%），受益者の保護（26.3%），資金不足（13.2%）などを挙げた。147団体のうち52団体（35.4%）が海外駐在員をおいていた。52団体のうち駐在を継続させたのは4団体に過ぎず，16団体は全員を，30団体は一部を待避させた（2団体は「その他」と回答）。

ネットワーク団体である国際協力NGOセンター（JANIC）が5年に1回出している『NGOデータブック』の2021年版（国際協力NGOセンター 2022）でもCOVID-19の日本のCSOへの影響についての章を設けている。ここでも海外事業の96.3%，国内事業の96.9%についてネガティブな影響がみられた。また，国内事業では71.9%，海外事業の50.3%でテレワークの導入，情報発信方法の変更が59.9%，内部の承認・決済方法の変更は31.9%でみられるが，そうした新しい業務方法の効果の検証は今後の課題となろう。

⑵　COVID-19と市民社会スペース

市民社会スペースの狭まりはCOVID-19以前から深刻な問題となってきていたが，COVID-19やそれに伴うロックダウンその他の制限は市民社会の一層の狭まりをもたらす要因になってきた。

市民社会スペースについては，市民の政策参加をテーマにした国際ネットワークであるCivicusが毎年Civicus Monitorを発行してよく参照される。Civicus Monitorでは世界の各国・地域の市民社会スペースの開放度を「開かれている」(open)，「狭められている」(narrowed)，「妨げられている」(obstructed)，「抑圧されている」(repressed)，「閉ざされている」(closed) の5つのランクづけで毎年評価している（表16-1）。

「開かれている」ランクの諸国・地域は北西欧諸国・カナダ・台湾など人口規模が大きくないものが多い。日本は報道の自由に関する指標の悪さなどにより「狭められている」ランクである。世界人口の3分の2以上が「閉ざされている」または「抑圧されている」ランクの諸国・地域に住んでいることがわかる。

2021年版Civicus Monitor (Civicus 2021) はCOVID-19によるロックダウンやさまざまな規制が市民社会スペースの狭まりを助長していると指摘する。特

表16-1　Civicus Monitor 2021による市民社会スペースの開放度

	国・地域数	世界人口に占める割合（%）
Open	39	3.1
Narrowed	41	8.3
Obstructed	43	18.4
Repressed	49	44.7
Closed	25	25.4

出典：https://monitor.civicus.org/（2022年4月29日閲覧）

に集会の自由はほとんどの諸国・地域でなくなっている。

NPO法制に関する調査・研究を行うCSOであるInternational Center for Not-for-Profit Law（ICNL: 本部はワシントンD.C.）も市民社会スペースの問題に取り組んできた。2020年3月以来，ウェブサイトにCOVID-19 Civic Freedom Trackerを開設している（ICNL undated）。2022年11月上旬現在での世界のCOVID-19によるさまざまな措置を取ってきた国・地域数は以下の通りである。

・緊急事態宣言など　112か国
・表現の自由を制限する措置　62か国
・集会の自由を制限する措置　156か国
・プライバシーを侵害する措置　61か国

Civicus Monitorでも引用されているが，国連の平和的集会と結社の自由に関する特別報告者のクレモン・ブール（トーゴ）は2020年4月14日に，COVID-19に伴う各国のさまざまな権利の制限が市民社会に悪影響を与えることに懸念を表明した（ONHCR 2020）が，その懸念は当たってしまっている。

2　CSOのCOVID-19への開発現場での取組み

開発協力に携わってきたCSOの現場での活動縮小は，数字で示した日本のCSOに限ったことではないだろう。

一方で，COVID-19については，保健分野を活動の一つに含むことが多い大規模な国際CSOや，保健分野を中心に活動してきたCSOなどによりさまざまな取組みが行われている。ただ，本章執筆時点（2022年11月）で現在進行中である。ここではいくつか，活動対象の国や地域が多く，特定の文脈にとらわれずに，COVID-19対応の柱・原則・方向性などを明らかにしている国際CSOの取組みを，各団体のウェブサイトに掲載されている情報をもとに紹介しながら，共通点を探っていきたい。なお，日本に活動拠点をもつ国際CSOについては，そのウェブサイトで用いられている用語を用いている。

(1)　国境なき医師団

緊急時の保健・医療分野で活動するCSOといえば，多くの人が思い浮かべるのは国境なき医師団（Medicine sans frontieres：MSF）だろう。MSFのCOVID-19対応は以下の5つを柱としている。

①弱い立場におかれた人々を支える
②新型コロナ以外の医療課題（母子保健，HIV/AIDS，結核など）への対応を継続
③医療従事者の安全を確保
④高齢者など重症化リスクの高い人々を守る
⑤公平な分配を

⑵　ワールド・ビジョン

ワールド・ビジョン（World Vision）は里親支援の国際CSOの代表的な存在であるが，かつてのような子どもへの直接奨学金ではなく，コミュニティ開発を中心とした支援をしてきた。すべての活動対象国で，

①感染拡大の防止：石けんを使った手洗いの指導，咳エチケット等の呼吸衛生の指導，ソーシャルディスタンシングの指導など
②保健システムと医療従事者のサポート：マスク・医療器具・防護用具の提供，地域ヘルスワーカーを通じた感染予防策の促進など
③子どものケア：教育，子どもの保護，食糧と生活
④子どもの保護を目的とした協働とアドボカシー

の4つを柱にした支援活動を行っている。

⑶　セーブ・ザ・チルドレン

セーブ・ザ・チルドレン（Save the Children）も里親支援から始まった国際CSOであるが，21世紀に入り，人権ベースアプローチを強調してきた。セーブ・ザ・チルドレンのProtect a GenerationというCOVID-19対応は次の5つの柱からなる。

①感染の拡大をおさえる：保健医療システムを守り，命を守るために
②教育と学び：子どもたちが学び，安全に過ごし，学校に戻るために
③家計支援：生活が苦しい家庭を支援し，子どもたちの生活を守るために
④子どもの安全と保護：あらゆる暴力から子どもたちを守り，安全を届けるために

⑤国際的な資金拠出：最も貧しい国々に暮らす子どもたちを救うために

セーブ・ザ・チルドレン・ジャパンは日本国内でも学童保育やひとり親家庭への支援も行っている。

(4) オックスファム

オックスファム（Oxfam）の場合，本章執筆時点ではCOVID-19対応について，特に脆弱層への支援に力を入れていることを強調し，特に活動の柱を立てていない。2020年6月に，それまでの活動を総括も含めて出したレポートでは以下の5つの方向性を示した（Oxfam International 2020）。

①コミュニティにかかわり，守ることで感染拡大を防止

②飢餓と経済危機に対する支援としての社会的保護

③インクルーシブな対応としての女性・女子の保護

④ COVID-19に対する人道支援における対応は特に困難が大きい

⑤指導者たちに対して人々の利益第一の政策の提案

オックスファムについて特記すべきことは，第3節で述べるPeople's Vaccine Allianceの中心になるなどアドボカシーを重視していることであろう。

(5) CSOの取組みに共通すること

以上いくつか，広範な対象地域で活動する国際CSOの活動の柱や方向性を紹介してきた。共通する点をまとめてみよう。第1に，狭い意味でのCOVID-19の感染者・発症者支援や感染拡大防止はもちろんであるが，それにとどまらず，むしろCOVID-19の社会的・経済的影響に注目している。保健分野ではCOVID-19以外の健康問題にも取り組んでいる。また教育や家計・教育といった保健分野以外にも取り組み，COVID-19パンデミックが中長期的に与えうる問題に対処している。第2に，特に女性・子どもといった脆弱な立場におかれる人々に注目している。第3に，各団体の最後の項目はいずれもアドボカシーに関するもので，いわば現場での活動とアドボカシーをセットで行っている。

3　COVID-19をめぐるCSOのアドボカシー活動

ではCSOはCOVID-19をめぐるアドボカシー活動でどのような主張を行っているのだろうか。ここでは，特にCSOネットワークによるアドボカシー活動に注目して紹介しよう。COVID-19関連で新たにつくられたネットワークの例としてワクチンの公平な配分をテーマにするPeople's Vaccine Allianceと，既存のネットワークがCOVID-19関連のテーマに取り組んだ例として，経済協力開発機構（OECD）の開発援助委員会（DAC）との政策対話を行ってきたDAC-CSO Reference Groupの２つを取り上げたい。

(1)　ワクチンの公正（vaccine justice）を求める世界のCSOネットワークのPeople's Vaccine Alliance

国連の『SDGs報告書 2022』によると，人口100人あたりのCOVID-19ワクチンの接種数は2022年５月現在で，高所得国では198.1，高中所得国では191.6と一人２回に近い数字であったのが，低中所得国では115.3，低所得国では21.1と接種率の格差が大きい（United Nations 2022)。

「ワクチンの公正」(vaccine justice）を求める世界のCSOを中心としたネットワーク（国連機関として国連合同エイズ計画（UNAIDS）も参加）として2021年５月に結成されたのがPeople's Vaccine Allianceである。オックスファム，セーブ・ザ・チルドレン，アクションエイド（ActionAid)，クリスチャンエイド（Christian Aid）といった開発CSOだけでなく，アムネスティ・インターナショナル（Amnesty International）やヒューマン・ライツ・ウォッチ（Human Rights Watch）などの人権CSOも含め，合計77団体が参加している。

ワクチンの公正を実現するために以下の５つのステップを挙げている（People's Vaccine Alliance章末ウェブサイト)。

① WHOの2022年までに世界の70％の人々がワクチン接種を受ける目標を実現するロードマップを緊急に合意・実施する。

②関連する知的財産権ルールの凍結とCOVID-19関連の知識・データ・技術の集積を義務づけ，安全で効果的なワクチンその他の関連物資の生産を最大限にして，どこの国も十分で適正価格のワクチンを購入できるように

する。

③ワクチン生産，R&D，グローバルな配分ネットワークに公的資金を投入し，すべての国にワクチンを届ける。

④ワクチンなどができるだけ原価に近い価格で提供され，全員に無料で提供され，ニーズに応じて配分されることを保障する。

⑤公的な保健システムへの持続可能な投資を拡充する。

2022年6月17日，世界貿易機関（WTO）閣僚会議は，ワクチンの普及のため特許権の一時的停止に合意した。People's Vaccine Alliance を含む世界の CSO はワクチン以外を含まないなど限定的な合意を批判した（People's Vaccine Alliance 2022）。

⑵　COVID-19と ODA をめぐる CSO のアドボカシー：DAC-CSO Reference Group

OECD-DAC は先進諸国の ODA に関する規範・ルールづくりや政策調整や研究を行う。2018年から CSO との対話を制度化し，CSO 側のネットワークが DAC-CSO Reference Group（以下，RG）である[4)]。

①　2021年の DAC 諸国の ODA 実績

RG の活動を紹介する前提として2021年の ODA の実績について説明する必要があるだろう。2020年の OECD-DAC 諸国の ODA の総額は過去最高の1789億ドルで，前年比4.4％増，対国民総所得（GNI）比では0.33％（SDGs を含む国際目標では0.7％）であった。日本は対前年比12.1％増で178億ドル（3位）で対 GNI 比は0.34％であった。

DAC のメンバー（30か国と EU）にとって途上国の COVID-19 対応（経済復興を含む）への支援は2020年以降大きな課題となり，2021年からはワクチン支援も加わった。ワクチン寄付をどのように ODA としてカウントするのかは DAC メンバー間，あるいは CSO との間で大きな論争となった。このことは後述するとして，ODA による COVID-19 対策をまとめておこう（表16－2）。

これをみると，ODA における新型コロナ対策の金額の多い国は，アメリカ，日本，ドイツ，カナダ，フランス，ODA に占める割合が高い国としてはニュージーランド，カナダ，日本，韓国，ルクセンブルグが挙げられる。

DAC 諸国は合計で63億ドルをワクチン支援に充てている。35億ドルは途上

表16－2　DAC諸国のODAに占めるCOVID-19対策・ワクチンの金額（100万ドル）とODAに占める割合（%）（2021年）

	ODA金額	COVID-19対策		余剰ワクチン寄付		途上国向けワクチン	
	（贈与相当額）	金額	ODAに占める割合	金額	ODAに占める割合	金額	ODAに占める割合
オーストラリア	3,444	—	—	—	—	—	—
オーストリア	1,460	63	4.3	19	1.3	—	—
ベルギー	2,571	72	2.8	32	1.2	—	—
カナダ	6,271	1,497	23.9	84	1.3	—	—
チェコ	362	12	3.3	7	1.9	—	—
デンマーク	2,874	123	4.3	56	1.9	—	—
フィンランド	1,463	96	6.6	—	—	—	—
フランス	15,448	1,043	6.8	318	2.1	—	—
ドイツ	32,232	3,023	9.4	693	2.2	—	—
ギリシャ	264	0	0.0	—	—	—	—
ハンガリー	455	48	10.5	36	7.9	—	—
アイスランド	72	7	9.7	—	—	4	5.6
アイルランド	1,169	55	4.7	5	0.4	2	0.2
イタリア	6,017	668	11.1	227	3.8	—	—
日本	17,619	3,849	21.8	206	1.2	—	—
韓国	2,855	485	17.0	23	0.8	—	—
ルクセンブルグ	539	82	15.2	—	—	—	—
オランダ	5,288	154	2.9	—	—	—	—
ニュージーランド	681	170	25.0	11	1.6	5	0.7
ノルウェー	4,673	338	7.2	44	0.9	—	—
ポーランド	952	60	6.3	55	5.8	1	0.1
ポルトガル	450	31	6.9	30	6.7	—	—
スロヴァキア	151	13	8.6	11	7.3	—	—
スロヴェニア	115	13	11.3	11	9.6	—	—
スペイン	3,542	456	12.9	268	7.6	—	—
スウェーデン	5,927	84	1.4	41	0.7	—	—
スイス	3,927	452	11.5	—	—	—	—
イギリス	15,814	756	4.8	138	0.9	—	—
アメリカ	42,311	5,088	12.0	—	—	3,500	8.3
DAC合計	**178,916**	**18,738**	**10.5**	**2,309**	**1.3**	**3,512**	**2.0**

出典：OECD, "ODA Levels in 2021: Preliminary data: Detailed Summary Note", 12 April 2022を基に筆者作成

国寄付向けに購入したものであるが，ほとんどがアメリカによるものである。23億ドルが自国内使用分に購入したものの余剰となったワクチン（以下，余剰ワクチン）を途上国に寄付したもので，日本を含む21か国が行っている。残り5億ドルはスペースの関係上表には含めなかったが，途上国のワクチン購入補助で，大部分がアメリカによる。

②　RG のアドボカシー

DAC では2020年11月 9 ～10日に高級レベル会合（High Level Meeting：HLM）が開催された。HLM に向け，RG は CSO メッセージを送ったが，COVID-19関連の ODA に関しては，ODA を大幅に増額すること，最も必要とする人々に焦点を当てること，COVID-19 関連の ODA は贈与とすること，債務の帳消しを行うことを提言した（DAC-CSO Reference Group 2020）。しかしながら HLM コミュニケは COVID-19 対応への取組み強化が一般的にいわれるだけであった（OECD-DAC 2020）。

DAC が2021年以降に議論していることの一つは，ワクチンに関する支援を ODA として，どのように，どこまでカウントできるかである。RG はたびたびワクチンに関する支援のカウントについて提言を行っている。ワクチン開発と新型コロナウイルス感染症ワクチングローバルアクセス（COVAX）（詳しくは本書第 2 章参照）への支援は先進国も恩恵を受けるものであるのでカウントできないが，途上国のワクチン開発研究機関への支援とワクチン調達を支援する COVAX-AMC（Advance Market Commitment）への支援はカウントできるとしてきた。ワクチン開発を ODA としてカウントすべきでないという点では RG と DAC の考え方と一致している。

前述したように，OECD による DAC 諸国の ODA 実績の発表においては余剰ワクチンの寄付も ODA としてカウントされている。2021年から2022年にかけて，ワクチン寄付，特にその価格算定方法と余剰ワクチン寄付の ODA としてのカウントの是非は DAC 内部で，あるいは DAC と RG の間で最も論争されたテーマになった。

2021年 7 月の提言（DAC-CSO Reference Group 2021a）では，DAC の開発目的に沿ったワクチン支援を ODA としてカウントすること，特に自国使用を目的に購入したものの寄付をカウントしないことを求めた。10月提言（DAC-CSO Reference Group 2021b）では，これに加えてワクチンの価格を適正にして

ODA額を膨らませることがないようにすること，接種1回分3ドルを超えないこと，ワクチン寄付のODAカウントについて透明性とアカウンタビリティを伴うこと，期限切れ直前のワクチン寄付などを防ぐことを述べた。

11月に開催されたDACの統計作業部会（WP-STAT: DACで統計のルールなどを審議する作業部会で全加盟メンバーからなる）で，1接種あたり6.72ドルで余剰分を含めワクチン寄付をカウントすることが議論されたが，一部の諸国（議事録に国名は記されていない）より余剰ワクチンのカウントに疑問が出された。12月には11月のWP-STATでの議論をもとに，改めてほぼ同内容の提案が回覧され，12月21日までに反対がなければ正式決定とする旨の提案とされたが，合意に至らず（経緯は明らかにされていない），2022年4月発表の2021年度実績の発表は暫定的にこの提案に基づいて行われることとなった。

RGでは12月21日に余剰ワクチンをODAとしてカウントすることへの懸念とワクチンのカウントについての厳格なルールを求めるステートメントを出した（DAC-CSO Reference Group 2021c）。さらにDAC内で合意ができず，2021年分に関しては暫定ルールで余剰ワクチンをカウントすることになったことが明らかになったことを受けて，2022年2月には，改めて余剰ワクチンのカウントの反対や，いくつかの国の実際にかかった費用の情報をもとに1接種6.72ドルと数えることはODAを最低17億ドル過剰にカウントする危険性があることを指摘するステートメントを出した。あわせて世界人口の70%を2022年半ばまでに2回接種を終えられる戦略や，ODAによる途上国自身によるワクチン製造能力の支援を含めた包括的なCOVID-19対策を提唱した（DAC-CSO Reference Group 2022a）。

2022年4月12日に①で紹介したDACメンバーの2021年ODA実績が発表された際にもRGはステートメントを発表した。そこではDAC諸国のODAは増加し，過去最高を示したものの，対GNI比の0.7%にほど遠く，COVID-19のもたらした途上国への影響，気候変動危機，紛争などの諸問題に対応するのに不十分であることを指摘した。またODAの1.3%が余剰ワクチンの寄付であり，これはODA実績を膨らませるものであり，2022年以降の実績発表で含まれるべきでないと述べた（DAC-CSO Reference Group 2022b）。

2022年分のODAにおけるワクチンのカウントについては，2022年6月のWP-STATで見直す方針が出され，9月と12月のWP-STATで審議されたが，2023年２月下旬の段階でカウントする方向との情報である。

まとめと展望：なぜ途上国のCOVID-19問題に取り組むのか

本章では，COVID-19がCSOの活動環境にどのような影響を与えてきたのか，COVID-19対応でどのような開発現場での活動とアドボカシー活動を行ってきたのか，述べてきた。

CSOは狭い意味でのCOVID-19対策（特に感染拡大）のみならず，COVID-19による社会的・経済的インパクトに対応した活動を行い，特に女性や子どもといった影響を受けやすい人々に配慮してきた。またCSOは同時にアドボカシーも活動の柱に挙げてきた。しかし一方で，ロックダウンや移動制限，特に国境を超えた移動制限の中で，活動の縮小やスタッフの出身国への待避，募金活動の機会の縮小なども迫られた。これはSDGsの広範な分野，特にCSOが伝統的に取り組んできた貧困削減や教育・ジェンダーといった社会的分野（目標１～６）や環境保全（13～15）の活動に大きな影響を与えよう。

また，ただでさえ21世紀に入り進んできた市民社会スペースの狭まりも，COVID-19によりさらに強まる――各国政府がCOVID-19を利用して市民社会の活動制限強化を正当化する場合も含めて――傾向がある。

こうした状況の中で，関西NGO協議会の研究レポートはCOVID-19がもたらす日本のCSOの今後に関するキーワードの一つとして「現地化」を挙げているのは注目すべきだろう。すなわち現地事務所への権限移譲や，直接活動を組織することから途上国のCSOとのパートナーシップへの移行である。これは日本だけでなく，他の先進国のCSOや国際CSOの課題でもある。

アドボカシー活動では「ワクチンの公正」や先進国による途上国へのワクチン寄付のあり方について取り組んできた。特に先進諸国が自国用のワクチン買い占めに走った一方で，生じた余剰を途上国に寄付し，それをODAとしてカウントしてあたかも国際貢献であるようにみせていることを問題視してきた。

自国だってCOVID-19に苦しんでいるのになぜ他国，特に途上国のCOVID-19対応を支援しなければならないのか。これは先進国の政府もCSOもつきつけられた声である。国連は“No one is safe until everyone is safe”（全員が安全にならなければ誰も安全にならない）をスローガンにしているが，同じスローガンはそのままCSOのCOVID-19への現場での対応や「ワクチンの公正」のアドボカシー活動にも当てはまるだろう。

同時に，CSOのCOVID-19の現場での対応，幅広い社会的・経済的影響への取組み，自由なアドボカシー活動には市民社会スペースの問題への取組みが必要である。市民社会スペースは21世紀になって狭まる傾向があり，COVID-19もその助長要因となっている。

2022年2月にロシアによるウクライナ侵略が発生した。欧米諸国のCSOの関心もCOVID-19対策よりもウクライナや難民・避難民に対する人道支援に向いているが，狭い意味でのCOVID-19対策だけでなく，関連して発生した諸問題に取り組んでいく必要があることはいうまでもない。

〈参考文献・資料〉

（日本語文献）

関西NGO協議会，2021，令和2年度外務省NGO研究会「新型コロナウイルス感染症拡大に対する日本の国際協力NGOの対応戦略」

国際協力NGOセンター，2022，『NGOデータブック　2021――数字で見る日本のNGO』

（外国語文献）

Civicus（2021）“Civicus Monitor 2021“　https://monitor.civicus.org

DAC-CSO Reference Group, 2020, “Not Business as Usual: CSO Messages for the DAC HLM 2020“, 10 November 2020.

———, 2021a, “CSO recommendations on ODA eligibility of spending related to Covid-19 vaccines”, 2 July 2021.

———, 2021b, “Second joint CSO recommendations on ODA-eligibility of Covid-19 vaccine related spending”, 7 October 2021.

———, 2021c, “Joint CSO recommendations on the last proposal for valuation of donations of excess COVID-19 vaccine”, 21 December 2021.

———, 2022a, “CSOs call for entire plan to count donated excess COVID-19 vaccines as aid to be scrapped following”, 9 February 2022.

———, 2022b, “A world in turmoil requires much more from ODA providers: CSOs call again for higher levels of ODA”, 12 April 2022.

（以上はDAC-CSO Reference Groupウェブサイト　https://www.dac-csoreferencegroup.com/より閲覧可能）

International Center for Not-for-Profit Law（undated）“COVID-19 Civic Freedom Tracker”　https://www.icnl.org/covid19tracker

OECD-DAC, 2020, “DAC High Level Meeting Communiqué 2020“　https://www.oecd.org/dac/development-assistance-committee/dac-high-level-meeting-communique-2020.

htm

ONHCR, 2020, “States responses to Covid 19 threat should not halt freedoms of assembly and association: UN expert on the rights to freedoms of peaceful assembly and of association, Mr. Clément Voule”,（https://www.ohchr.org/en/statements/2020/04/states-responses-covid-19-threat-should-not-halt-freedoms-assembly-and, 2023年2月1日閲覧）

Oxfam International, 2020, *No one is safe from coronavirus until everyone is: Oxfam Coronavirus Response Report.*（https://www.oxfam.org/en/research/no-one-safe-coronavirus-until-everyone. 2023年2月4日閲覧）

People's Vaccine Alliance, 2022, WTO Vaccine Deal: “A Technocratic Fudge Aimed at Saving Reputations, not Libves: Campaigners Say”, Press Release June 17, 2022 https://peoplesvaccine.org/resources/media-releases/wto-reaction-2022/

United Nations, 2022, *Sustainable Development Goals Report 2022.*

（ウェブサイト）

People's Vaccine Alliance　https://peoplesvaccine.org/（2023年2月5日閲覧）

注

1）　CSOということばが使われるようになった背景には，①NGOだけでなく国際的な問題への取組みを活動の一部とする労働運動，学術団体などより広く市民社会の活動を捉えるため，②世界のいくつかの言語（アジアでは代表的な例はインドネシア語）ではnon-（非）とanti-（反）が同じ言葉になるためNGO＝反政府という誤解を避けるために別な用語が求められてきたといった事情がある。

2）　21世紀になり市民社会スペースの縮小が生じてきた背景として，しばしば9.11同時多発テロ（2001年）以降にCSOがテロ組織に近い団体を支援していないか監視を強める傾向が生じたこと，その一方でイスラム主義・ヒンズー主義などが台頭する中でCSOを人権などの「西洋的価値」を広げるものとして敵視するようになったことがある。

3）　国際CSOとは，北の組織として始まりつつ，南を含む世界各地に現地団体を設立するなど国際的に展開するCSOのこと。具体的には，ワールド・ビジョン，プラン，セーブ・ザ・チルドレン，オックスファムなどで，それぞれ年間予算は数百億円以上である。

4）　筆者は，JANICの政策アドバイザーとしてRGの活動に参加してきたが，ここに示す見解はJANICやRGを代表するものではない。

執筆者紹介

■編著者

野田　真里（のだ　まさと）　序文，第１章
茨城大学人文社会科学部教授，同大学地球・地域環境共創機構兼務。国連社会開発研究所客員研究員，東京大学大学院総合文化研究科客員教授，国際開発学会本部事務局長，同「持続可能な開発とSDGs」研究部会代表等を歴任。主著に『持続可能な開発における〈文化〉の居場所』（共著，春風社，2021年），『開発を問い直す』（共編著，日本評論社，2011年）等。

■執筆者

伊東　早苗（いとう　さなえ）　第２章
名古屋大学大学院国際開発研究科教授
国際開発学会第10期副会長

佐藤　安信（さとう　やすのぶ）　第３章
東京大学大学院総合文化研究科元教授
同大学グローバル地域研究機構持続的平和研究センター元センター長
早稲田大学アジア太平洋研究センター特別センター員

藤田　雅美（ふじた　まさみ）　第４章
国立国際医療研究センター国際医療協力局連携協力部長
みんなの外国人ネットワーク（MINNA）運営メンバー

佐藤　寛（さとう　かん）　第４章
関西社会学舎主宰
みんなの外国人ネットワーク（MINNA）運営メンバー
国際開発学会第８期会長

小松　愛子（こまつ　あいこ）　第４章
長崎大学大学院博士前期課程
みんなの外国人ネットワーク（MINNA）実施メンバー

関谷　雄一（せきや　ゆういち）　第５章
東京大学大学院総合文化研究科教授
同大学グローバル地域研究機構持続的開発研究センター長
国際開発学会「開発のレジリエンスとSDGs」研究部会代表

大谷　順子（おおたに　じゅんこ）　第６章
大阪大学大学院人間科学研究科教授

稲葉美由紀（いなば　みゆき）　第７章
九州大学基幹教育院教授

西垣　千春（にしがき　ちはる）　第７章
神戸学院大学総合リハビリテーション学部教授

森　壮也（もり　そうや）　第８章
日本貿易振興会アジア経済研究所前主任調査研究員

神馬　征峰（じんば　まさみね）　第９章
東京大学大学院医学系研究科元教授
日本国際保健医療学会前理事長

北村　友人（きたむら　ゆうと）　第10章
東京大学大学院教育学研究科教授
同大学大学院新領域創成科学研究科
サステイナビリティ学グローバルリーダー養成大学院プログラム
教授（兼任）

劉　靖（りゅう　じん）　第10章
東北大学大学院教育学研究科准教授

芦田　明美（あしだ　あけみ）　第10章
名古屋大学大学院国際開発研究科准教授

大門（佐藤）毅（だいもん（さとう）たけし）　第11章
早稲田大学国際教養学部教授
同大学国際平和戦略研究所所長

蟹江　憲史（かにえ　のりちか）	慶應義塾大学大学院政策・メディア研究科教授 SFC 研究所 xSDG・ラボ代表 Global Sustainable Development Report2023 執筆者	第12章
森田香菜子（もりた　かなこ）	国立研究開発法人森林研究・整備機構森林総合研究所主任研究員	第12章
長　有紀枝（おさ　ゆきえ）	立教大学大学院21世紀社会デザイン研究科・社会学部教授 難民を助ける会（AAR Japan）会長 人間の安全保障学会（JAHSS）第５代会長	第13章
戸田　隆夫（とだ　たかお）	明治大学公共政策大学院ガバナンス研究科特別招聘教授 国際協力機構元上級審議役	第14章
上村　雄彦（うえむら　たけひこ）	横浜市立大学国際教養学部教授	第15章
高柳　彰夫（たかやなぎ　あきお）	フェリス女学院大学国際交流学部教授 国際協力 NGO センター（JANIC）政策アドバイザー	第16章

Horitsu Bunka Sha

SDGsを問い直す
──ポスト／ウィズ・コロナと人間の安全保障

2023年5月1日　初版第1刷発行

編著者　野田真里（のだまさと）

発行者　畑　　光

発行所　株式会社 法律文化社
〒603-8053
京都市北区上賀茂岩ヶ垣内町71
電話 075(791)7131　FAX 075(721)8400
https://www.hou-bun.com/
印刷：共同印刷工業㈱／製本：㈲坂井製本所
装幀：仁井谷伴子

ISBN978-4-589-04208-8